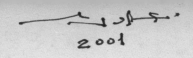

2001

CW010836B4

« EN VÉRITÉ,
JE VOUS LE DIS »

Une lecture juive des Évangiles

Paru dans Le Livre de Poche :

LA PENSÉE JUIVE :

1. Du désert au désir
2. De l'état politique
   à l'éclat prophétique
3. Espaces de l'oubli
   et mémoires du temps
4. Messianités : éclipse politique
   et éclosions apocalyptiques

ARMAND ABÉCASSIS

« *En vérité,*
je vous le dis »

Une lecture juive des Évangiles

ÉDIT 1 IONS

À la mémoire de Jean Brun, le professeur auquel je dois tant, depuis mes études à la Sorbonne jusqu'aux très nombreux colloques et rencontres dans lesquels j'ai eu la joie de lui dire ma reconnaissance, ma fidélité.

Au docteur Charles Pidoux, mon respect affectueux et ma reconnaissance pour son soutien indéfectible.

À tous mes élèves juifs et chrétiens, avec lesquels et grâce auxquels j'ai mis à l'épreuve ces recherches et je me suis convaincu de l'urgence du dialogue entre l'Église et la Synagogue.

PRÉFACE

Au IIe siècle de l'ère courante, des sectes gnostiques puissantes mirent en question le principe monothéiste selon lequel il n'existe qu'un seul Dieu qui a créé et le Bien et le Mal. Elles professaient le dualisme en posant l'existence de deux puissances exclusives l'une de l'autre : le Dieu qui créa le Bien qu'elles identifièrent à celui des Chrétiens, et le Dieu qui créa le Mal, attribué aux Juifs. Elles voulaient obtenir de l'Église qu'elle rejetât absolument la Torah (ToRaH) pour ne garder que les textes évangéliques en les purgeant de toutes les citations et de toutes les références directes ou indirectes à la Bible juive. Heureusement, l'Église réagit en liant définitivement les écrits hébreux et les écrits apostoliques et en les considérant comme les deux parties indéfectiblement réunies de la Bible chrétienne. Mais elle appela les premiers « Ancien Testament » et les autres « Nouveau Testament ». Ainsi la Torah fut reléguée comme ancienne alliance, utile aux Chrétiens qui devaient y lire comment Dieu a, depuis le commencement, orienté l'histoire vers la naissance de Jésus, accomplissement final de sa volonté. À partir de l'incarnation, aurait commencé une autre histoire, selon l'Église, celle du christianisme qui se présentait comme l'épanouissement du judaïsme et comme la religion finale pour laquelle Dieu créa le monde et l'humanité et à laquelle tous les peuples devaient se convertir. On ne parla plus désormais que d'« Ancien Testament » et de « Nouveau Testament » avec toutes les connotations négatives attachées à ce terme d'« Ancien » et toutes les significations positives qui accompagnent en général le qualificatif de « Nouveau ». L'Église devait désormais se fixer comme mission de convertir les hommes au Dieu d'Amour, opposé au Dieu de Justice auquel, d'après elle, étaient restés fixés les Juifs et l'« Ancien Testament ».

Elle devait leur faire reconnaître que le salut est entré dans le monde avec la naissance et même déjà avec la conception de Jésus. Elle tourna la page sur le passé « dépassé » et data cette naissance en la fixant en l'an 0. Nous serions donc aujourd'hui en l'an 1999 « après Jésus-Christ ». Ou encore le roi David aurait vécu dix siècles environ « avant Jésus-Christ ». En réalité, nous savons aujourd'hui que Jésus est né six années « avant Jésus-Christ » et que nous sommes en l'an de grâce 2005 « après Jésus-Christ ».

Le lecteur comprendra aisément qu'un Juif croyant, profondément engagé dans sa foi, ne peut articuler les moments de son histoire par rapport à Jésus et surtout par rapport à Jésus-Christ. Mais ce Juif croyant est pétri de culture occidentale également ; il en est fier et fait l'effort quotidien de l'intégrer dans son univers religieux. C'est pourquoi il compte ses années selon le comput occidental, mais il écrit que le Temple de Jérusalem, par exemple, fut incendié par Nabuchodonosor en 586 avant « l'ère courante », c'est-à-dire « avant Jésus-Christ », et qu'il fut une seconde fois incendié et détruit par les Romains en 70 de l'« ère courante », c'est-à-dire « après Jésus-Christ ». L'« ère courante » est ainsi identifiée à l'ère comptée par les Chrétiens à partir de Jésus. Cette expression désigne donc pour nous l'ère que les Chrétiens déroulent à partir de Jésus.

Dans le même esprit, et en souhaitant qu'enfin tout le monde nous imite ici, nous ne parlerons pas d'« Ancien Testament », ni de « Nouveau Testament ». Nous voulons écarter de ces dénominations la coloration anti-juive qu'elles impliquent ou du moins le jugement négatif attaché à l'Écriture juive. Nous avons à notre disposition le terme de Torah pour désigner le canon juif, c'est-à-dire la Bible juive. Celle-ci est une véritable bibliothèque puisque au sens large, la Torah est composée de 36 livres hébreux. Mais on désigne par ce nom au sens restreint le Pentateuque également, c'est-à-dire les cinq livres de Moïse : la Genèse, l'Exode, le Lévitique, les Nombres et le Deutéronome.

La Genèse contient le récit qui va de la création du monde à la descente de la famille de Jacob en Égypte, en passant par l'histoire de Noé, de la Tour de Babel, d'Abraham, d'Isaac, de Jacob, de Joseph, de ses frères.

L'Exode est le récit des souffrances des Hébreux en Égypte où ils étaient esclaves, de leur libération grâce à Moïse, de la révélation au Sinaï, de la faute du veau d'or et de la construction du sanctuaire.

Le Lévitique est consacré aux prêtres et aux services quotidiens du Temple.

Les Nombres renferme les textes qui rapportent les révoltes des Hébreux pendant leur séjour de quarante ans dans le désert, le récit des explorateurs et la liste des haltes faites entre la sortie d'Égypte et l'entrée en terre de Canaan.

Le Deutéronome se présente comme la « répétition », c'est-à-dire le résumé de l'histoire des Hébreux depuis leur sortie d'Égypte jusqu'à la frontière de la Terre promise. C'est Moïse qui fait ce rappel devant ceux qui se préparent à y entrer sous la direction de Josué alors que lui n'y entrera pas.

Le Pentateuque termine sur le récit de la mort de ce grand prophète, au mont Nebo.

La Torah au sens restreint — le Pentateuque — est considérée par les Juifs comme révélée à Moïse et à Israël (YiSRa'eL) sur la montagne du Sinaï (SiNaY), alors que les autres parties, c'est-à-dire les Prophètes et les Écrits, sont seulement inspirées à leurs auteurs.

La deuxième grande section de la Bible juive est appelée NeBi'iM — Prophètes. Elle est elle-même divisée en deux parties : les « Premiers Prophètes » qui comprend des livres historiques, ceux qui racontent l'installation militaire et religieuse des Hébreux en terre de Canaan (les livres de Josué et des Juges) et ceux qui conservent leur mémoire politique et royale (les livres de Samuel et des Rois). La seconde partie, les « Derniers Prophètes », contient les livres des trois grands prophètes — Isaïe, Jérémie et Ézéchiel — et des douze petits prophètes, désignés ainsi à cause de la concision de leurs écrits.

La troisième grande section est appelée KeTouBiM — Écrits ou Hagiographes. Elle réunit les « Cinq Rouleaux » (Ruth, Esther, l'Ecclésiaste, les Lamentations et le Cantique des Cantiques), les Psaumes, les Proverbes, Job, Daniel, Esdras, Néhémie et le livre des Chroniques. Tel est le canon juif de la Bible appelé TeNaKH, nom formé par les initiales des trois grandes sections : ToRaH, NeBi'iM, KeTouBiM. La Bible de Jérusalem les classe autrement. On trouvera deux tableaux, celui du canon juif et celui de la Bible de Jérusalem, à la suite de cette préface. C'est l'ensemble du TeNaKH — le Pentateuque, les Prophètes et les Écrits —, que les Chrétiens désignent encore aujourd'hui par « Ancien Testament ». Quant au « Nouveau Testament », il est composé des quatre Évangiles choisis par l'Église, des Actes des Apôtres, des Épîtres de Paul, de Jacques, de Pierre, de Jean et de Jude, et de l'Apocalypse enfin.

Dans cette livraison, nous ne nous occupons essentiellement que des Évangiles de Matthieu et de Luc qui, seuls, portent la généalogie de Jésus.

À strictement parler, il n'y a pas de révélation proprement dite, dans le sens juif, pour la spiritualité chrétienne, c'est-à-dire la manifestation de Dieu à tout un peuple réuni au pied d'une montagne pour en recevoir la parole. Il en résulte que le statut des Évangiles n'est pas identique à celui de la Torah. En d'autres termes, l'Écriture sainte de l'Église n'est pas une Torah et ne peut en aucune façon le devenir. Il en résulte également que le rôle d'Israël en tant que

peuple est différent de celui des Chrétiens qui constituent, quant à eux, des communautés au sein d'une
même famille spirituelle. Celle-ci ne peut être perçue
comme un peuple. La dimension territoriale est
constitutive de la vocation d'Israël (YiSRa'eL) alors
qu'elle est tout à fait secondaire pour le christianisme.

Pour la tradition juive, en effet, la dispersion des
hommes en ordres politiques différents et en peuples
sur leurs propres terres, loin d'être un obstacle à leur
unité, est, au contraire, la condition *sine qua non* de
leur entente et de leurs relations. Ce n'est donc pas au
judaïsme qu'il faut convertir les peuples, mais à la
morale universelle et à leur propre ouverture à
l'Infini et à l'Absolu. Voilà pourquoi nous parlerons
de Torah et non d'Ancien Testament, et d'Évangiles
et non de Nouveau Testament. Voilà pourquoi également nous daterons les événements par rapport à
l'« ère courante », celle habituelle de l'Occident chrétien que nous respectons, à laquelle nous reconnais-
sons sa place et sa valeur, même si elle n'est pas spiri-
tuellement la nôtre [1].

Enfin, le titre du livre que nous avons choisi doit
être expliqué. Il ne s'agit pas ici de la vérité logique,
évidente ou conclue d'un raisonnement. Nous savons
bien que sur ce plan, il n'y a pas de vérité absolue.
Mais il s'agit ici de la vérité dans le sens biblique, c'est-
à-dire de la réalité humaine. Du point de vue de l'existence humaine et de ses dimensions constitutives,
nous affirmons que l'ouverture à la transcendance est
seule à donner sens à la destinée individuelle et collective. En réalité, dans l'univers du sens, je vous dis que
le temps est arrivé pour le dialogue, sans complai-
sance et fraternel, entre la Synagogue et l'Église.

1. Le lecteur peut se reporter à nos quatre tomes de *La Pensée juive* (Le Livre de Poche) pour recueillir plus d'informations
sur chaque livre de la Bible et sur chaque période de l'histoire
hébraïque.

Traduction des noms divins

YHWH :
Le SEIGNEUR [1]

ELoHiM :
Dieu

ADoNaY :
Le Seigneur

ADoNaY YHWH :
Le Seigneur DIEU [2]

YHWH ELoHiM :
Le SEIGNEUR Dieu

YHWH TSeBa'oT :
Le SEIGNEUR Maître de l'Ordre cosmique

CHaDDaY :
Le Puissant

TORAH
Le Pentateuque
La Genèse
L'Exode
Le Lévitique
Les Nombres
Le Deutéronome

NEBI'IM
Les Livres prophétiques

• Les premiers Prophètes
Le livre de Josué
Le livre des Juges
Premier livre de Samuel
Deuxième livre de Samuel
Premier livre des Rois
Deuxième livre des Rois

• Les derniers Prophètes
Isaïe
Jérémie
Ézéchiel
Osée
Joël
Amos
Abdias
Jonas
Michée
Nahoum
Habaquq
Sophonie
Aggée
Zacharie
Malachie

KETOUBIM
Les « autres Écrits »
Les Psaumes
Le livre de Job
Les Proverbes
Le livre de Ruth
Le Cantique des Cantiques
Qohélet (ou l'Ecclésiaste)
Les Lamentations
Le livre d'Esther
Daniel
Le livre d'Esdras
Le livre de Néhémie
Premier livre des Chroniques
Deuxième livre des Chroniques

1. Ce nom divin par excellence ne se lit pas comme il est écrit. Il est écrit YHWH et se lit ADoNaY : Le Seigneur.
2. Dans cette expression, le Tétragramme ne se lit plus ADoNaY, mais ELoHiM : c'est pourquoi nous traduisons : Le Seigneur DIEU.

L'ANCIEN TESTAMENT
Le Pentateuque
La Genèse
L'Exode
Le Lévitique
Les Nombres
Le Deutéronome

Les Livres historiques
Le livre de Josué
Le livre des Juges
Le livre de Ruth
Les livres de Samuel
Les livres des Rois
Les livres des Chroniques
Le livre d'Esdras
Le livre de Néhémie
Tobie [1]
Judith [1]
Esther
Premier livre des Maccabées [1]
Deuxième livre
    des Maccabées [1]

Les Livres poétiques et sapientiaux
Job
Les Psaumes
Les Proverbes
L'Ecclésiaste (ou Qohélet)
Le Cantique des Cantiques
Le livre de la Sagesse [1]
L'Ecclésiastique (ou Sirach) [1]

Les Livres prophétiques
Isaïe
Jérémie
Les Lamentations
Le livre de Baruch [1]
Ézéchiel
Daniel

Osée
Joël
Amos
Jonas
Michée
Nahum
Habaquq
Sophonie
Aggée
Zacharie
Malachie

LE NOUVEAU TESTAMENT
Les Évangiles
L'Évangile selon saint Matthieu
L'Évangile selon saint Marc
L'Évangile selon saint Luc
L'Évangile selon saint Jean

Les Épîtres de saint Paul
Aux Romains
Première aux Corinthiens
Deuxième aux Corinthiens
Aux Galates
Aux Éphésiens
Aux Philippiens
Aux Colossiens
Première aux Thessaloniciens
Deuxième aux Thessaloniciens
Première à Timothée
Deuxième à Timothée
À Tite
À Philémon
Épître aux Hébreux

Les Épîtres catholiques
Épître de saint Jacques
Première Épître de saint Pierre
Deuxième Épître de saint Pierre
Première Épître de saint Jean
Deuxième Épître de saint Jean
Troisième Épître de saint Jean
Épître de saint Jude
L'Apocalypse

1. Ne fait pas partie de la Bible juive.

15

INTRODUCTION

Le temps est arrivé...

Le temps est arrivé : non pas le temps du messie mais celui du dévoilement de ce que les maîtres juifs et chrétiens ont tu, qu'ils savaient ou devinaient plus ou moins clairement, et que l'institution juive et l'institution chrétienne — la Synagogue et l'Église — ont ignoré ou refusé. Le silence, l'ignorance et le refus ont conduit les deux communautés religieuses, dans chaque pays et dans chaque ville, à élargir le fossé qui les sépare. Chacune a réagi à l'autre de manière radicale ; les Chrétiens par leur violence inouïe tracèrent le sillon dans lequel le nazisme a semé et récolté la barbarie et son venin ; quant aux Juifs, ils ont méprisé, haï et déclaré idolâtres ceux qui les excluaient, les brûlaient et les convertissaient de force. Or, cela ne peut plus durer. Les violences, devenues purement spirituelles à travers certains discours des plus hauts membres du clergé, certains actes symboliques comme la croix du Carmel [1] et les canonisa-

---

1. On se souvient du problème posé par cette immense croix plantée sur les lieux de la Shoah, à Auschwitz, par les sœurs du Carmel installées là également, priant pour ceux qui y furent assassinés par les coups, le gaz, le feu ou la pendaison.

tions douteuses, doivent désormais disparaître. De même le mépris, la haine et le refus que la plupart des Juifs continuent à garder dans leur cœur et dans leur esprit, même s'ils furent compréhensibles tout au long des siècles — et légitimes — ne peuvent plus cependant entraver leurs relations avec les Chrétiens.

Le temps est arrivé de l'ouverture, de l'accueil, du respect réciproque, de l'amitié et de la fraternité.

Le temps est arrivé de la prudence surtout et de la délicatesse nécessaire à cet accueil fraternel. On n'arrache pas en une génération les mauvaises herbes qui poussent de part et d'autre, quand le sol qui les nourrit a été ensemencé pendant presque deux millénaires.

Le temps du dévoilement est arrivé où le Juif et le Chrétien peuvent se faire face, sans angoisse, sans stratégie aucune, sans que le Chrétien voie dans le Juif un Chrétien en puissance et sans que le Juif voie en lui l'impureté incarnée. Le temps du dévoilement est arrivé où des Chrétiens se mettent à l'étude de l'hébreu, des textes bibliques et de leurs commentaires juifs, du Talmud [1], du Midrach [2] et même du Zohar [3] ; c'est le temps où ils interpellent, comme on dit, le judaïsme à travers les Juifs et où ils se lient d'amitié avec eux, fréquentent les synagogues, jeûnent par solidarité et prient toute la journée de Kippour [4], voyagent en Israël et séjournent dans des kibboutzim ! Les commu-

---

1. Le Talmud (TaLMouD) est un ensemble de traités écrits par les rabbins entre le IIᵉ siècle avant l'ère courante et le VIᵉ siècle après, se rapportant aux problèmes de droit privé et public. C'est, en somme, le code civil juif interprété.

2. Le MiDRaCH est l'interprétation juive de la Torah et de l'histoire.

3. Le ZoHaR est l'interprétation kabbalistique de la Torah en cinq parties parues à León (Espagne) en 1296.

4. Le jour de KiPPouR est un jour de jeûne et de prières, consacré au Pardon. On l'appelle communément « le Grand Pardon ».

nautés chrétiennes sont aujourd'hui soulevées par des lames de fond de plus en plus nombreuses, de ceux qui cherchent à s'ouvrir au judaïsme et aux Juifs, à les connaître et à les aimer, par devoir de Chrétiens et sans autre arrière-pensée.

Le temps du dévoilement est aussi arrivé pour certains Juifs qui se mettent sérieusement à étudier la spiritualité chrétienne pour mieux répondre aux questions qui leur sont posées par les catholiques et par les protestants. Ils lisent et analysent les textes évangéliques interdits pourtant à la lecture par les rabbins depuis vingt siècles, comme l'Église avait interdit la lecture de la Torah (ToRaH)[1] à ses ouailles! Ils trouvent dans la Bible chrétienne des leçons merveilleuses d'amour, de justice et de respect de la dignité humaine, qui vont beaucoup plus loin que la simple Déclaration universelle des Droits de l'Homme. Et ils se mettent à torturer leur esprit par les questions quasi insolubles qui se posent à eux : comment relier le message d'amour de Jésus et la violence de l'Église ? Comment joindre l'identité juive de Jésus à l'acharnement de l'Église contre les Juifs ? Comment comprendre ensemble le génie des Pharisiens tel qu'il se révèle dans le Midrach et dans le Talmud (TaLMouD), et l'image méchante que les Apôtres donnent d'eux et que nous trouvons dans tous les dictionnaires ? Comment donc imaginer une cohérence entre ce que dit Jésus dans les récits apostoliques, de lui, de la Loi et du peuple juif, et ce que l'Église en a retenu dans ses discours théologiques ?

Comment encore retrouver l'unité et l'équilibre de chaque Père de l'Église tout au long du Moyen Âge, quand dans le même souffle il témoigne de la profondeur de son expérience spirituelle et de la haine qui le pousse à accuser les Juifs de tous les maux de la terre ? Finalement, les Juifs refusent-ils le Jésus de leur peuple ou celui de l'Église ?

1. La Torah : terme expliqué dans la préface.

Le temps est encore arrivé du dévoilement du désir d'étudier ensemble et la Torah et les textes évangéliques, sans passion, sans arrière-pensée si ce n'est celle de comprendre l'autre qui se réclame du même Dieu et de la même histoire sainte.

Le temps du dépassement des simples réunions qui se terminent par des déclarations généreuses parce que générales et vagues, doit commencer, a déjà commencé. Nous ne nous réunissons plus pour apprendre que nous sommes tous les fils d'Abraham et donc frères. Nous sommes devenus insatisfaits de l'amitié entre Juifs et Chrétiens, nécessaire au lendemain de la tourmente hitlérienne et insuffisante aujourd'hui où certains représentants de l'Église et certains rabbins l'infirment par leurs discours, par leurs actes et par leur absence.

Le temps est arrivé de l'étude des textes en commun par ceux qui y engagent leur existence et leur destinée et qui prennent le courage d'aborder les vrais problèmes en risquant, certes, la division et les affrontements. Ils n'hésitent pas à poser les questions radicales et à se dire les vérités et leurs convictions respectives, en face, en toute sincérité et en tout respect. C'est dans la clarté de l'irréductible différence que s'enracinent l'amour et la solidarité dont nous désirons témoigner les uns et les autres. N'avons-nous pas le même Père ? Dieu peut-il être sans être le même pour tous ?

Le temps est arrivé du dévoilement du rôle exact qu'il a voulu pour l'Église et de la fonction précise qu'il a octroyée à la Synagogue depuis la destruction du Temple de Jérusalem en 70 de l'ère courante. A-t-il voulu réaliser par l'Église, dans et pour elle ce qu'il avait commencé avec Israël ? A-t-il suscité le peuple hébreu dans l'histoire de l'Alliance comme un brouillon de son nouveau peuple, le « Nouvel Israël », c'est-à-dire les Chrétiens ? L'« Alliance nouvelle » qu'il a contractée avec ce « Nouvel Israël » est-elle destinée à remplacer l'« ancienne » ? Le « Nouveau Testament » se présente-t-il vraiment comme l'épanouissement de l'« Ancien Testament », comme la fleur et le fruit succèdent au bourgeon ?

Assurément pas ! Il suffit de relire sérieusement les textes évangéliques eux-mêmes pour apercevoir que tel n'était pas, ne pouvait être et ne sera jamais le projet de Dieu. Ce que Dieu, s'il existe, donne, il le donne, parce qu'il est Dieu, définitivement, sans « repentance », et abondamment.

Le temps est arrivé de définir exactement l'identité chrétienne par sa vocation propre et non par ce qu'elle est en fait dans le cœur et dans l'esprit de beaucoup de Chrétiens. La vocation juive ne peut être ni remplacée, ni récupérée, ni détournée, comme d'ailleurs toute vocation culturelle. L'ère de l'impérialisme et du colonialisme touche à sa fin : Chrétiens et Juifs doivent en témoigner au sein d'eux-mêmes et dans leurs relations mutuelles. Aucune des deux alliances ne peut se substituer à l'autre. Israël n'est pas là pour préparer l'Église, comme une première ébauche. Ni l'hébraïsme ni le judaïsme n'ont préparé le christianisme comme leur épanouissement, même s'ils l'ont précédé dans l'histoire. Ce qui vient avant n'est pas toujours cause de ce qui le suit, même s'il en est la condition. C'est pourquoi la lecture de l'« Ancien Testament » à la lumière du « Nouveau Testament » est une faute, une erreur et une idéologie.

Elle est d'abord une idéologie. En effet, les Apôtres, compagnons de Jésus, n'ont commencé à écrire qu'après sa mort. C'est le sens qu'ils ont reçu ou donné à cette mort révoltante, scandaleuse et inhumaine puisqu'elle a frappé un innocent, qui a reflué sur toute l'existence de leur maître et sur chacun des événements de sa vie terrestre depuis sa naissance jusqu'à sa mort. C'est ainsi qu'ils comprirent leur rôle et leur mission : puisque Jésus a ressuscité, il a vaincu la mort, et puisqu'il a vaincu la mort, il était divin ; puisqu'il était divin, il a aimé l'humanité et désiré la délivrer du mal, de la souffrance et de la mort; puisqu'il a aimé l'humanité, il était prêt à aller jusqu'au sacrifice pour elle; il fallait bien qu'il mourût pour dire sa divinité par la résurrection et son amour par la mort, ouvrant ainsi l'accès du Royaume de Dieu aux hommes. En conséquence, sa naissance et son histoire personnelle devaient manifester, en chacun de leurs instants, ce projet divin pour la création, c'est-à-dire le salut par la foi de Jésus et en Jésus, la certitude que c'est l'amour de l'humanité jusqu'au sacrifice suprême qui peut seul la délivrer de tous ses maux.

Comment donc nier ce principe essentiel, cette conviction plus certaine que toute vérité, que l'amour est l'unique voie du bonheur authentique? Comment ne pas admirer, au moins, cet homme capable de cet amour infini qui lui réclame tout, même sa vie à donner, pour qu'autrui soit heureux?

Là est le message fondamental, la « bonne nouvelle » qui court dans les lignes et entre les lignes de tous les textes évangéliques.

Malheureusement, il devient une idéologie qui s'impose à tous, quand on l'étend à l'« Ancien Testament », dans l'effort têtu de lire la Torah sous son éclairage, et quand on cherche dans les textes des Hébreux et des Juifs l'annonce d'un projet que personne n'aurait su lire avant Jésus et les Apôtres.

L'Écriture juive n'aurait plus été alors, en ce cas, que le témoignage de la voie secrète, implicite, stratégique, empruntée par la volonté divine pour parvenir à sa fin ultime : la mort et la résurrection de Jésus, devenu Christ par elles et en elles. Mais c'est là une idéologie, dès lors qu'elle quitte son propre plan de sens et d'exploitation pour s'étendre à toute l'histoire passée et pour montrer que depuis le commencement, les événements s'y orientaient à travers les approximations qu'elle était tenue de traverser.

C'est là également une erreur : si on croit à l'histoire et à la succession ordonnée des événements les uns aux autres, c'est plutôt le « Nouveau Testament » qu'il faudrait lire à la lumière de la Torah des Hébreux et des Juifs. Cette méthode serait plus proche de la réalité — nous ne disons pas du Réel ni du Vrai — que la précédente. Pourquoi ? Parce que nous y gagnons sur plusieurs plans. Celui de l'histoire d'abord car par elle, nous découvrons les conditions — nous ne pensons pas « causes » — d'éclosion des groupes appelés à devenir chrétiens. Nous y apprenons les soubresauts et les crises qui ont traversé les communautés juives où naquirent Jésus et les Apôtres, et leur dispersion en différentes sectes qui voulaient toutes confisquer le judaïsme pour elles seules et de manière exclusive. Nous nous donnons la possibilité de comprendre les faits et gestes de Jésus, ses rites, ses coutumes, la géographie où il se déplaçait, et le calendrier qu'il suivait. Nous y gagnons également sur le plan psychologique. C'est aux Juifs qu'il parlait et de telle façon qu'ils comprissent ce qu'il leur disait, dans leur langue, dans leur psychologie, dans leurs coutumes et dans leurs symboles. Quiconque ignore le sens concret que ces rites et ce langage avaient pour les contemporains de Jésus, ne peut prétendre comprendre les significations anciennes ou nouvelles, qu'il leur donnait. C'est sur le fond réel, historique, concret, de la culture juive au 1er siècle avant l'ère courante, que l'enseignement, c'est-à-dire l'interprétation de Jésus, se dessinait. Or Jésus ne parlait pas grec, ne parlait pas latin, mais araméen ou hébreu. C'est une erreur grossière de se livrer à l'interprétation de textes écrits par des Sémites, au moyen des langues et des concepts indo-européens. Un terme, une expression n'ont de sens que par rapport à leur contexte linguistique, culturel et psychologique.

Cela ne signifie nullement la relativité totale des cultures et des langues. Il s'agit seulement de préciser comment elles portent l'universel à leur manière particulière, et comment elles expriment de manière originale les problèmes fondamentaux et les enjeux humains de l'histoire. C'est déjà un progrès que de constater le sens universel de tel ou tel rite ou de tel ou tel événement. C'est encore un progrès plus radical que de trouver les nuances particulières que la culture envisagée en a dégagées. La leçon tirée de ce second moment, parce qu'elle caractérise ses formes d'expression et en souligne la différence d'avec les autres cultures, est plus révélatrice des voies empruntées par l'universel pour entrer dans le temps et dans l'espace, dans l'histoire et dans la géographie. Ainsi par exemple, la traduction du mot 'ICH par « homme » et du mot 'ICHaH par « femme » correspond à la signification portée par ces termes hébraïques. Seulement, cette traduction générale efface les nuances que la langue biblique est peut-être la seule à imprimer dans ces deux termes. En effet, « homme » et « femme », en français par exemple, sont deux termes distincts l'un de l'autre, d'étymologie différente.

Par contre le terme hébraïque de 'ICHaH est de même racine que celui de 'ICH qui est son masculin. Tout se passe comme si on pouvait les traduire en français par « homme » et par « hommesse », la terminaison « esse » désignant le féminin. En hébreu la finale aH désigne justement le féminin ainsi qu'on le constate dans 'ICH et 'ICHaH. L'être humain, homme ou femme, est fait d'une unique substance, et les mots pour désigner cette différence sexuelle, sont construits sur le même radical : 'ICH — 'ICHaH. C'est littéralement ce que dit le verset prononcé par le premier homme, Adam ('ADaM), à la vue de la femme que Dieu lui présente :

« Cette fois-ci, os de mes os, chair de ma chair, celle-ci sera appelée 'ICHaH, car elle fut prise de 'ICH, celle-ci. »

Genèse 2, 23

Ce qu'on pourrait appeler l'égalité entre l'homme et la femme est traduite par la même racine étymologique et par la même matière faite d'os et de chair. La traduction de ces termes en mots indo-européens efface ces nuances précises et riches.

Enfin, avons-nous dit, la lecture de la Torah à la lumière des Évangiles est une faute car elle oriente vers une théologie et vers une vision de l'histoire qui reposent sur la disparition du judaïsme. Il ne reste plus, en effet, aux Juifs qu'à se retirer en tant que tels de l'histoire internationale, politique et spirituelle, par la mort violente, ou par la conversion au christianisme. Si la « véritable » lecture de la Torah a été cachée aux Juifs, s'ils n'ont pas su y lire l'avènement progressif de l'ère chrétienne et de Jésus, le Christ, depuis deux mille ans, c'est qu'ils sont restés prisonniers d'un processus diabolique et qu'ils sont aveugles à la révélation chrétienne aujourd'hui évidente. Si on ne peut les en convaincre pour sauver leur âme, il faut les faire disparaître, les expulser, les brûler afin de la libérer de sa prison corporelle, matérielle, commerciale et financière. Tout cela par amour et à la gloire de Dieu.

Nous venons à nous demander alors si des expressions comme « Nouveau Testament », « Nouvelle Alliance », « Nouvel Israël », « Dieu d'Amour » chrétien, et « Dieu vengeur » biblique ne portent pas, malgré elles, des colorations anti-juives. À moins qu'elles n'aient été forgées pour cette fin. Bien plus, nous pensons qu'il n'y a pas d'antisémitisme chrétien ni, du moins, d'anti-judaïsme : cela ne se peut sauf dans le cerveau de certains Chrétiens qui n'ont rien compris à leur religion faite d'amour et de pardon. Ce qui est réel c'est la phobie du judaïsme qui a envahi la conscience chrétienne. Comme toute phobie, elle provoque la tentative de faire disparaître son objet, soit en agissant sur la conscience que l'on en prend, c'est-à-dire par l'idéologie, soit physiquement en s'assurant qu'il est mort, qu'il a disparu ou qu'il a été détruit.

Depuis deux mille ans, l'histoire montre qu'elle ne peut accueillir à la fois l'Église et la Synagogue. C'est pourquoi ce sont les Juifs qui en ont pâti, comme éternels exclus, parqués dans des ghettos. L'Église a toujours voulu conduire cette histoire toute seule, parce qu'elle constatait qu'on ne peut être deux à la diriger. Pourtant Jésus répétait à qui voulait l'entendre : « Mon royaume n'est pas de ce monde. » Malheureusement l'empereur Constantin offrit les rênes du pouvoir temporel aux papes qui voulurent ainsi s'installer et s'enraciner dans ce monde. Ils y rencontrèrent les Juifs qui avaient leur propre projet pour l'histoire ici-bas, gardiens jaloux du message de la Torah pour notre monde, bergers du seul Dieu biblique qui se révèle à eux à travers la Loi, rêvant à une géographie et à une capitale perdue, toujours espérée pour « l'an prochain », désirant dans leur folle utopie que le royaume de Dieu soit aussi de ce monde quand les courroies politiques et économiques se mettront à porter les valeurs éthiques entendues au Sinaï et répétées par leurs prophètes et par leurs rabbins. L'Église, installée désormais dans le même monde, pose le problème de manière disjonctive : ou l'un ou l'autre, trahissant ainsi la spiritualité chrétienne telle qu'elle s'est incarnée en Jésus. Pouvait-il réellement convertir son peuple au christianisme qu'il ne connaissait pas ? Il était juif lui-même et seulement juif. Ne disait-il pas qu'il était venu au monde pour les brebis égarées ? Les brebis égarées étaient auparavant dans le troupeau, au sein du peuple juif, mais elles avaient oublié la parole dont Dieu les avait chargées en tant qu'Israël (YiSRa'eL).

Elles ne s'étaient pas égarées parce qu'elles avaient quitté l'Église ou parce qu'elles avaient refusé d'y entrer.

Jésus a-t-il voulu créer une nouvelle religion ou dire simplement au monde la loi d'amour et de justice révélée au Sinaï ? Espérait-il confisquer la mission d'Israël pour la confier à une nouvelle communauté dirigée par les douze Apôtres, ou désirait-il rappeler à ses coreligionnaires leurs défaillances et leurs manquements aux devoirs afférents à leur élection ?

Le temps est donc arrivé du dévoilement de notre désir de communiquer avec les Chrétiens de bonne volonté, sans aucun complexe de supériorité ni d'infériorité. Nous sommes persuadés de l'immense travail spirituel et social qu'ils ont accompli pendant deux millénaires, malgré les violences qu'ils ont souvent exercées à l'égard des non-Chrétiens et des réformateurs sociaux. Nous voulons en un mot considérer la cause chrétienne comme notre affaire aussi parce que nous voulons comprendre, à notre manière, l'émergence de l'esprit chrétien du cœur de notre histoire et de notre tradition pharisienne ou essénienne.

Que s'est-il donc passé pour que l'enseignement de Jésus et des Apôtres fût possible, pour que leur interprétation de la Torah prît place parmi les communautés qui se disputaient la parole de Dieu ?

C'est au sein du judaïsme et de ses multiples facettes que la compréhension de la Torah par Jésus a surgi. Pourquoi ? Comment ? C'est à ces questions que nous voulons répondre en tant que Juifs, parce que, nous le répétons, l'émergence du christianisme dans l'histoire est d'abord et avant tout une affaire juive, une histoire juive qui a éclos dans une géographie juive, à Bethléem, en Judée et à Jérusalem (YeRouCHaLaYiM). Nous ne voulons pas récupérer, détourner, confisquer l'Écriture chrétienne, semblant rendre aux Chrétiens la monnaie de leur pièce puisqu'ils ont détourné et récupéré la Torah en prétendant qu'elle annonçait Jésus.

Nous voulons partager avec eux notre lecture juive des Évangiles, celle qui se présentait d'abord à l'esprit de Jésus et de ses Apôtres quand ils citaient la Torah à l'appui de leur enseignement, qu'ils l'aient admise ou qu'ils l'aient refusée. Nous voulons montrer que les faits et les gestes, comme les dits de Jésus impliquaient des significations sur lesquelles il s'entendait avec ses interlocuteurs qui étaient, comme lui, nés et formés dans l'environnement culturel juif. En somme, Jésus et les Apôtres, en tant que Juifs, prirent la liberté, parfaitement légitime, d'interpréter leurs textes et de se relier à leur mémoire millénaire, afin d'en tirer des significations nouvelles pour les crises géographiques et historiques que leur communauté traversait. Ils furent fidèles et créateurs. Il nous reste à examiner leur originalité et leur nouveauté pour nous assurer qu'ils sont restés fidèles aux principes et aux valeurs fondamentales du monothéisme. L'interprétation est essentiellement création : encore faut-il qu'elle s'inscrive dans la visée et dans l'intention originelles. Nous nous trouvons devant deux interprétations différentes de la Torah hébraïque : la lecture juive et la lecture chrétienne. Ont-elles respecté les deux, la double face de l'interprétation, la fidélité et la créativité ? Ont-elles été les deux, fidèles et créatrices à la fois ? La nouveauté pure, ou, comme on dit aujourd'hui, la modernité, poussée à la limite, conduit nécessairement à l'anarchie. La fidélité pure, c'est-à-dire l'orthopraxie, touche nécessairement à l'obsession. Juifs et Chrétiens ont-ils évité ces types de désordre, individuel et collectif ? Nous proposons de revenir aux textes originels, fondateurs, afin de les interroger sur ces questions, mais ensemble cette fois, pour que, Juifs, nous devenions meilleurs Juifs, pour que, Chrétiens, nous devenions meilleurs Chrétiens. Je voudrais citer ici un extrait d'une des très nombreuses lettres que je reçois de ceux qui participent à nos séminaires. C'est un pasteur, Francis Diény, qui a eu l'amabilité et la fraternité de m'écrire ce qui suit :

« ... ce que je vous écrirai ne sera pas ce que vous m'avez dit et enseigné mais ce que j'ai perçu dans ce que vous m'avez enseigné. Des remises en question fortes ont modifié de fond en comble ma foi et ma propre construction théologique de Chrétien. Vous m'avez aidé à devenir encore plus chrétien, davantage ancré dans la connaissance de Jésus et de son environnement juif. Vous avez de cette manière permis qu'une relativisation des constructions dogmatiques postérieures montées par les conciles et le travail des Pères, m'amène à chercher une proximité plus grande de Jésus plutôt qu'une fidélité servile à la doctrine. Sans pour autant que j'en abandonne les données essentielles. Mais en apprenant à être plus proche de Jésus que de l'Église qui est venue après lui. Et par un retour qui m'étonne, je vois que dans mon Église cette proximité se fait convaincante puisqu'on reconnaît à ma prédication et à mon enseignement une autorité. »

Nous sommes aujourd'hui dans un tournant. À l'époque royale et politique d'Israël, les prophètes étaient là à reprendre l'histoire et la doctrine des Hébreux pour les conduire plus loin et pour y imprimer l'élan nécessaire à vaincre les difficultés créées par l'institution royale.

À la destruction du Temple de Jérusalem, la détermination pharisienne sauva le judaïsme en le restaurant à Jamnia (YaBNeH) [1], à un moment où l'Empire romain amorçait sa décadence et où le christianisme commençait à se fixer dans des textes qui brodaient sur l'exclusion du judaïsme pharisien. C'est dans le Talmud que celui-ci réécrivit sa foi et lui donna un langage nouveau qui dépassa la révolution prophétique. Cette parole vivante se maintint jusqu'à aujourd'hui, plus forte que l'histoire, plus résistante aux souffrances, plus éclairante que toute lumière et plus ferme que toute maîtrise. Après la traversée du Moyen Âge inventif

---

1. YaBNeH ou Jamnia est le village de Palestine où s'installèrent les rabbins après la destruction du Temple de Jérusalem en 70 et l'exil des Juifs autour de la Méditerranée. Ils y restaurèrent le judaïsme pour y résister, opposant la victoire religieuse à la victoire militaire romaine.

et génial, et les ambiguïtés de la Renaissance, au moment où la science et la technique se séparent du religieux, ébranlant ainsi la société occidentale, les kabbalistes donnent au judaïsme un nouvel élan pour redire leur foi, fidèle et créatrice. Une autre phase se dessine aujourd'hui, après la Shoah et après le retour des Juifs sur leur terre. Elle est en train de naître sous nos yeux, sans que nous puissions deviner ses résultats futurs.

Parallèlement aux immenses chantiers spatiaux qui s'ouvrent chaque jour aux mathématiciens et aux physiciens, un nouveau chantier est en train de se développer qui doit préparer le nouveau langage, la nouvelle parole qui libère de la suffisance scientifique.

Une nouvelle écriture juive, à l'image des prophètes, des talmudistes et des kabbalistes, intégrant l'inhumain de la Shoah et le miracle d'Israël revenu sur sa terre après presque deux millénaires, doit laisser place également au dialogue vivant avec le christianisme. Considérant désormais la question chrétienne comme inscrite au cœur du judaïsme, nous débarrassant de nos préjugés et de notre ignorance, nous pensons devoir nous élever à hauteur de notre responsabilité devant l'interpellation qui nous est faite.

Nous avons toujours demandé à l'Église et nous l'attendons toujours, sa parole sur la Shoah et sur l'existence politique d'Israël, et, en un sens, sa position sur l'existence juive [1].

Nous devons en retour lui dire notre parole sur la spiritualité qui la guide. Peut-être trouverions-nous ainsi, au croisement de ces paroles, les conditions de la distinction dans l'amour et dans le respect et

---

1. Certes, il y a eu la déclaration de repentance : elle ne fut que française, ou allemande, ou hollandaise... Elle n'est pas encore celle du Vatican et du Pape.

peut-être même de certaines convergences, morales, sociales, économiques, historiques et même spirituelles. Le troisième millénaire en aura un besoin urgent. Oui, le « Nouveau Testament » est à nous, Juifs. En le relisant dans son contexte juif avant que les Chrétiens ne s'en emparent, nous les empêchons de continuer à se bercer dans leur complexe de supériorité bien connu selon lequel le monothéisme hébraïque trouve son aboutissement définitif en Jésus, le Christ. Et nous devons les obliger à sortir de leur maison pour découvrir cette autre lecture de leurs textes, de manière à y retourner pour la mieux aménager. Nous ne pouvons plus les ignorer, ni les mépriser comme ils l'ont mérité pendant quinze siècles, de la Grande-Bretagne à la Russie. Israël avait pour vocation d'annoncer le Dieu vivant au monde mais ce sont les Chrétiens qui l'ont fait : c'est l'Église qui s'en est chargée en effet et cette « déviation » qui est devenue l'Église a accompli l'une des faces essentielles de la mission d'Israël. Des milliards de barbares au cours de l'histoire ont été ouverts à la morale de l'amour, de la justice, en un mot, de la « personne » humaine, grâce aux Chrétiens. Il nous faut le reconnaître et l'admettre et le signifier comme mission de Dieu lui-même parmi les nations. Et voici que nous découvrons que le Talmud et les Évangiles sont deux lectures parallèles et souvent contradictoires de la Torah. Elles se posent face à face, dans la séduction réciproque et dans leur extériorité radicale. Travaillons donc, en ce temps de dévoilement, à découvrir les passerelles entre ces deux lectures, afin qu'elles se haussent à porter, les deux, la parole du même Dieu, en toute fidélité. Dévoilons enfin ensemble, chacun par sa propre voix, l'image divine, le reflet de l'infini, que le visage de l'autre lui renvoie. Dévoilons aux hommes les chemins authentiques de l'humanisme qui fait de l'être humain non un individu mais une personne unique au monde, reflet ou image de l'absolu.

Nous nous proposons d'interroger les textes les plus significatifs des Évangiles synoptiques dans l'esprit que nous avons défini. Tous les textes chrétiens sont évidemment significatifs à quelque degré que ce soit, puisque l'Église les a retenus comme « Écriture sainte », c'est-à-dire comme expression de la parole divine ou description d'événements fondateurs. Cependant la théologie, la foi et le rituel chrétiens ont trouvé dans certains faits, gestes et dits particuliers de Jésus leur fondement et leur expression la plus décisive et la plus suggestive.

On ne niera pas que le récit de la Passion, par exemple, est inscrit au cœur de la foi chrétienne plus que tout autre. Le texte de la Samaritaine et ce qui se passe entre elle et Jésus autour du puits, condense des significations diverses devenues données immédiates de la conscience religieuse de ceux qui témoignent de leur foi en Jésus. Ou encore, le récit fondateur de l'Eucharistie est considéré comme source du rite sans lequel toute communion avec le Christ est impossible. Ce sont ces lieux de l'« Écriture sainte » qui nous intéressent ici, et que nous appelons « les plus significatifs » parce que la vie de l'Église et son message universel y trouvent leur vérité et leur valeur fondamentales. Nous les analyserons en tenant compte de leur contexte social, politique et historique et nous essaierons d'examiner les significations juives qu'ils prenaient pour le commun comme pour les sages et les maîtres juifs. Nous serons à même alors de comprendre leur réorganisation dans la lecture chrétienne qui les ouvre à sa manière à l'universel. Or il y a l'universalité juive, celle définie par les rabbins pharisiens, et l'universalité chrétienne, définie par l'Église et ses Pères. Il nous faudra préciser leurs différences, alors que les deux sont authentiques et, quoi qu'on en dise, complémentaires.

En effet, le récit d'un événement ou d'un dit ne peut prétendre épuiser leurs significations puisqu'il n'en est lui-même qu'une interprétation. Un fait se donne à voir et un dit se donne à entendre. Ils se « produisent » donc, comme on dit d'un artiste qu'il se « produit » sur scène. Leur perception immédiate ne suffit pas à exprimer le message qu'ils portent et qui se cache derrière leur manifestation. Prenons l'exemple du fait naturel que le savant cherche à expliquer en élaborant des théories à son propos pour le rendre perméable à la raison, c'est-à-dire intelligible et cohérent. Il met du temps à sa recherche parce que la vérité du fait n'est pas immédiatement perceptible. Il vise à l'atteindre par la voie de l'explication. Il en va de même pour l'événement, c'est-à-dire pour le fait humain historique. En ce cas, le savant se fait historien qui cherche à l'expliquer, à en trouver les causes et les conditions. En l'occurrence, celles-ci ne sont pas évidentes parce qu'elles se cachent derrière leur production historique. De même, les récits évangéliques sont donc des interprétations de leurs auteurs qui ont cru trouver dans les événements auxquels ils assistaient des significations que le commun des mortels n'y percevait pas. Or, ce qui est important pour nous ici, ce n'est pas de savoir si les évangélistes racontent fidèlement l'événement comme l'exigerait l'historien contemporain. C'est là une question à laquelle personne ne peut répondre, non seulement sur le plan de l'Écriture sainte, mais aussi sur celui de toute écriture quelle qu'elle soit, laïque ou religieuse.

L'important pour nous est le sens qui traverse le récit, tel qu'il nous a été légué depuis presque deux millénaires. C'est au texte tel que nous le rencontrons aujourd'hui que nous avons affaire, et donc aux significations qu'il porte par lui-même. Sur elles, il peut y avoir entente, même si nous cherchons d'autre part à les signifier à notre tour, selon notre engagement dans telle ou telle famille spirituelle du protestantisme, du catholicisme ou du judaïsme.

Quand le récit est celui d'un dit, d'une parole, d'un enseignement, l'interprétation est encore plus nécessaire puisqu'elle est soumise à différentes pertinences, comme celles du linguiste, du sociologue, du psychologue, du philosophe, du théologien et même du psychanalyste. Mis sur les lèvres de Jésus, un logion [1] doit être entendu et surtout écouté, non dans le sens où son auteur chercherait à l'imposer au lecteur ou à l'auditeur comme vérité absolue en l'attribuant à un être divin ou considéré comme tel, mais dans le sens où ce qu'il cherche à dire n'est pas épuisé par son dit. Le récit qui en est fait ne peut prétendre en dégager une signification sans, du même coup, accepter que le sens ultime lui échappe.

Toute lecture d'un dit ou d'un événement n'a de sens que si elle s'appuie sur le non-dit qui s'y aventure sans jamais se dire ni se produire. C'est ce dédire dans le dit, cette absence dans l'événement, qu'il nous faut interroger. Les récits de la Torah et les récits évangéliques rapportent des faits et des paroles en les insérant dans des significations qui nous importent par leur visée, par leur intention et par leur valeur. Ils se présentent à leurs lecteurs, de même que les faits et les paroles vus et entendus, regardés et écoutés au temps de leur production, comme des réalités à interpréter qui dépassent toujours toute signification qui se voudrait exhaustive. C'est exactement ce que nous voulons exprimer quand nous disons qu'ils sont transcendants.

Nous affirmons qu'une valeur morale est transcendante, comme la justice, la liberté, l'amour, parce que nous voulons dire que son « pourquoi » ultime nous échappe d'une part, et, d'autre part, que tous nos efforts pour la réaliser ne suffiront jamais à l'incarner telle qu'elle est en elle-même. Sa

1. Logion : enseignement, aphorisme, dit.

transcendance, parce qu'elle est transcendance, ne peut jamais être épuisée par l'immanence. Sur un autre plan, quelle que soit l'expression d'un être humain, on ne peut prétendre arriver à dire, à partir d'elle, ce qu'il est, ou plus précisément, qui il est réellement, en lui-même.

Nous disons alors qu'il nous restera toujours transcendant et qu'il n'est sûrement pas ce que nous pensons, imaginons, sentons et disons qu'il est. Il en va de même pour le récit ou le dit de la Torah et des Évangiles. En ce sens, ils sont susceptibles de relever de la lecture juive et de la lecture chrétienne à la fois, et même de la lecture sociologique, historique ou philosophique, à condition qu'aucune d'elles ne s'en réserve l'accès direct et unique. L'important c'est la visée de l'interprétation, c'est-à-dire de la compréhension que chaque lecture en a; l'essentiel est la modalité de l'interprétation. En l'occurrence, elle doit garder, tout au long de son déroulement, la dimension fondamentale de l'universalité. C'est pourquoi elle ne peut jamais se départir de la raison, étant entendu qu'elle ne se suffit pas de celle-ci. Le récit du fait, de l'événement et du dit, fait date évidemment : il est particulier dans la mesure où il est écrit en un temps et en un lieu déterminés, dans une langue, à travers des idées, et dans des formes marquées par son environnement culturel. Mais il fait date encore dans le sens où il a d'autre part marqué son temps à son tour, parce qu'il a rendu ses modes particuliers d'expression capables de porter l'universel et de dire ce qui est valable et applicable pour tout être humain. Un exemple simple pourra nous aider à illustrer cette rencontre de l'universalité et de la particularité. La Torah, avec ses propres métaphores et ses emprunts aux cultures environnantes, traduit en langue hébraïque l'émergence de l'être humain dans l'histoire de la semaine primordiale. Le sixième jour, après la création des animaux, à la suite des plantes surgies du sol et le « verdoyant » :

« YHWH-”ELoHiM créa l'homme à son image, à l'image d”ELoHiM il le créa, mâle et femelle il les créa. »

Genèse 1, 27

Ce récit appelle l'homme Adam ('ADaM) dont le féminin, mère ou épouse, s'appelle 'ADaMaH (terre); il est donc tiré de celle-ci. Mais ce qui fait du produit de la nature un être humain c'est son image divine. Adam n'est donc ni entièrement naturel ni Dieu.

Il n'est pas un pur produit de la nature, bien qu'il en soit tiré. L'important dans ce verset est le nom de cet être créé, Adam : l'homme, l'humanité, pas le Juif, pas le religieux, pas le citoyen, pas le contemporain, pas le familier ni le proche, mais l'être humain quel qu'il soit, caractérisé par l'image divine, c'est-à-dire par le reflet de l'absolu, par l'exigence (l'image) de l'infini.

L'hébreu le dit dans les termes de sa propre culture et, si l'on veut, dans les formes mythiques de son expression. Il ajoute même que 'ELoHiM énonça le projet ainsi :

« Faisons 'ADaM à notre image, à notre ressemblance... »

Genèse 1, 26

Ou plutôt, si l'on voulait laisser parler l'hébreu lui-même, ce que 'ELoHiM a dit précisément, c'est ceci :

« Faisons 'ADaM selon notre ombre (TSeLeM), comme (Ki) à notre ressemblance (DeMouT). »

Nous avons là trois niveaux à distinguer : le TSeLeM d'abord, ombre ou statue. À ce point précis, le verset suggère qu'Adam est créé selon l'ombre ou la statue de 'ELoHiM qui a imité son ombre et non lui-même, ou qui a taillé une statue à son image et a façonné Adam selon cette statue. Le deuxième terme confirme encore cette distance entre Adam et

'ELoHiM, grâce au suffixe Ki (comme) lié à DeMouT (ressemblance). Ainsi l'homme est à l'image de l'image de 'ELoHiM et non à l'image de Dieu. Telle est la particularité des Hébreux qui désirent maintenir une distance infranchissable entre le créateur et sa créature, tout en les rapprochant l'un de l'autre par l'expression « image de l'image ». Mais quoi qu'il en soit, ils sont persuadés que l'être humain vise, d'une manière ou d'une autre, en tant que tel, l'absolu et l'infini. Ils savent qu'eux aussi apprennent à les viser à leur manière, dans une distance infranchissable. Tout être humain est traversé par cette exigence qui l'arrache à lui-même et le porte vers l'ailleurs : c'est cela, l'universalité. Quant à la particularité, il faut la chercher dans la modalité de cet arrachement, et de la responsabilité à laquelle elle engage à travers les rites et les mœurs de la société hébraïque.

Nous allons donc procéder de cette façon et dans cet esprit à la rencontre des textes évangéliques que nous désirons respecter dans ces deux dimensions qui les traversent. En fait, nous cherchons à déterminer, d'une part, le lien qui unit la modalité chrétienne de l'universalité à celle de la Torah, et, d'autre part, comment a pu se greffer l'ouverture chrétienne sur un texte hébreu, c'est-à-dire sur la voie particulière qui caractérise la relation des Hébreux et des Juifs à l'Infini. Comment donc le christianisme naît-il du judaïsme ?

Nous posons cette question parce qu'elle traversera toute notre recherche. On la trouvera entre les lignes de chaque page. Nous la posons aussi parce que nous sommes persuadés et convaincus que la spiritualité chrétienne plonge profondément ses racines dans la tradition juive. Elle n'aurait pas pu se perpétuer pendant deux millénaires, si les valeurs monothéistes bibliques ne l'avaient pas portée, tout comme elles ont porté le peuple d'Israël pendant plus de trois millénaires, même si nous pensons que, sur certains plans, elle a introduit dans la Torah des idées et des conduites étrangères. Ce que nous voulons comprendre, c'est l'aspect par lequel le judaïsme se prête au christianisme. C'est à cela que nous pensons quand nous rappelons que Jésus était juif et que tous les Apôtres à l'exception de Luc l'étaient aussi. C'est cela que nous affirmons en disant que le message évangélique présente une continuité certaine avec la Torah. C'est cela enfin que nous vivons déjà, quotidiennement, quand nous rencontrons nos amis chrétiens attelés à la même tâche que nous. Nos différences radicales clairement affirmées confortent, confirment et développent la fraternité qui nous relie les uns aux autres.

Nous allons commencer par les récits de la naissance et de l'enfance de Jésus, qui se trouvent dans l'Évangile de Matthieu et dans celui de Luc seulement. Nous distinguerons d'abord les versets qui se rapportent à sa généalogie. Nous les présenterons sous le titre « L'enfant aligné », entendant dans cette épithète la place de Jésus dans le lignage qui le fait descendre de ses ancêtres, désignés chacun par son nom. Les versets qui annoncent sa naissance seront réunis sous le titre « L'enfant annoncé ». Enfin, le titre « L'enfant né » coiffera les versets qui racontent sa naissance.

Première section

Les Évangiles

comme MiDRaCH

Première partie

L'engendrement

Voici les engendrements — ToLeDoT — du ciel et de la terre lors de leur création.

Genèse 2, 4

Voici le livre des engendrements — ToLeDoT — d"ADaM, le jour où 'ELoHiM créa 'ADaM, à la ressemblance d"ELoHiM, il le fit...

Genèse 5, 1

Livre des engendrements — Genèse — de Jésus-Christ, fils de DaWiD, fils d"ABRaHaM.

Matthieu 1, 1

Chapitre I

L'enfant aligné

Nous ne trouvons la généalogie de Jésus que dans deux endroits : dans l'Évangile de Matthieu et dans celui de Luc. Nous aurons à les comparer après en avoir souligné les caractéristiques essentielles.

Matthieu commence à Abraham ('ABRaHaM) et finit à Joseph et à Jésus en articulant 42 générations qu'il sépare en trois ensembles de 14. Il termine ainsi :

> « Le nombre total des générations est donc : quatorze d'Abraham à David, quatorze de David à la déportation de Babylone, quatorze de la déportation de Babylone au Christ. »
>
> 1, 17

Il souligne trois moments importants d'Israël, pour lui fondamentaux : Abraham, David (DaWiD), JÉSUS, ainsi qu'il l'écrit dès le premier verset :

> « Livre de la Genèse de Jésus-Christ, fils de David, fils d'Abraham. »
>
> 1, 1

La véritable histoire du monde serait donc celle qui commence à Abraham, puisque les dix générations qui séparent Adam du premier patriarche terminent dans la dispersion des hommes, conséquence de l'entreprise de la Tour de Babel. Nous pouvons compter, en effet, cinq échecs de l'humanité avant Abraham : la faute d'Adam, celle de Caïn (QaYiN) le meurtrier, qui se répète avec Lamek (LeMeKH), l'abâtardissement des hommes qui conduit au déluge, l'ivresse de Noé (No'aH) et la divinisation des Empires en Babylonie décrite dans l'épisode de la Tour de Babel.

C'est alors que YHWH appelle Abraham afin que « soient bénies », en lui et par lui, « toutes les familles de la terre [1] ». Cette vocation et cette alliance, caractéristiques de sa postérité, seront renouvelées avec le roi David, installé, quant à lui, en Terre promise et gouvernant un peuple qui les porte et en témoigne au sein des nations. Le rôle d'Israël n'est plus alors celui d'une famille patriarcale ni celui d'une tribu nomade, mais il devient politique et prend place sur l'échiquier international. La troisième étape de cette histoire commencée à Abraham est marquée, selon Matthieu, par le renouvellement de l'alliance avec Jésus qui y prend sa place authentique puisque c'est un Juif de la postérité des patriarches. Le rabbin évangéliste se charge de dire en quel sens Jésus renouvelle l'alliance d'Israël avec le Seigneur (YHWH); il l'écrit immédiatement :

« Livre de la genèse de Jésus le Christ... »

c'est-à-dire l'oint du Seigneur (YHWH) qui le choisit comme il a appelé Abraham et David. C'est qu'il est convaincu de la résurrection de Jésus et de sa victoire sur la mort et il lui faut raconter les origines, la naissance et l'histoire de cette troisième personne de l'identité d'Israël sous l'éclairage de ce « kérygme [2] » et de cette « Bonne Nouvelle ». Il

1. Genèse 12, 3.
2. Le kérygme est un mot grec qui signifie, en langage religieux, « confession, proclamation », c'est-à-dire une prédication qui déclare le salut de Dieu dans l'histoire par la mort et la résurrection de Jésus, fils de Dieu.

écrit en direction des communautés judéo-chrétiennes, quarante ans après la mort de Jésus, dix
ans après la destruction du Temple de Jérusalem
par Titus. C'est donc un théologien qui relit l'histoire de son peuple pour convaincre ses coreligionnaires qu'en Jésus s'accomplit la promesse d'Abraham et l'alliance de David parce qu'il en est
l'aboutissement. « Les preuves? » Il va en fournir
les signes :

a) Le premier signe

« Livre de la genèse de Jésus-Christ... »

Ce terme de « genèse », d'origine grecque, traduit
le mot hébreu « ToLeDoT », de la racine YaLaD qui
signifie « enfanter », « engendrer ». L'histoire désignée par ce terme se développe, donc, pour le Juif
comme pour le Grec, en « engendrements » par une
force productrice, selon le modèle de la vie et de
l'élan vital et non pas seulement selon la raison
froide et anonyme, bien qu'universelle. Ainsi, la
Torah introduit l'histoire de l'univers par l'expression suivante :

« Voici les engendrements du ciel et de la terre lors
de leur création... »

Genèse 2, 4

L'Hébreu qui reçoit ce texte dans sa tradition
écrite ou orale, apprend que « la terre et le ciel »
sont nés, qu'ils ne sont pas éternels, et que l'action
divine leur a donné l'existence pour qu'ils
engendrent à leur tour. Leur histoire est une naissance. Il en va de même, à propos de l'histoire de
l'humanité, que la Torah introduit ainsi :

> « Voici le livre des engendrements d''ADaM, le jour
> où 'ELoHiM créa 'ADaM, à la ressemblance d''ELo-
> HiM il le fit... »
>
> Genèse 5, 1 [1]

L'allusion que fait Matthieu à ce verset est évidente. Elle s'y réfère implicitement à cause de
la « ressemblance » divine, comme si elle engageait
le lecteur ou l'auditeur à substituer « Jésus » à
« Adam ». Mais comme « ToLeDoT » (Genèse) ne se
rapporte pas littéralement au premier chapitre de
l'Évangile qui déroule au contraire l'ascendance de
Jésus et non sa descendance, il faut attendre le verset 18 pour lui donner sa pleine signification :

> « Or, de Jésus, Christ, ainsi fut la Genèse :
> Comme sa mère Marie était fiancée à Joseph... »

On devine l'intention de Matthieu qui veut
convaincre ses lecteurs que la véritable genèse de
Jésus est à chercher peut-être à partir de la création, mais sûrement à partir d'Abraham.

En effet, pense-t-il, le premier patriarche fut
appelé par Dieu à une histoire pour laquelle le
monde fut créé : celle qui devait se conclure sur
Jésus, préparé, cherché, approché, à partir de
l'alliance conclue avec Abraham. En somme, Jésus
est Christ, le Messie. Il n'est pas « un » messie mais
LE Messie, c'est-à-dire l'aboutissement de l'histoire
commencée avec le premier patriarche. C'est donc
à partir de sa venue au monde qu'il faudrait donner
sens à tout ce qui s'est passé auparavant entre Dieu
et Israël. Il en serait le terme final et le sens dernier.
Cette manière de réécrire l'histoire racontée dans la
Torah est « christologique », c'est-à-dire directement tournée vers la naissance de Jésus considéré
comme « Christ », le médiateur qui réalise et
accomplit la promesse divine. Ce n'est pas tant

---

1. Voir encore : Genèse 6, 2 ; 10, 1-11 ; 25, 19 ; 36, 1 ; 37, 2.

Jésus qui préoccupe Matthieu que la figure du Christ qu'il est certain de voir en lui et qu'il proclame dès le premier verset : Jésus serait donc le Christ pour lequel Dieu a élu Abraham au sein des nations et David au sein d'Israël. La difficulté quasi insurmontable que nous rencontrons à la lecture des Évangiles, en général, vient précisément de la confusion que nous y trouvons entre le Jésus historique et Jésus le Christ. Le premier ne prend sa dimension historique, d'après les Apôtres, que parce qu'il est le Messie. C'est ce qui les conduit à voir les gestes de Jésus et à entendre ses dits sous l'éclairage exclusif de cette figure. Ils en déduisent alors, puisque Jésus est descendant d'Abraham et de David, que l'histoire d'Israël — des Hébreux et des Juifs — fut, dès le départ, orientée vers cet accomplissement. S'il y a donc une vocation divine du peuple de Jésus, elle s'accomplit avec le meilleur de ses enfants et si ce peuple a été choisi pour produire le Messie, il lui faut le reconnaître en Jésus, initiateur du Règne de Dieu qu'il n'a cessé de préparer dans l'histoire depuis le premier patriarche. Nous respecterons cette profession de foi répétée trois fois dans ce premier chapitre dans l'expression « Jésus Christ [1] ».

La question qui reste est celle de savoir comment Matthieu la comprend et la signifie. Ce qui est certain c'est qu'elle devait être vivante dans les premières communautés chrétiennes, et, en tout cas, dans sa propre communauté. En ce sens, il transforme l'enseignement rabbinique qui lit le nom de 'ADAM en initiales : 'A = 'ABRaHaM ; DA = DaWiD − M = MaCHiYaH (Messie-Oint) et il considère que le troisième terme — Messie — se rapporte à Jésus, l'étape finale qui fait de lui LE Messie.

On reconnaîtra aisément que c'est là une lecture

---

1. Versets 1, 16, 18. Matthieu la répétera encore en 16, 20 et en 27, 17.

a posteriori de l'histoire. Jamais l'historien, même au sens contemporain du terme, ne peut déduire d'une situation présente les événements futurs. Il pourrait, dans le meilleur des cas, en tracer les conséquences possibles sans qu'il puisse déterminer laquelle se réalisera nécessairement.

C'est toujours après les événements que l'historien recherche les liens qui paraissent les souder les uns aux autres. Cela est encore plus vrai pour Matthieu et pour tous les Apôtres : il est persuadé de voir dans la conduite, dans les dits et dans l'existence du Juif Jésus l'incarnation du dessein divin et il inscrit donc toute l'histoire de son peuple depuis Abraham dans la perspective christologique. Cet acte de foi doit être respecté. Mais il ne faut pas qu'il cache la question grave qui se pose à son propos : celle du statut du peuple juif par rapport à ceux qui, comme les Apôtres, suivent Jésus et le reçoivent comme Christ. Voilà donc un peuple choisi par Dieu qui lui demande de préparer la voie à Jésus, le Christ, et qui, à son avènement, le refuse, s'aveugle et se recroqueville sur lui-même en repoussant le temps de l'accomplissement ! Telle est la question que nous nous posons à la lecture de ce premier chapitre et du premier verset de Matthieu : pourquoi ce refus ?

b) *Le deuxième signe*

La deuxième « preuve » est cherchée par Matthieu dans le verbe « engendrer ». Nous avons dit que le terme de ToLeDoT — engendrements — exprime la conception biblique du devenir cosmique et humain, fait de naissances et d'enfantements. L'expression « ELLeH ToLeDoT », qui signifie littéralement « voici les enfantements », doit être comprise comme « voici le devenir [1] ».

1. *Cf.* « Voici les engendrements du ciel et de la terre » (Genèse 2, 4). De même, en Genèse 5, 1 : « Voici le livre des

48

C'est donc en termes bibliques que Matthieu cherche à donner sens aux engendrements qui, depuis Abraham, ont conduit à Jésus. Il comprend l'histoire comme sa communauté juive d'origine le lui a appris : comme lignée à l'intérieur de laquelle le processus biologique de l'enfantement sert d'appui à un développement et à une transformation qui doit conduire à un épanouissement désigné par l'expression : Fils d'homme, Fils d'Adam. L'histoire est considérée comme « l'enfantement » du fils par le père, grâce au don de la vie qui, depuis la nature déjà, doit conduire à l'homme authentique, « dessein » du Seigneur (YHWH). C'est ce « dessein divin » qui doit être posé comme principe de toute éducation parce qu'il représente la matière même de l'Alliance dans laquelle s'engagent les époux quand ils décident de devenir parents. Quel est *Le* père qui arrivera à « mettre au monde », à « enfanter », à « engendrer » — YaLaD — *Le* fils ?

On comprend alors que l'enjeu principal de l'histoire et son articulation se trouvent dans la filiation, dans l'enfantement et dans l'apparition de l'être-enfant par l'être-père. On est en droit alors d'imaginer qu'un jour, le fils, pour lequel l'histoire se développe, apparaîtra pour lui donner son sens plein en accomplissant totalement le statut de la filialité par rapport à celui de la paternité. Qui donc peut être déclaré fils ? Celui qui donne son sens à l'histoire que la Torah raconte en introduisant le récit des familles les plus importantes par l'expression « Voici les engendrements de... ». Qui donc peut être déclaré le « fils » de l'humanité, de l'humain, de l'homme, d'Adam ? À l'image de la Torah, Matthieu y répond dans son premier chapitre en répétant quarante fois le verbe « engendrer » en seize versets, jusqu'à aboutir à :

engendrements d'Adam. » Voir encore Genèse 6, 9 : Noé (No'aH); 10, 1 : Noé (No'aH); 11, 10 : Sem (CheM); 25, 12 : Ismaël (YiCHMa''eL); 25, 19 : Isaac (YiTSHaQ); 36, 1 : Ésaü (''ESSaW); 37, 2 : Jacob (Ya''aQoB).

« Joseph, l'époux de Marie de qui fut engendré Jésus qui est dit Christ. »

Matthieu 1, 16

Le rabbin évangéliste croit donc que Jésus, le Christ, est le fils pour lequel l'histoire d'Abraham, à travers celle de David, s'est développée. Pourquoi Jésus est-il l'être humain à partir duquel toute l'histoire racontée dans la Torah prend son sens dernier ? Parce qu'il est Le Fils par excellence, l'incarnation même du statut de la filialité, l'exemple parfait de la créature qui peut considérer, de la manière la plus authentique, Dieu comme père créateur. Dieu est premier, il ne reste plus à l'homme qu'à se reconnaître comme second en toutes choses par rapport à lui : ce serait Jésus le véritable fils.

Matthieu présente Jésus comme cet homme dont l'engendrement a commencé à Abraham et s'est accompli en lui. Avec Jésus, le projet du Créateur et du Père est réalisé. C'est là encore une profession de foi respectable d'autant plus que la Torah et le Talmud donnent ce titre de fils à plusieurs personnages également et même au peuple hébreu en tant que tel [1]. La question est donc de savoir, après celle du Christ, comment l'Église et comment la Synagogue ont compris ce statut de la filialité. Qu'est-ce donc qu'un fils pour les rabbins pharisiens et pour celui ou ceux qui ont écrit l'Évangile de Matthieu ?

c) Le troisième signe

La troisième « preuve » est à chercher dans la descendance qui va du premier patriarche à Jésus. En effet, tous les noms et les engendrements qui relient ceux qui les portent sont là, retrouvés et cités de génération en génération. Les sources de

1. Exode 4, 22.

Matthieu sont le premier livre des Chroniques et le livre de Ruth principalement, avec les livres des Rois, de Samuel et d'Esdras. On remarquera qu'il procède, comme la Torah, par tri et sélection. Abraham a engendré Isaac (YiTSHaQ) certes ; l'autre fils du patriarche, Ismaël (YiCHMa"eL), est donc exclu de l'ascendance de Jésus. Le second patriarche engendra Jacob (Ya"aQoB). L'autre fils jumeau, Ésaü (''ESSaW), est aussi exclu de la promesse.

Jacob engendra douze fils, mais seul Juda (YeHouDaH) est retenu, à la différence de ses frères. Celui-ci engendra Pérèç (PeReTS) et Zérah (ZeRaH), mais ce dernier est écarté également. De Pérèç n'est retenu que Hèçrôn (HeTSRoN) car son frère Hamoul (HaMouL) est exclu. Et ainsi de suite jusqu'à Jessé (YiCHaY), père de David, son huitième enfant. Une sélection impitoyable, « voulue par Dieu », traverse l'histoire et elle se transforme en élection réservée à ceux qui se trouvent sur la voie empruntée par le projet divin jusqu'au roi David.

Nous arrivons alors à une étape importante des engendrements du fils qui, en David, trouve une première réalisation. Matthieu le souligne en associant le titre de roi à David, caractère qui ne se trouve pas dans ses sources, le livre de Ruth ou le premier livre des Chroniques [1]. C'est qu'il veut insister sur l'appartenance de Jésus à la dynastie de David le roi. D'autre part, il sait que l'alliance et la promesse furent renouvelées de manière particulière avec ce grand roi qui voulut construire un Temple à Jérusalem pour la demeure de Dieu, et qui s'entendit dire :

> « Ainsi parle YHWH : est-ce toi qui me bâtiras une maison pour que je m'y installe ? Mais je ne me suis pas installé dans une maison depuis le jour où j'ai fait monter d'Égypte les fils de YiSRa'eL jusqu'à aujourd'hui. Je cheminais sous une tente et

---

1. *Cf.* Ruth 4, 18-22 ; I Chroniques 2, 1-15.

à l'abri d'une demeure. Pendant tout le temps où j'ai marché au sein de tous les enfants de YiSRa'eL, ai-je dit une seule parole à l'une des tribus de YiSRa'eL que j'avais chargée de paître mon peuple YiSRa'eL, pour dire : pourquoi ne m'avez-vous pas bâti une maison de cèdre ?... C'est moi qui t'ai pris du pâturage, de derrière le troupeau pour que tu deviennes chef de mon peuple YiSRa'eL. J'ai été partout où tu allais, avec toi... Je te ferai un nom aussi grand que le nom des grands de la terre. Je fixerai un lieu à YiSRa'eL mon peuple, je l'implanterai et il demeurera à sa place. Il ne tremblera plus et les criminels ne recommenceront plus à l'opprimer comme autrefois... Je t'ai donné du repos face à tes ennemis et YHWH t'annonce que YHWH te fera une maison. Lorsque tes jours seront accomplis et que tu seras couché avec tes pères, j'élèverai ta descendance après toi, celui qui sera issu de tes entrailles, et j'établirai fermement sa royauté.

C'est lui qui bâtira une maison pour mon nom et j'établirai sa royauté à jamais. Je serai pour lui un père et il sera pour moi un fils... Ma fidélité ne s'écartera jamais de lui comme je l'ai écartée de CHa'ouL que j'ai écarté devant toi.

Ta maison et ta royauté seront à jamais stables devant toi, ton trône à jamais affermi. »

II Samuel 7, 5-16

Le roi David n'a donc pas pour fonction de construire une maison divine, c'est-à-dire un Temple pour YHWH. Ce n'est pas pour cela qu'il a été appelé sur son trône. Par contre, c'est plutôt YHWH qui bâtira une maison, c'est-à-dire une dynastie pour David. Telle est la grâce qu'il lui fait en ne lui demandant pas, en retour, de construire le Temple. Cette alliance est gratuite : YHWH a décidé, au cœur même de son alliance avec Israël, d'en établir une nouvelle avec la dynastie davidique, dans la tribu de Juda.

Le vocabulaire utilisé dans ce texte d'alliance avec David répète en plusieurs occurrences celui

52

que nous trouvons dans le texte d'alliance avec Abraham. Il y a donc bien une « Alliance nouvelle » de YHWH avec le grand roi et sa dynastie, et elle se greffe sur celle du premier patriarche en ne prenant son sens que par elle. Les analogies et les identités entre elles sont frappantes comme, par exemple, le terme de « nom » que YHWH veut leur « faire » à eux deux, la promesse de la terre, les termes d'« entrailles », de « postérité », « d'amour », de « fidélité », etc. De même que le patriarche est à l'origine d'une histoire particulière au sein des nations, le roi David est à l'origine d'une destinée particulière au sein d'Israël. Si, grâce à Abraham, l'humanité est justifiée et sauvée, c'est aussi grâce à David qu'Israël est justifié et sauvé. Le roi David devient le fondateur d'une dynastie responsable devant YHWH de l'alliance déjà conclue avec Israël ; de même Israël a été élu responsable de l'alliance conclue entre YHWH et les nations. Tel est le sens de l'élection qui se traduit toujours par une double responsabilité, de celui qui se sent appelé à rendre des comptes de la manière dont les autres s'acquittent de leurs devoirs et qui se demande ce qu'il doit faire, pour qu'ils apprennent à lutter contre le mal, dans le respect et dans l'amour.

Ainsi Israël est responsable des nations devant YHWH et David est responsable d'Israël parce qu'il doit se demander si, en tant que roi, il offre des structures sociales, économiques, politiques et éducatives à son peuple pour accomplir sa vocation. YHWH ne lui demande pas de construire le Temple, de s'occuper du culte et des réalités métaphysiques. Il lui demande d'être garant de la morale uniquement en instaurant la paix et la justice nécessaires à la mission d'Israël au sein de l'humanité. C'est pourquoi il lui annonce que c'est son fils Salomon (CheLoMoH), « le maître du Cha-LoM », « sorti de ses entrailles », qui construira le Temple de Jérusalem, après que David aura terminé son œuvre de justice et de paix. De même c'était Isaac, sorti « des entrailles d'"ABRaHaM et de SaRaH », le fils authentique choisi et c'était Jacob, le véritable Israël.

C'est Salomon, donc, « qui bâtira une maison pour mon nom », lui dit-il. Ce fils de David est considéré comme un fils de YHWH qui l'adopte au sein de l'adoption qu'il a accordée à son peuple.

Qu'est-ce que cela signifie, à travers le langage religieux ? Cela exprime d'abord la séparation du temps où le peuple sous la direction de David s'installe politiquement et militairement sur sa terre, et le temps où, sous la direction de Salomon, l'ordre politique peut laisser une place aux conditions d'épanouissement religieux et d'exercice du culte, parce que la justice et la sécurité sont établies ; cela signifie ensuite que l'ordre métaphysique et religieux ne peut prendre sens que lorsque la morale et la justice ont été respectées. C'est bien cela qui est impliqué dans le texte de Matthieu qui annonce que Jésus, l'oint pour sa fonction nouvelle, accomplit finalement la vocation spirituelle d'Israël après Abraham et David, car il est Le Fils qui doit faire du monde entier le Temple de YHWH. Il nous faudrait donc approfondir cette notion de filialité si insistante dans la Torah qu'elle est attribuée au roi et à Jésus comme à Israël.

Israël a été appelé, en Égypte même, le fils aîné de YHWH, selon le verset :

« YHWH dit à MoCHeH...
Dis à Pharaon : ainsi a parlé YHWH : mon fils aîné c'est YiSRa'eL. Je te dis : laisse partir mon fils pour qu'il me serve... »

Exode 4, 22

Et voilà que YHWH adopte encore un Hébreu — David —, déjà fils adoptif puisqu'il fait partie d'Israël, parce qu'il est roi. En tant que tel, il remplit la fonction de premier-né dans la famille, responsable de ses frères. Et cela lui donne des devoirs supplémentaires sans autre supériorité que celle de s'acquitter de cette fonction.

De manière générale, la cérémonie d'intronisation du roi comportait toujours des textes, des psaumes où on lui signifiait son nouveau statut de fils adoptif de YHWH, au sein d'Israël, « fils premier-né ».

Nous en avons le témoignage dans le second psaume par exemple où nous lisons :

> Pourquoi cette agitation des peuples, ces grondements inutiles des nations ?
> Les rois de la terre s'insurgent et les grands conspirent entre eux, contre YHWH et contre son messie :
> « Brisons leurs liens, rejetons leurs entraves ! »
> Celui qui siège dans les cieux rit ;
> YHWH se moque d'eux.
> Alors il leur parle avec colère, et sa fureur les épouvante
> « Moi, j'ai consacré mon roi, sur TSiYoN, la montagne de ma sainteté.
> Je publierai la loi de YHWH :
> Il m'a dit : Tu es mon fils.
> Moi, aujourd'hui, je t'ai engendré.
> Demande-moi et je te donnerai les nations en héritage.
> Ta propriété s'étendra aux extrémités de la terre...
> Et maintenant, rois, réfléchissez.
> Laissez-vous corriger, juges de la terre !
> Servez YHWH avec crainte et exultez en tremblant.
> Embrassez [rendez hommage] le fils... »
>
> Psaume 2, 1-12

Le roi est intronisé en tant que « messie » de YHWH, c'est-à-dire, étymologiquement, « oint », installé dans une fonction reconnue par tous et acceptée parce que fondée et légitime. Il est déclaré « fils de YHWH » adoptif, puisque c'est le jour de son intronisation seulement qu'il le devient. Enfin, l'alliance scellée entre YHWH et lui se transmet à sa descendance et à sa dynastie. Les rois d'Israël ne seront choisis que dans celle-ci. En d'autres termes, seule la tribu de Juda, et, en son sein, seule la postérité de David, fourniront les rois messies, fils adoptifs de YHWH. C'est ce que Matthieu rappelle dans l'expression « DaWiD le roi » en inscrivant Jésus dans cette dynastie.

Le rôle qu'Israël doit jouer, comme nation « aînée » au sein de l'humanité, c'est-à-dire chargée de devoirs supplémentaires, est assumé par la dynastie de David au sein de son peuple, jusqu'à ce qu'un descendant de cette dynastie incarne le statut universel de la filialité et apprenne définitivement à tous les hommes à se sentir seconds en toute chose, c'est-à-dire responsables, capables de don, de souci pour l'autre et d'amour. Pour Matthieu, c'est pour ce descendant que le monde fut créé.

Ce fils de David au sein d'Israël serait Jésus « le Christ » précisément, le fils accompli, responsable de la responsabilité d'Israël qui, lui, est responsable de celle des nations.

Il nous faut prendre notre distance par rapport à cette question de la filialité telle que la comprend Matthieu et telle que l'affirme Luc également. Replaçons-la dans le champ sémantique des ToLeDoT — engendrements — tels que la Torah les déroule dans ses récits. Nous serons à même alors de préciser le projet biblique et la compréhension de l'histoire qu'il implique.

Les évangélistes Matthieu et Luc ont très bien aperçu ce que représentent les ToLeDoT ou engendrements dans les récits bibliques. Ceux-ci racontent l'histoire de l'humanité jusqu'à la constitution de l'identité qu'ils appellent Israël et, au sein de celle-ci, l'engendrement de l'identité messianique. Tout se passe comme si toute l'histoire biblique était enfermée entre deux types d'engendrements : ceux des cieux et de la terre et ceux qui, dans la conclusion du livre de Ruth, déroulent les noms des ancêtres de David [1]. Les rabbins font

1. Genèse 2,4 ; et Ruth 4,18.

remarquer que ce sont là les deux seules fois sur les treize qu'on trouve dans la Torah, où le terme de ToLeDoT est écrit avec toutes ses lettres : T-o-L-e-D-o-T, avec un O long, à la différence des autres occurrences qui s'écrivent avec un O bref à la suite du T ou du D. Il y aurait donc un « engendrement plein » et des « engendrements incomplets » : T-o-L-e-D-o-T, ou alors TLDoT, ou ToLDT ou enfin TLDT.

Le premier engendrement s'énonce ainsi :

> « Voici les engendrements des cieux et de la terre à leur création... »
>
> Genèse 2,4

La suite, telle qu'elle est jointe par la tradition juive à ce verset, et dont les historiens la séparent au contraire, raconte la création de l'homme. Il en résulte que dans l'esprit des rabbins, l'histoire des cieux et de la terre — leurs engendrements — peut se résumer dans l'apparition de l'homme. L'histoire du monde est essentiellement celle de l'engendrement d'une manière d'être qui se cherche à travers l'être humain en vue duquel le monde fut créé. Ce qui donne sens à la création est l'homme accompli, car la destinée de l'univers se cherche à travers une histoire humaine qui doit avoir désormais pour visée l'être humain pleinement réalisé. Nous appellerons celui-ci le messie ou le Fils de l'homme, dans la mesure où l'humanité pourra réussir à donner naissance à cet être du huitième jour, selon la symbolique du premier chapitre de la Genèse.

En effet, les rabbins comparent notre monde à une superposition de sept chaudrons (sept jours) dont chacun chauffe celui qui est au-dessus de lui par sa vapeur : ainsi chaque jour a réussi dans son histoire dans la mesure où il a permis l'émergence du jour suivant jusqu'à la créature du septième jour — le ChaBBaT commençant le vendredi soir — qui est l'être humain. Mais si la vapeur de ce septième chaudron s'évanouit dans l'air sans servir à chauffer un huitième, tout l'édifice s'écroule sous l'absurde [1]. L'être du huitième jour est donc appelé le fils de l'homme parce qu'il vient après l'humanité. Ainsi Adam, le premier homme, est considéré comme le père dont le messie, l'être du huitième jour, est le fils. La Torah est le lieu de ce projet général qu'elle articule en ToLeDoT ou engendrements.

L'histoire qu'elle expose et articule en généalogies décrit les étapes à travers lesquelles se constitue et se cherche l'identité du fils de l'homme pour lequel il y a création du monde. Et l'on comprend pourquoi elle insiste sur les événements familiaux et pourquoi elle se concentre sur les foyers des patriarches. Le phénomène de la famille, en effet, est le lieu par excellence où se joue le drame métaphysique de la construction de l'identité humaine. Il ne s'arrêtera que lorsque sera engendré l'homme réussi, authentique, messianique. C'est là que les deux sens du mot ToLeDoT se recoupent et même s'identifient l'un à l'autre : les engendrements d'une part et, d'autre part, l'histoire qui est la voie par où l'identité messianique s'élabore. Que signifient donc les récits des histoires familiales des patriarches et des matriarches sinon les lieux où se découvre et se recherche l'identité humaine, l'être-homme, à travers les visages et les figures multiples qui sont celles de la paternité, de la maternité, de la filialité, de la fraternité, et, de manière générale, de la masculinité et de la féminité. C'est à travers la dialectique des relations entre ces visages, le Père, le Fils, la Fille, la Mère, le Frère, la Sœur, le Masculin et le Féminin, que se construit l'identité humaine.

C'est en ce sens que la Torah insiste sur leur nature et leur fonction en décrivant les épreuves par lesquelles passent les patriarches et les matriarches. Abraham n'est pas seulement cet homme

1. *Cf.* MiDRaCH RaBBa' sur l'Ecclésiaste 1, 2.

né en Mésopotamie, immigré en terre de Canaan, à l'origine d'une famille et d'un peuple appelé plus tard Israël. Sarah (SaRaH) n'est pas seulement cette femme stérile qui a finalement donné naissance à son fils Isaac éduqué et instruit pour perpétuer la volonté de son père. Mais c'est l'être humain tel qu'ils l'incarnent les deux, chacun à sa manière, masculin ou féminin, haussé au statut d'époux et d'épouse, promis au rôle de père et de mère, qui, à travers ces visages qu'il prend et les modalités de leurs effectuations, est en train de se construire et d'émerger dans l'histoire. C'est par la voie de la famille tout d'abord, et essentiellement, que l'être-homme surgit par engendrements et perpétue l'histoire commencée depuis la création. La Torah le rappelle dans le verset initial :

> Voici le livre des engendrements du ciel et de la terre en leur création...
>
> Genèse 2,4

Et telle est la lecture nouvelle de la Torah que les Pharisiens ont fondée depuis la période du second Temple, trois ou quatre siècles avant Jésus. Derrière ce qu'ils appellent la « ToRaH dévoilée » ou plus précisément la « ToRaH du dévoilé », il y a la « ToRaH du caché », c'est-à-dire de ce qui ne se donne jamais à la première lecture.

En effet, les relations familiales qui se jouent au vu et au su de tous les acteurs, dans chaque foyer, ne sont rien d'autre que les formes d'expression historique du drame métaphysique qui se déroule, d'étape en étape, dans l'histoire de la création. Pour la tradition juive, l'être créé est placé dans une perspective messianique, c'est-à-dire, en fin de compte, dans un progrès espéré dont on attend l'universalisation et qui se résume dans l'histoire de l'engendrement du fils de l'homme (BeN 'AdaM), de l'humain enfin réalisé.

C'est cette histoire « cachée » derrière les événements « manifestés » que les Pharisiens, dès les derniers siècles avant l'ère courante, s'efforcent de dégager des récits des familles patriarcales qui racontent des faits et décrivent des réalités humaines considérées comme des modalités de l'identité humaine. C'est bien cette histoire « cachée », métaphysique, qui commence dès le premier chapitre de la Torah. Nous y lisons que le monde est, à son origine, à l'état de chaos, ou, plus précisément, à l'état de ToHou-BoHou, dans l'absence de vie, vide, désolé, c'est-à-dire sans visage humain. Au lieu qu'il évolue vers son humanisation à partir de cet état impersonnel, Adam, Caïn, Lamek, la génération du déluge et celle de la Tour de Babel l'y enfoncent, à cause de la nature indifférenciée de leurs rapports aux hommes et au monde. Les visages de l'identité humaine n'émergent de ce ToHou-BoHou qu'à partir des patriarches qui se disposent à lutter contre l'impersonnel, contre le naturel, contre le déterminé pour en faire surgir le fils de l'homme. Ils comprennent que l'histoire du monde est la scène où se joue celle de l'homme qui doit engendrer « son fils ». La première figure de cette émergence est Abraham qui est le premier à dialoguer avec sa femme et à la considérer comme « sa sœur », c'est-à-dire comme son égale : visage de l'époux. Il est aussi le visage de la paternité quand il accepte de redescendre de la montagne avec Isaac et de renoncer à le sacrifier. Il est le visage du rapport à autrui dans la responsabilité qu'il ressent à l'égard des habitants de Sodome et Gomorrhe ou en participant à la guerre des quatre rois contre les cinq rois. De manière générale, il est la figure de l'Amour. Avec Isaac commence à se jouer dans cette histoire le visage du fils et de toutes ses nuances en Jacob, en Joseph (YoSSePH) et en David déclaré, le premier, fils adoptif de Dieu, au sein d'un peuple, « premier-né de Dieu [1] ».

1. Exode 4, 22.

Au sein des engendrements d'Adam, dans les engendrements d'Israël, se dessinent les engendrements de la lignée de David depuis Abraham, qui conduisent à l'identité du fils de l'homme. Les enjeux y sont familiaux et donc universels : quel est cet époux qui aidera l'identité féminine de son épouse à devenir sœur ? Quel est ce père qui aidera sa progéniture à être fils ? Et quel est ce fils capable d'être frère ? Quelle est cette fille apte à devenir épouse et mère ? Telles sont les figures à travers lesquelles se déroule le drame de l'engendrement de l'identité humaine authentique.

Un peu plus d'un siècle après la mort de Jésus, s'est déroulé un long débat entre RaBBi "AQiBa' et l'un de ses élèves, BeN "AZZaY. Ils cherchaient à savoir quel était le principe général de la Torah, ou, en d'autres termes, le verset qui résumait toute la Torah, ou, enfin, la Loi dont toutes les lois dérivent et qui caractérise l'identité humaine accomplie. RaBBi "AQiBa' y répondait :

> « Le grand principe de la Torah est celui-ci :
> Tu aimeras ton prochain comme toi-même [1]. »

BeN "AZZaY répliquait :

> « Le principe suivant est plus grand :
> Voici le livre des engendrements de l'homme [2]. »

La clef de l'opposition entre le maître et son disciple est claire. Elle est à chercher dans la différence qui sépare la morale et la vie spirituelle. Le premier est persuadé que la relation à autrui est première et fondamentale car l'amour qui la règle est la voie royale qui mène à l'accomplissement du projet biblique et à l'émergence de la société messianique.

1. Lévitique 19, 18.
2. Genèse 5, 1. *Cf.* Talmud de Jérusalem 9,4. Talmud de Babylone. ChaBBaT 31a.

Que l'amour du prochain soit la Loi, ou même une loi tout simplement, ne cessera de nous étonner. En effet, comment peut-on ordonner d'aimer ? La notion de commandement ne trouve sa cohérence que quand elle se rapporte à un impératif, à un devoir ! Que l'amour soit « commandé » paraît paradoxal en un premier temps. Mais on remarquera que le texte hébraïque s'énonce au futur. Il ne porte pas le devoir strict dans l'énoncé « Aime ton prochain » ! Il en recommande plutôt le contenu ainsi : « Tu aimeras ton prochain » où on entend l'aspect impératif et l'aspect participatif : « Fais l'effort de devenir celui qui est capable de s'ouvrir à autrui pour l'aider et le soutenir sans retour. » Autrui est comme toi ; il incarne comme toi l'être-humain ; il est engagé comme toi à faire réussir l'identité humaine en lui ; accorde-lui donc les conditions d'épanouissement de cette identité. Tu sais que ces conditions sont la liberté, la sécurité, le respect, la reconnaissance, etc. Tu les exiges légitimement pour toi. Il est donc légitime que tu les lui procures également. On pourrait t'obliger, par la notion de devoir, par la coercition, par la peur même, à lui accorder ces conditions.

Mais, dit RaBBi "AQiBa', on obtiendrait par cette voie seulement une société, un groupement d'hommes reliés les uns aux autres par la justice, par le droit et par le devoir, par la sanction positive ou négative. Il existe cependant, au-delà de la société, la communauté où les relations sont d'amour, de sollicitude qui n'attend pas la réciprocité parce qu'on s'y soucie d'autrui avant de se soucier de soi-même. Telle est la morale prônée par ce maître de la première moitié du IIᵉ siècle de l'ère courante et telle est, selon lui, la Loi des lois.

Son élève est préoccupé par un autre problème que celui de l'éthique et de la relation d'altérité. Il réfléchit sur le récit des engendrements de l'identité humaine en chacun. Il ne se limite pas à la relation avec autrui ; il veut expliciter la nature des relations avec lui-même et ce qu'il est en droit et en devoir d'exiger de sa propre existence.

À la différence de RaBBi "AQiBa' qui légifère sur ce qu'en hébreu on appelle les relations BeN'AdaM LaHaBeRo (entre l'homme et son alter ego), BeN "AZZaY approfondit celles qui relient l'homme à lui-même : BeN'AdaM Le"aTSMo.

Il s'agit donc de la vie spirituelle au-delà de la vie morale, de l'homme qui se cherche en chacun, de l'accomplissement personnel au-delà de la réussite de la communauté, de la réponse aux exigences intérieures fondatrice de l'équilibre des exigences extérieures, la vie privée qui anime la vie publique. C'est ce que le verset semble exprimer en effet :

> « Voici le livre des engendrements d'"ADaM, le jour où 'ELoHiM créa 'ADaM, il le fit à la ressemblance d'"ELoHiM, mâle et femelle il les créa, il les bénit et les appela 'ADaM au jour de leur création. »
>
> Genèse 5, 1-2

Le titre de la Torah entière est donc « ToLeDoT 'ADaM » et il la définit comme « le livre des engendrements d'"ADaM ». Nous sommes avertis que le « dessein » — traduit « ressemblance » — du Créateur se cherche à travers l'histoire qui va être racontée. L'homme n'est pas une « image » dans le sens du « dessin », mais il est en projet et il constitue son identité dans le monde manifesté de la réalité événementielle. Adam est le nom donné à l'être qui, par la dialectique créatrice — bénie — du masculin et du féminin, donne naissance à son fils, le fils de l'homme, celui pour lequel il fut créé. C'est à cet homme authentique que pense BeN "AZZaY, à cette vie messianique, spirituelle, à cet homme enfin réussi dont l'une des possibilités est sa relation à autrui qui peut être parfaite sans qu'il s'y réduise. Tel quel, il correspondra au dessein divin, mais il ne deviendra pas image sainte ou dessin reproduisant son créateur. Certains groupes juifs, pendant les deux siècles qui précédèrent Jésus, et, parmi eux, les Judéo-Chrétiens du début du 1er siècle qui le suivirent, confondirent l'homme réussi — le messie ou fils de l'homme — avec l'univers divin. Ils ont même été jusqu'à le considérer comme l'une des manifestations de Dieu, se rapprochant dangereusement par là de l'environnement culturel païen où des êtres et des choses même étaient perçus comme sacrés et divinisés. C'est contre cet amalgame que les Pharisiens ont réagi, excluant la littérature apocalyptique de leur champ d'étude alors qu'elle avait pour auteurs des maîtres juifs. Cette tentative et cette tentation symbiotique n'ont jamais quitté d'ailleurs le judaïsme et elles émergent régulièrement dans son histoire avec certains mystiques ou extatiques. C'est d'ailleurs contre elles que les kabbalistes espagnols à partir du XIIIe siècle se sont dressés pour maintenir la spécificité de la tradition juive qui se prémunit contre le danger de la confusion dans les unions. En réalité, n'importe lequel peut être le messie, le fils de l'homme, et c'est pour ce projet inscrit dans l'être humain et le spécifiant, que les Hébreux d'abord, les Juifs ensuite, sont considérés comme Israël, comme « ceux qui luttent contre les êtres divins, contre les hommes et qui résistent [1] ».

En ce sens Jésus, en tant que maître et en tant que prophète, fut fils de l'homme, pour lequel le monde fut créé. Mais seulement fils de l'homme, né de ses parents et de Dieu, portant la parole divine au milieu de ses frères égarés, afin de les reconduire dans le « troupeau » que Dieu avait choisi pour se faire connaître au milieu des nations.

1. Genèse 32, 28.

d) Le quatrième signe

La quatrième « preuve » produite par l'évangé-liste est la présence de cinq femmes dans la généa-logie de Jésus : Tamar (TaMaR), Rahab (RaHaB), Ruth (RouT), la femme d'Urie (OURiYaH) et Marie (MiRYaM).

Pourquoi Tamar ? Parce que c'est grâce à elle que la descendance de Juda fut assurée. C'est ce que ce chef de tribu reconnaît quand il déclare ouverte-ment qu'elle est un modèle de justice et de fidélité. C'est donc grâce à Tamar et à sa stratégie quelque peu ambiguë que Juda fut l'ancêtre de David et du roi-messie, et, par conséquent, de Jésus. Juda s'exclame, en effet, après avoir reconnu que Tamar s'est finalement bien comportée à son égard :

> « Elle a été plus juste que moi car, en réalité, je ne l'avais pas donnée à mon fils CheLaH... »
>
> Genèse 38, 26

Juda a eu trois garçons dont deux, Er (″ER) et Onan ('ONaN), moururent sans laisser d'enfant. La bru, Tamar, réclama alors son mariage avec le troi-sième, Shéla (CheLaH), en accord avec la loi du lévirat. Mais Juda hésita. C'est pourquoi elle l'obli-gea, par une voie détournée, à s'unir à elle, puisque CheLaH lui était refusé. De l'union entre Juda et Tamar naquirent deux enfants, Péréç et Zérah. C'est du premier que descendit David. TaMaR est ainsi considérée comme la femme fidèle qui perpé-tue le projet divin parce qu'elle réclame justice.

La seconde femme est Rahab :

> Or, Salmon engendra Booz, de Rahab...
>
> Matthieu 1,5

Rahab est la prostituée étrangère de Jéricho qui cacha les espions envoyés par Josué (YeHo-CHou'a″) pour étudier les possibilités de la conquête de la ville [1]. Elle a donc contribué à la réalisation politique de la promesse de la terre, et elle a, d'autre part, donné naissance à Booz (Bo"aZ) qui épousa Ruth, arrière-grand-mère de David :

> « or Booz engendra Jobed de Ruth,
> or Jobed engendra Jessé ;
> or Jessé engendra David, le roi. »
>
> Matthieu 1, 5-6

Ruth était une Moabite, donc étrangère également, comme Tamar et Rahab. Mais elle se soumit à la loi du lévirat, puisqu'elle avait décidé de rester avec sa belle-mère Noémie (Na"oMi), à l'inverse de l'autre bru, Orpa ("ORPaH). Noémie avait voulu la libérer également en lui disant :

> « Vois, ta belle-sœur s'en est retournée vers son peuple et vers ses dieux ;
> Retourne donc à la suite de ta belle-sœur. »
> Mais RouT dit :
> « Ne me presse pas de t'abandonner, de retourner loin de toi, car où tu iras j'irai, et où tu passeras la nuit je la passerai. Ton peuple sera mon peuple ; ton Dieu sera mon Dieu ; où tu mourras je mourrai et là je serai enterrée. YHWH me fasse ainsi et plus encore si ce n'est pas la mort qui nous sépare ! »
>
> Ruth 1, 15-17

Ruth finit par épouser Booz à Bethléem (BeTH-LeHeM). Ils eurent Jobed ("OBeD), père de Jessé, père de David.

C'est donc encore une étrangère qui permet la continuité de la lignée messianique. Voilà deux femmes encore, qui épousent la foi en YHWH dont la première, Rahab, est une prostituée. Matthieu la transforme, on ne sait de quelle source il l'a appris, en mère de Booz, donnant ainsi à son intervention dans la réalisation de la promesse divine une

---

1. Josué, chapitre 2 ; 6,17 ; 22,23.

valeur messianique. L'auteur de l'Épître aux Hébreux la cite en exemple de foi :

> « Par la foi, Rahab, la prostituée, ne périt pas avec les rebelles, car elle avait accueilli pacifiquement les espions. »
>
> Épître aux Hébreux 11,31

Au contraire, l'Épître de Jacques la loue pour ses œuvres et pour sa justice plus que pour sa foi :

> « Tel fut le cas aussi pour Rahab la prostituée : n'est-ce pas aux œuvres qu'elle dut sa justice, pour avoir accueilli les messagers et les avoir fait partir par un autre chemin ? »
>
> Épître de Jacques 2, 25

Retenons donc cette particularité de Matthieu qui introduit cette femme dans la généalogie de Jésus : cela ne correspond à aucune tradition biblique. Rahab est bien celle qui fut épargnée, bien que prostituée, par Josué pour sa foi et pour sa justice. Mais elle ne fait pas partie de la lignée messianique dans la Torah et elle n'est pas la mère de Booz.

Quant à Ruth, la Moabite, elle a effectivement épousé Booz, l'arrière-grand-père de David. C'est également une convertie qui s'est conformée à la loi du lévirat et a permis à la descendance d'Abraham de se perpétuer jusqu'au roi David. Elle a d'autre part une particularité importante, celle d'habiter à Bethléem, la ville de David, et d'avoir intégré pleinement, à hauteur des matriarches, le peuple Israël. Les Anciens et le peuple, réunis au tribunal devant lequel Booz la prend pour épouse, lui disent :

> Que YHWH rende la femme qui entre dans ta maison comme RaHeL et comme Le'aH qui ont bâti, elles deux, la maison de YiSRa'eL. Fais fortune en EPHRaTa et proclame un nom en BeTHLeHeM ; qu'ainsi, par la descendance que YHWH te donnera de cette jeune femme, ta maison soit comme

la maison de PeReTS que TaMaR enfanta à YeHouDaH.

Ruth 4,11-12

Il faudrait se reporter au texte cité plus haut qui se rapporte à David et à la construction de la maison de YHWH, et le comparer à celui-ci, pour apercevoir les jeux et les assonances qu'ils portent les deux sur les termes « construire », « maison » et « fils ». Nous pensons que Matthieu a bien aperçu le fond messianique de ces thèmes et de ces textes puisqu'il y fait de nombreuses allusions dans sa généalogie. Ruth, dans la tradition hébraïque, fait bien partie de l'ascendance de David, et du messie. Bien plus, elle est proclamée l'égale de Rachel (RaHeL) et de Léa (Le'aH), mères des tribus d'Israël, et comparée à Tamar qui a donné à Juda, chef de la tribu messianique, Pérèç, dix générations avant David.

La quatrième femme citée par Matthieu est l'épouse d'Urie le Hittite. Il ne cite pas son nom : Bethsabée (BaT-CheBa"), mère de Salomon. Peut-être ne veut-il pas rappeler à ses auditeurs et à ses lecteurs la faute grave de David, qui a couché avec elle alors qu'elle était mariée et qui a envoyé son mari Urie se faire tuer à la guerre, pour l'épouser. Mais c'est elle qui, avec la complicité du prophète Nathan (NaTaN), réussit à imposer Salomon pour succéder à David.

La cinquième femme est Marie, mère de Jésus. Nous y reviendrons par la suite, au moment de l'annonce et de la naissance de celui-ci.

La mention de ces femmes, à l'exception de Rahab, n'est pas caractéristique de la généalogie reproduite par Matthieu. Que trois d'entre elles soient étrangères, n'est pas non plus original puisque c'est de la Torah qu'il l'apprend. On ne peut donc réserver à l'évangéliste le message ou la leçon d'universalisme, comme le croient certains théologiens de l'Église. En fait, ces trois étrangères ne sont pas restées idolâtres puisqu'elles ont voulu participer à la réalisation du projet divin et qu'elles ont cru en YHWH. Leur foi s'est exprimée dans des œuvres, et même dans la meilleure œuvre de la femme : la maternité. Elles ont été justes en cela, puisque leur conduite est restée cohérente avec l'une des dimensions essentielles de la féminité. Bien qu'étrangères, elles sont considérées par la Torah comme participant au projet divin.

La question est donc, pour la Torah et pour l'évangéliste, celle des voies assez irrégulières qu'elles ont empruntées pour parvenir à leurs fins. Il est évidemment stupéfiant de constater que la lignée messianique au sein d'Israël s'est constituée de manière scabreuse, par Tamar, par Rahab pour Matthieu, par Ruth et par Bethsabée. En effet, Tamar a joué à la prostituée sacrée pour coucher avec son beau-père Juda ; Rahab était prostituée et c'est grâce à elle que l'espionnage de Jéricho a réussi ; Ruth était une Moabite. Or, le peuple de Moab (Mo'aB) avec celui d'Ammon ("AMMoN) descendent de Loth (LoTH), le neveu d'Abraham. Il a été enivré par ses filles pour qu'il couche avec elles [1]. Cette abomination incestueuse a été si abhorrée par la Torah, qu'elle a décrété contre ces deux peuples la terrible loi d'exclusion :

> « Jamais l'Ammonite ni le Moabite n'entreront dans l'assemblée de YHWH. Même la dixième génération des leurs, n'entrera pas dans l'assemblée de YHWH... Jamais tu ne rechercheras leur paix ni leur bonheur, pendant tous les jours de ta vie. »
>
> Deutéronome 23, 4 et 7

Elle trouve assurément l'esclavage et les souffrances des Hébreux en Égypte moins graves que les fautes commises par les filles de Loth, et elle les pardonne, puisqu'elle décrète :

1. Genèse 19, 30-18.

... Tu ne considéreras pas l'Édomite comme abominable, car c'est ton frère [descendant de "ESSaW; tu ne considéreras pas comme abominable l'Égyptien, car tu fus un étranger dans son pays. Les fils qui leur naîtront à la troisième génération, entreront dans l'assemblée de YHWH.

Deutéronome 4, 8-9

Pourtant, Ruth, bien que Moabite, est entrée dans l'assemblée de YHWH, et par la grande porte comme nous l'avons vu.

Quant à Bethsabée, elle est la mère de Salomon qui construisit le Temple de Jérusalem et qui fut imposé par elle et par le prophète Nathan pour prendre place dans la lignée messianique. Elle avait pourtant trompé son mari et épousé l'assassin de celui-ci ! Ce sont là trois voies bien singulières et, avec Rahab d'après Matthieu, quatre voies, franchement étonnantes, tracées par le projet messianique dans l'histoire. Certains théologiens concluent sur ces faits, en soulignant le caractère imprévisible de l'action divine, l'aspect inattendu et déroutant du plan divin. Mais cela est insuffisant et c'est baptiser la question au lieu de la résoudre, que de présenter la description d'un fait comme son explication.

Nous pouvons constater que la dynamique messianique qui traverse le temps en en faisant une histoire humaine, arrive parfois à des impasses. Elle va alors se chercher dans des détours et des stratégies qui ne paraissent pas, *a priori*, récupérables, aux yeux des moralistes et des religieux. Rien ne serait donc définitivement perdu, c'est-à-dire condamnable ou maudit pour toujours. Toute conduite peut être reprise et déboucher sur le projet fondamental, et même le féconder et l'instruire. Il faut pour cela distinguer l'intériorité de l'extériorité et se persuader que la première n'est pas nécessairement ni entièrement éliminée par la seconde. Tamar est une prostituée sacrée, mais son inten-

70

tion était droite et pure. Rahab était une prostituée commune, habitant près des remparts de Jéricho, mais elle possédait une générosité et une justice qui l'honoraient. Ruth était une Moabite, mais elle a manifesté un caractère exceptionnel malgré sa lourde hérédité. La femme d'Urie s'est laissé enlever par le roi David, le meurtrier de son époux, mais c'est grâce à elle que celui qui devait succéder à ce roi monta sur son trône.

On en arrive même à se persuader que c'est peut-être par ces voies que la dynamique messianique se définit essentiellement. Une lumière empruntée à une autre lumière garde assurément ses qualités. Mais la lumière qui surgit du fond de l'obscurité a une plus grande valeur; c'est donc là qu'il faut la chercher. On pourrait s'interroger cependant sur cette première interprétation en se questionnant sur la modalité sexuelle en général : pourquoi donc le symbolisme sexuel par quatre fois répété, avec deux prostituées, l'une sacrée l'autre commune, avec la fille d'un peuple incestueux et avec un adultère ? La question vaut la peine d'être posée parce qu'elle précise les trois ou quatre déviations possibles de la sexualité au sein d'un couple composé d'un être masculin et d'un être féminin : la prostitution qui consiste à se donner à n'importe qui, pour les dieux ou pour l'argent, l'inceste qui transgresse l'interdit de l'union avec un membre de sa propre famille et l'adultère qui brise une alliance dans un couple normalement constitué devant Dieu et/ou devant les hommes. Toutes ces dérives de la sexualité, avons-nous dit, sont récupérables. Mais pourquoi ce symbolisme inscrit au cœur du progrès messianique de l'histoire humaine ? Parce que, en réalité, c'est sur ce plan-là qu'il engage sérieusement sa valeur, sa fonction et sa visée.

Dans l'être humain sont inscrites deux alliances fondamentales : l'alliance conjugale fondatrice de la société et celle qui le lie à l'Esprit, à l'Absolu, à l'Infini, ou, comme disent les religions, à Dieu. Les deux sont indissolublement liées. Elles peuvent l'être pathologiquement comme tentent de l'expliquer les psychanalystes qui ont souvent raison en présence de leurs analysants religieux. Mais elles peuvent l'être de façon normale et équilibrée quand les valeurs transcendantes ne se réduisent pas à des phantasmes ou à des névroses. Quoi qu'il en soit, le symbolisme conjugal qui lie l'homme à son épouse exprime sa capacité à assumer cette alliance et à la perpétuer, c'est-à-dire la profondeur et l'authenticité de son attachement, le degré de sérieux qu'il y accorde, bref le sens qu'il lui donne. La relation conjugale est totale par conséquent : c'est la seule qui engage l'être tout entier, sans rien laisser de lui-même qui n'en soit pas investi, par opposition à toutes les autres relations qui n'engagent jamais que tels ou tels aspects de la personne. Même la relation à l'Absolu, à l'Infini ou à Dieu n'est pas aussi entière car si on voit comment et en quoi elle investit l'esprit, l'intelligence, l'affectivité, la volonté et l'activité du sujet, elle laisse en dehors d'elle cependant le corps sexué, sauf dans certaines pathologies ou dans certaines extases. Par contre, comme la relation conjugale, elle questionne toute la destinée et le sens de la vie de l'homme. On peut donc en conclure que ces deux alliances, ces deux forces qui tirent l'homme de lui-même et le projettent vers l'autre, femme ou Dieu, renvoient l'une à l'autre en ce sens où chacune des deux peut servir à montrer le degré d'ouverture et de don dont l'homme est capable. Chacune des deux peut mesurer la force d'attachement et de fidélité dont l'homme peut témoigner. Qui trahit l'une peut s'attendre à faiblir aussi devant l'autre. Qui n'est pas apte à développer et à renforcer l'une, n'est pas non plus capable de s'épanouir dans l'autre. De même que l'alliance avec l'esprit, avec l'Absolu et avec l'Infini signifie responsabilité, amour et engagement quotidien, en même temps que la construction d'une identité, de même l'alliance conjugale est fondée sur un projet commun des époux, sur leur amour mutuel, grâce à lui, en lui et par lui et sur l'édification de leur identité respective et familiale.

L'Alliance avec l'Esprit et l'Alliance conjugale prennent sens les deux et se rejoignent dans la procréation d'un enfant à éduquer pour enrichir ce projet et faire progresser l'histoire. Ce qui se construit dans la relation à l'Infini, s'édifie aussi dans la relation conjugale et vice versa. C'est bien pourquoi les prophètes bibliques ont constamment parlé de la relation à YHWH en termes de symbolisme conjugal, en disant que YHWH était l'époux d'Israël et que leur contrat de mariage était la Torah. Le prophète Osée (HoCHe'a") a particulièrement développé ce thème en épousant une prostituée appelée GoMeR BaT DiBLaYiM et en ayant avec elle des enfants « de prostitution » afin de montrer à son peuple qu'il se prostitue en adorant d'autres divinités et en produisant des enfants idolâtres également. Il eut une fille et YHWH lui dit :

Donne-lui le nom de Lo-RouHaMaH [non-aimée] car je ne continuerai plus à manifester de l'amour à la maison de YiSRa'eL.

Osée 1,6

Elle sevra Lo-RouHaMaH, puis elle conçut et enfanta un fils. YHWH dit : Donne-lui le nom de Lo-"AMMi [il n'est pas mon peuple] car vous n'êtes pas mon peuple et moi je n'existe pas pour vous.

Osée 1, 8-9

Faites un procès à votre mère, faites-lui un procès : car elle n'est pas ma femme et moi je ne suis pas son mari...

Osée 2, 4

Pourtant, un jour tout rentrera dans l'ordre; comme Tamar, comme Bethsabée, comme Ruth et, pour Matthieu, comme Rahab, le mariage du prophète reprendra son plein sens et les enfants n'auront plus une mère prostituée :

... Il arrivera qu'à l'endroit où on leur disait : « Vous n'êtes pas mon peuple », on leur dira : « Fils du Dieu vivant... » Dites à vos frères : "AMMi [mon peuple]! et à vos sœurs : RouHaMaH [bien-aimée]!

Osée 2, 1-3

Ces métaphores caractéristiques des prophètes se déploient sur toutes les dimensions de la relation conjugale, dans leurs valeurs éminentes comme dans leurs dégradations, jusqu'à leur abâtardissement dans la prostitution, par exemple. Lisons ce que le prophète Osée a écrit sur les ruptures de l'alliance de son peuple imaginé comme l'épouse de YHWH :

Qu'elle éloigne de son visage les signes de sa prostitution, et les marques de son adultère d'entre ses seins [1].
Sinon, je la déshabillerai jusqu'à sa nudité, et je la maintiendrai comme au jour de sa naissance. Je la rendrai semblable au désert, je la ferai comme une terre desséchée et je la ferai mourir de soif.
Ses enfants, je ne les aimerai pas car ils sont des enfants de prostitution.
Car leur mère s'est prostituée; celle qui les a conçus s'est couverte de honte quand elle disait : « Je désire suivre mes amants qui me donnent mon pain, mon eau, ma laine et mon lin, mon huile et mes boissons. »

Osée 2, 4-7

Mais, comme Tamar, Rahab et Bethsabée, la « prostituée » Israël est reprise par son époux légitime YHWH, qui lui pardonne et décide de vivre à nouveau avec elle sans rompre son alliance et sans divorce.

C'est pourquoi, je vais, moi, la séduire et je la conduirai au désert; je parlerai à son cœur. Je lui donnerai ses vignobles de là-bas; et je ferai de la

---

1. Il s'agit, bien sûr, de parures, de tatouages, de bijoux, etc.

vallée de "AKHoR une porte d'espérance. Là elle répondra comme au temps de sa jeunesse, comme au jour de sa montée du pays d'Égypte.
Il arrivera ce jour-là, — oracle de YHWH — que tu m'appelleras « mon époux » et tu ne m'appelleras plus « mon maître »...
Je conclurai pour eux ce jour-là une alliance, avec les bêtes du champ, les oiseaux du ciel et les reptiles du sol ; l'arc, l'épée et la guerre je les briserai ; il n'y en aura plus dans le pays, je les [les habitants] ferai dormir en sécurité.
Je te fiancerai à moi pour toujours ;
Je te fiancerai à moi par la justice et par le droit, par l'amour et par la tendresse ;
Je te fiancerai à moi par la fidélité et tu connaîtras YHWH.

Osée 2, 16-18 ; 20-22

Nous avons là, assurément, la source la plus importante de la théologie de Matthieu et de son intention d'intégrer dans l'ascendance de Jésus les prostituées, sacrées ou autres, et d'une manière générale, les unions infidèles comme celle de Beth-sabée, c'est-à-dire les adultères. L'évangéliste joue sur le même clavier que le prophète auquel il emprunte les thèmes principaux de sa symphonie en les interprétant à sa manière. Ce qui est inscrit sur la partition du prophète du viiie siècle avant l'ère courante et qu'il nous faut retenir, ce sont les portées suivantes :

— Israël s'est détourné de YHWH et donc YHWH « n'est plus », « n'existe plus » pour lui, malgré ce Tétragramme construit sur l'affirmation de son existence.

— Cette trahison est traduite dans les faits par l'immoralité dans laquelle vivent les Hébreux, ceux de la Samarie et de la Galilée, autant que ceux de la Judée. Cette immoralité régit leur vie économique, sociale, politique, psychologique et religieuse. Nous retrouvons dans les reproches que l'évangéliste fait aux Pharisiens, ceux que le prophète fait à ses contemporains du Nord et du Sud.

— Toutes ces critiques relèvent du même principe chez le prophète : Israël est une prostituée et ses enfants sont des bâtards nés de l'infidélité de leur mère. Ils obéissent à de faux dieux, à de faux absolus, à de fausses valeurs comme l'argent, le pouvoir, l'intérêt, le sexe, le plaisir, la violence, etc. Ils prennent des moyens pour des fins. Ils absolutisent, ils divinisent le relatif et s'en enorgueillissent en l'affichant sur leur corps (tatouages, bijoux, parures, etc.).

— Le prophète est donc en droit de parler de prostitution et d'idolâtrie, puisque ces bâtards et cette institution qu'on appelle le peuple d'Israël construisent leur identité à partir de fausses valeurs. Ils « couchent » littéralement avec elles, ils en jouissent et naissent à eux-mêmes dans une conscience de soi erronée et inauthentique. S'ils trouvaient leur accomplissement, s'ils émergeaient à eux-mêmes en donnant naissance à l'humain en eux par leur relation avec les vraies valeurs transcendantes — la justice, l'amour, le respect, la Loi, la responsabilité, la liberté —, on pourrait les considérer comme des alliés de l'Absolu et de l'Infini, des époux même.

— La métaphore conjugale employée par le prophète exprime donc le sens des rapports entre un peuple et sa visée, entre les enfants de ce peuple (les futurs citoyens) et le sens du vivre-ensemble qu'on leur propose ou qu'ils se proposent. S'il s'avère que c'est par des identifications successives que leur identité se construit et qu'ils naissent à eux-mêmes en s'efforçant d'imiter les modèles qui leur sont proposés, alors il faut être vigilant, d'une part, à la manière dont ils s'identifient et, d'autre part, aux êtres et aux objets auxquels ils s'identifient pour se donner leur personnalité.

Avec qui « couchent »-ils ? Quelle forme d'absolu les séduit ? De qui reçoivent-ils leurs semences de vérité ? Ne se prostituent-ils pas en croyant à n'importe quoi ?

— C'est dans le désert que Moïse (MoCHeH) a rendu son peuple capable de s'ouvrir à l'Infini et à la Transcendance des valeurs éthiques. Il est donc nécessaire, d'après le prophète, de retourner à cette spiritualité, loin de tout enracinement, de tout pouvoir, de toute possession, de toute sécurité, de toute certitude définitive, dans l'errance et dans la solidarité totale entre tous les membres de la tribu. Là, et là seulement, Israël découvre sa vocation et son statut au sein des nations.

> Il arrivera qu'à l'endroit où on leur disait :
> « Vous n'êtes pas mon peuple », on leur dira : « Fils
> du Dieu-vivant ».
>
> Osée 2,1

Israël, retrouvant son histoire et sa mémoire nomade, pourra se réinstaller sur sa terre et ne plus construire son identité que dans sa relation à l'Absolu, à travers les chemins qui lui donnent la vie et le constituent en fils adoptif de YHWH. L'Apôtre Paul s'en est souvenu puisqu'il cite toute cette séquence dans son Épître aux Romains [1].

— L'alliance conjugale n'est donc que renouvelée parce qu'elle est toujours prête à se renouer dans de nouvelles conditions sans jamais s'abolir, malgré l'inconduite de l'épouse. Une nouvelle prise de conscience se produit qui manifeste une promotion d'Israël, après et malgré ses infidélités.

Israël devient « fiancée » de YHWH, le temps de mettre au clair les conditions dans lesquelles le mariage définitif liera les conjoints. Israël décou-

---

1. 9,26.

vrira le sens de la responsabilité et de la fidélité, c'est-à-dire la valeur de l'amour auquel son époux authentique — YHWH — l'appelle constamment. Alors le temps perpétuel de cette alliance sera vécu dans « la justice, le droit, l'amour, la tendresse, et la fidélité [1] ».

— L'idée des « fiançailles » évoque — en ce temps — la jeune fille qui ne se donnera qu'à son époux, après le mariage.

Ce terme est donc lié à la virginité. Ce qui est paradoxal, évidemment, puisque selon la métaphore conjugale, YHWH a déjà « épousé » Israël, après la sortie d'Égypte, au Sinaï (SiNaY). La communauté d'Israël n'est plus vierge et ce, d'autant plus qu'elle a « couché » avec d'autres divinités, qu'elle a tiré jouissance de pseudo-valeurs, et qu'elle s'est laissé séduire par de faux absolus, par de faux infinis, par des idoles auxquelles elle s'est prostituée ! Sans doute le prophète veut-il dire qu'il considère que le premier engagement, la première alliance du Sinaï, n'étaient pas profondément assumés par Israël. Les Hébreux avaient bien reçu la Torah, mais ils l'avaient vécue comme un contrat qui règle de manière purement extérieure, sociale, formelle, les relations collectives. À la différence du contrat social, la Torah comme « alliance » bouleverse intérieurement l'être humain en le posant comme une « personne » et non comme un « individu ». Elle le touche au plus profond de lui-même, l'appelant à pacifier non seulement ses relations avec autrui mais ses relations avec lui-même, sa conscience de soi, sa sincérité, sa conviction, sa propre destinée également. Le projet appelé Torah que l'absolu « imprononçable » lui propose de réaliser, implique l'authenticité personnelle, l'engagement total de soi dans une double entreprise de paix extérieure et de paix intérieure comme les

1. Voir aussi Jérémie 31, 31-33.

deux critères de la cacherout [1] l'expriment. L'animal permis à la consommation doit en effet être ruminant et avoir les sabots fendus. Le prophète s'aperçoit que jusqu'à lui, son peuple n'avait compris la Torah que comme moyen de se présenter à YHWH avec les sabots fendus, mais il n'avait pas appris également à ruminer. Encore faut-il ajouter que même sur le plan de la vie sociale, politique, économique (extériorité), il y avait aussi beaucoup à dire. Il est donc convaincu de la virginité de son peuple du point de vue de la rumination (intériorité). L'Esprit, l'Absolu, l'Infini, doivent être reliés à Israël, selon la même Loi, la Torah, comme sont reliés l'époux et l'épouse qui s'engagent l'un et l'autre à donner corps à leur projet commun en y croyant, en s'y donnant totalement comme un enjeu fondamental de la destinée personnelle familiale et sociale. Et c'est ce que nous lisons dans ce nouveau mariage avec la même épouse enfin revenue de ses errements. YHWH devient enfin l'époux et n'est plus le « maître ». Il se fiancera avec Israël « selon la justice et le droit » pour fonder la vie extérieure de relation (sabots fendus) et selon « l'amour et la tendresse » pour fonder la vie personnelle (rumination). Ces deux dimensions de la vie conjugale composent « la fidélité » qui est toujours fidélité à l'autre et fidélité à soi-même qui y est inscrite et qui la signifie. C'est dans ce second mariage avec la même épouse infidèle, que celle-ci « répondra » enfin à ce qu'on attend d'elle. Ce verbe est répété par le prophète en plusieurs endroits et appliqué aussi au ciel et à la terre, pour désigner la pluie bienfaisante et la moisson bénéfique, si le culte (l'intériorité) et la justice sociale (l'extériorité) ne sont plus corrompus en Israël.

1. CaCHeRouT, de la racine C-CH-R (cacher) qui signifie « apte à être consommé par l'homme religieux ».

Le prophète Osée est assurément l'une des sources principales de Matthieu, surtout pour ce qui est du symbolisme conjugal. On peut le montrer aussi par l'emprunt que l'évangéliste lui fait de certaines expressions lues également chez d'autres Apôtres et certaines images comme « En ce jour-là [1] », ou « YHWH nous aura rendu la vie au bout de deux jours, et au troisième jour il nous aura relevés [2] », ou encore « YiSRa'eL vigne florissante [3] » ou « D'Égypte j'ai appelé mon fils [4] ».

C'est bien à ce prophète qu'il faut penser pour comprendre en quel sens Matthieu introduit ces femmes et les conditions irrégulières de leur enfantement. Mais alors que la Torah n'en retient que trois dans la généalogie qui conduit au messie : Tamar, Ruth et Bethsabée, parce qu'elle est surtout préoccupée par la lignée de David et par la dynastie qui en est la garante, Matthieu ajoute Rahab et va même jusqu'à en faire la mère de Booz qui épousa Ruth. Faut-il y voir l'intention de l'évangéliste d'intégrer la dimension territoriale dans cette histoire messianique ? À moins qu'il n'ait voulu rappeler la valeur de Jéricho, porte d'entrée dans la Terre promise !

Ce n'est pas la seule transformation qu'il fait subir à la généalogie de Jésus. Il supprime les noms de certains rois qui semblent le gêner parce qu'ils ne se sont pas montrés dignes de leur fonction bien qu'ils descendent de David et de Salomon. Ainsi il saute du roi Joram (Ye'HoRaM) au roi Osias (''Aza-RYaH) par-dessus Akhasias ('AhaZYaHou), Joas (YeHo'aCh) et Amasias ('AMaTSYaH) [5].

---

1. Osée 1,5 ; Matthieu 7,22 ; Marc 2,20 ; Jean 14,20 ; Luc 6,23.
2. Osée 6, 2 ; Matthieu 12, 39-40 ; *cf.* I Corinthiens 15,4 ; Luc 24,7.
3. Osée 10, 1 ; Matthieu 2,1-16.
4. Osée 11, 1 ; Matthieu 2,15.
5. *Cf.* verset 8. *Cf.* II Rois 8,25 ; 9,29 ; 12,1,22 ; 14,1.

Le roi Akhasias prit le pouvoir à vingt-deux ans et ne régna qu'un an, en 841 avant l'ère courante. Sa mère était Athalie (''ATaLYaH), de la dynastie des Omrides qui régnaient sur le royaume du Nord, à Samarie. Il fut tué avec le roi nordiste YoRaM, fils de Jézabel ('IzeBeL), par le général Jéhu (YeHou'). La Torah dit de lui :

> Il suivit le chemin de la maison d'Achab ('AH'aB) et fit ce qui est mal aux yeux de YHWH comme la dynastie d''AH'aB car il était apparenté à la dynastie d''AH'aB.
>
> II Rois 8,18

Sa mère Athalie, après l'assassinat de son fils par Jéhu, entreprit de se venger en faisant périr toute la descendance royale davidique afin de la remplacer à Jérusalem par sa propre descendance. Cela aurait mis fin à la promesse de YHWH à David et à son alliance avec sa dynastie. Heureusement, la sœur du roi assassiné, Yehoshèva (YeHoCHeBa''), enleva l'un des princes, Joas, et le cacha au Temple, avec sa nourrice, pendant six années, avec la complicité du prêtre Yehoyada (YeHoYaDa''). Celui-ci fomenta le complot nécessaire contre Athalie qui fut tuée par l'épée, à la suite de quoi Joas fut placé sur le trône à l'âge de sept ans. Son règne se poursuivit pendant quarante ans, de 835 à 796 avant l'ère courante.

> Il fit ce qui est droit aux yeux de YHWH pendant toute sa vie, car le prêtre YeHoYaDa'' l'avait instruit [1]. Mais les hauts lieux [sanctuaires idolâtres] ne disparurent pas; le peuple continuait à offrir des sacrifices et à brûler de l'encens sur les hauts lieux.
>
> II Rois 12, 3-4

---

1. Il reçut donc l'enseignement rigoureux du culte et des devoirs royaux. *Cf*. Deutéronome 17,18-19 ; Jérémie 18,18 ; Matthieu 3,11.

Il contribua à réparer le Temple qui s'était dégradé, mais quand le roi syrien Hazaël (HaZa'eL) se disposa à assiéger Jérusalem, il lui fit parvenir l'or du Temple et du palais ainsi que tous les objets consacrés, pour le faire renoncer à son plan. Une conspiration fut alors organisée par ses sujets qui le tuèrent à Beth-Millo (BeTH-MiLLo). Son fils Amasias lui succéda à l'âge de vingt-cinq ans et régna vingt-neuf ans.

> Il fit ce qui est droit aux yeux de YHWH, mais pas comme DaWiD son père. Il agit exactement comme Yo'aCH (Joas) son père. Seulement, les hauts lieux ne disparurent pas et le peuple continuait à offrir des sacrifices et à brûler de l'encens sur les hauts lieux.
>
> II Rois 14, 3-4

Il déclara même la guerre au roi de Samarie Joas, petit-fils de Jéhu, qui se rendit à Jérusalem, où il pilla le Temple et le palais royal après avoir fait prisonnier Amasias. Celui-ci fut finalement assassiné à Lakish (LaKHiCH) et remplacé par son fils Azarias ("AzaRYaH) qui régna pendant cinquante-deux ans. Il portait également le nom d'Osias ("OUZiYa-Hou).

> « Il fit ce qui est droit aux yeux de YHWH à l'instar de son père 'AMaTSYaH. Cependant les hauts lieux ne disparurent pas; le peuple continuait à offrir des sacrifices et à brûler de l'encens sur les hauts lieux. »
>
> II Rois 15, 3-4

Il devint lépreux et dut être placé dans un lieu isolé jusqu'à la fin de sa vie.

Mais ce dernier roi est retenu par Matthieu alors que les trois précédents sont exclus de sa généalogie. Ils ne furent pourtant pas les seuls à être condamnés d'une certaine façon par l'auteur des récits du second livre des Rois. La raison en est difficile à trouver. Ces rois sont, certes, liés à la reine

Athalie qui s'attaqua à la dynastie davidique, mais pourquoi Matthieu s'arrête-t-il à l'arrière-petit-fils Amasias?

Une seconde réponse pourrait être trouvée dans la nécessité pour l'évangéliste de ne garder que quatorze générations entre David et la déportation en Babylone. Cela prouverait que Matthieu compose à sa manière sa généalogie afin d'y trouver le moyen de transmettre sa compréhension de l'œuvre et de l'identité de celui qu'il prend pour le messie. Il ne fait donc pas œuvre d'historien. Mais peut-être également applique-t-il à la reine Athalie la sanction prévue par le Décalogue, selon laquelle Dieu se souvient :

> « de la faute des pères chez les fils, sur trois ou quatre générations, s'ils le haïssent... »
>
> Exode 20,5

Après tout, Matthieu se conforme à la malédiction prononcée par le prophète Élie ('EliYaHou) contre le roi Achab ('AH'aB) et contre ses descendants immédiats, parce qu'il avait confisqué la vigne de NaBoTH après que Jézabel l'avait fait lapider. Alors :

> La parole de YHWH fut adressée à 'EliYaHou le Tichbi : « Lève-toi, descends à la rencontre d''AH'aB roi de YiSRa'eL [1] à Samarie. Il est dans la vigne de NaBoTH où il est descendu pour se l'approprier. Tu lui parleras en ces termes : Ainsi parle YHWH : après avoir assassiné tu prétends encore te faire propriétaire?
> Tu lui diras : Ainsi parle YHWH : À l'endroit où les chiens ont léché le sang de NaBoTH, les chiens lécheront ton sang aussi... Je vais faire venir sur toi un malheur, je te balaierai, je retrancherai les mâles de chez 'AH'aB... »
>
> I Rois 21,17-19; 21

---

1. Il s'agit du royaume du Nord et de sa capitale.

Or les trois rois éliminés de la généalogie étaient des descendants du roi Achab. Pourtant ils régnaient à Jérusalem, dans la Judée. En effet, le roi judéen Joram avait épousé Athalie dont il avait eu Akhasias. Celle-ci était la fille de Jézabel, épouse d'Achab. Si la malédiction du prophète devait être prise à la lettre et qu'elle devait être associée à celle du Décalogue, Matthieu a eu raison d'éliminer de sa généalogie Akhasias, Joas et Amasias.

La liberté relative que Matthieu s'accorde pour composer la généalogie de Jésus, transparaît encore dans la substitution qu'il fait de Jéchonias (YeKHoNYaH) à Yoyaqîm (YeHoYaQiM).

En réalité, Josias (YoCHiYaHou) fut tué à Meguiddo (MeGHiDDo) par le pharaon Neko. Il fut remplacé par son fils Yoakhaz (YeHo'aHaZ) qui ne régna que trois mois à Jérusalem, en 609 avant l'ère courante, parce que Neko le déporta et le remplaça par Elyaqîm ('ELYaQiM), son frère, après avoir changé son nom en Yoyaqîm (YeHoYaQiM). Celui-ci régna pendant onze ans à Jérusalem. Son fils Yoyakîn (YeHoYaKHiN) lui succéda pendant trois mois seulement. C'est qu'en ce temps-là, Babylone remplaçait l'Égypte dans l'échiquier du Moyen-Orient. Nabuchodonosor, roi de Babylone, dominait toute la région. Il prit la capitale, pilla le Temple et le palais royal, déporta dix mille Judéens avec leur roi et leur reine et plaça sur le trône l'oncle de Yoyaqîm, Natanias (NaTaNYaH) dont il changea le nom en Sedecias (TsiDQiYaHon). Dix années après, en 587 avant l'ère courante, le Temple fut détruit par les Babyloniens :

> Ils égorgèrent les fils de TsiDQiYaHon sous ses yeux, puis NeBouKHaDNeTSaR creva les yeux de TsiDQiYaHon, le lia avec une double chaîne de bronze et le conduisit à Babylone.
>
> II Rois 25, 7

Sur cette fin du royaume de Juda et de Jérusalem et sur le temps de la déportation, Matthieu s'auto-

rise encore des raccourcis, parce qu'il tient fermement au chiffre de quatorze générations dans ce
second temps de la généalogie. Quant au troisième
cycle entre la déportation en 587 et la naissance de
Jésus, neuf noms sur quatorze sont inconnus de la
tradition juive. Nous n'en connaissons que les
noms de Joseph et de Jésus, et peut-être Jacob, le
père de Joseph d'après Matthieu, ainsi que les
noms de Salathiel (Che'aLTi'eL) et Zorobabel
(ZeRouBaBeL). Ces derniers accompagnèrent
Esdras ("EZRa') à Jérusalem grâce à l'édit de Cyrus,
y bâtirent l'autel pour y offrir de nouveau les sacrifices et posèrent les fondations du second Temple [1].
Les noms cités dans cette troisième partie de la
généalogie sont bien hébreux et leurs significations
étymologiques sont claires, mais nous ne connaissons pas les hommes qui les portèrent. Là encore
Matthieu construit ses filiations de telle façon qu'il
arrive au chiffre de quatorze. Il en a le droit car il
sait qu'il ne fait pas œuvre historique. Mais nous
devons nous demander ce qu'il cherche à exprimer,
dans la forme et dans le contenu de ses récits. Que
veut-il donc dire à travers ces structures symboliques ?

Nous voyons comment il déroule l'ascendance de
Jésus qu'il croit être réellement *LE* Messie, l'Oint
par excellence, en l'organisant comme il veut. Cela
ne signifie pas qu'elle soit livrée à l'arbitraire pur,
car presque tous les noms cités désignent des personnages historiques et sont pris, en tout cas, dans
la Torah. Mais l'évangéliste a un message à communiquer, une expérience humaine à transmettre,
des significations à fixer dans un texte de base de la
tradition de sa communauté.

Nous avons dit qu'il avait peut-être raison
d'introduire Rahab, la prostituée de Jéricho, dans
la généalogie de Jésus, et d'éliminer les trois rois
qui avaient du sang phénicien (Jézabel et Athalie)

1. Esdras 3-5.

dans les veines et le sang du pauvre NaBoTH sur les mains. Mais Matthieu comme tous les historiens, avant les Grecs et même du temps des Grecs, ne cherchaient pas, comme nous aujourd'hui, à établir des documents et à dire la réalité événementielle objective [1]. Ils sélectionnaient les gestes et les dits, les conduites et les faits pour les présenter en exemples et en manifestations du sens qu'ils pensaient avoir trouvé à l'histoire. En ce sens, on ne peut séparer, à les lire, leur foi et leurs récits. De même peut-on séparer le récit marxiste de la Révolution française et la foi de son auteur ? Le récit hégélien de l'histoire universelle et la phénoménologie de son auteur ? La vision du monde d'un artiste et sa conception de l'art ? La construction du monde par le savant et sa théorie scientifique ? Les mobiles et les motifs de l'auteur doivent donc être pris en compte ; son mode d'écriture, ses modèles, ses distances par rapport à son environnement recouvrent des informations sur lui et sur ceux qui reçurent son message.

C'est justement ce qui nous intéresse ici car, ainsi, nous arrivons à examiner comment Jésus fut perçu par les différents milieux qu'il a rencontrés ou qui ont entendu parler de lui.

En l'occurrence, Matthieu dresse une généalogie exclusivement juive et davidique, soulignant ainsi la noblesse de la lignée dont est issu Jésus. Sa quête des origines rappelle également l'apport et la participation des personnes non juives — quatre femmes étrangères — qui ont aidé à la réalisation de la promesse. Elle établit enfin Jésus comme *LE* Messie annoncé par les prophètes : le salut pour Matthieu reste lié au peuple juif ; c'est pourquoi il

1. N'est-ce point là une idéologie comme une autre ? Quel historien pourra dire ce qui s'est passé réellement ? Il n'en retient jamais que ce qui paraît cohérent avec son modèle interprétatif ou explicatif : il parle alors de causes économiques, politiques, sociales, physiques ou même religieuses. Qu'en sait-il ?

insiste tant pour inscrire Jésus le Christ dans l'histoire de son peuple. C'est de cela qu'il veut convaincre celui-ci.

e) Le cinquième signe

La dernière « preuve » fournie par Matthieu est précisément le chiffre de quarante-deux qu'il divise en trois périodes de quatorze générations chacune, selon ses remaniements.

> Donc toutes les générations
> d'Abraham jusqu'à David, quatorze générations;
> Et de David jusqu'à la déportation de Babylone,
> quatorze générations;
> Et de la déportation de Babylone jusqu'au Christ,
> quatorze générations.
>
> Matthieu 1,17

Matthieu a calculé, à l'instar des rabbins de son époque, le nombre de générations qui séparent Abraham, le premier patriarche, de David, le premier roi véritable, après l'épisode malheureux de Saül (CHa'ouL). Il en a trouvé quatorze. Il a alors remanié les deux autres cycles, de David à la déportation et de la déportation à Jésus, pour qu'ils comprennent également chacun quatorze générations. On ne peut lui refuser l'idée, parfaitement avérée, que la période royale est l'aboutissement de la période patriarcale. Elle est en effet la réalisation parfaite de la promesse faite à Abraham.

En David et par lui, le peuple d'Israël est installé sur la Terre promise, à l'intérieur de frontières étendues et paisibles autour de la capitale Jérusalem. Malheureusement, la seconde étape, articulée pourtant en quatorze générations aussi, ne dessine pas une progression du peuple. La période royale aboutit à la déportation malgré les appels répétés des prophètes et la présence de YHWH dans le Saint des Saints. La vie politique et économique une fois assurée avec David, il aurait fallu, comme le proposent les prophètes et comme l'exprime le culte du Temple, établir les relations morales entre les individus en les ouvrant au sens de la justice et de la paix. Mais c'est la destruction du Temple et la déportation qui ont conclu cette seconde période. Enfin, la période du second Temple s'organise également en quatorze générations, autour de la question religieuse et culturelle presque exclusivement puisque les Perses, puis les Grecs et enfin les Romains occupent le territoire national. Le judaïsme finit par se disperser en plusieurs types de spiritualité et de messianité. Matthieu veut conclure cette période sur Jésus auquel il donne la fonction du Messie final, venu redonner au peuple son unité en le tirant de ses égarements. Il est possible que Matthieu se fixe à ce chiffre de quatorze parce qu'il s'appuie sur le livre de Ruth qui compte dix générations entre le fils de Juda, Pérèç, et David [1]. En ajoutant à cette liste Juda et les trois patriarches, on obtient quatorze générations, c'est-à-dire deux fois sept. Les quarante-deux au total, d'Abraham à Jésus, font six fois sept. Jésus interviendrait alors au début du septième septénaire, temps du ChaB-BaT qui marque l'aboutissement de la création et de l'organisation du monde en six étapes.

Nous pouvons encore penser à la prophétie de Daniel (DaNi'eL) qui éclaire d'une lumière suggestive le comput de Matthieu. En effet, le prophète Jérémie (YiRMeYaHou) avait arrêté à soixante-dix ans le temps de l'exil babylonien. Il avait écrit :

> J'éliminerai chez eux cris d'allégresse et joyeux propos, chant de l'époux et chant de l'épouse, bruit de la meule et lumière de la lampe. Ce pays tout entier deviendra ruine et désolation et toutes ces

1. Ruth 4, 18-22.

nations serviront le roi de Babylone pendant
soixante-dix ans.

Jérémie 25, 10-11

Ce comput de soixante-dix — sept fois dix — sur
le rythme des cycles chabbatiques, est repris par le
prophète Daniel qui en reçoit l'interprétation de
l'ange Gabriel (GaBRi'eL) formulée ainsi :

> Il a été fixé soixante-dix septénaires sur ton peuple et
> sur la ville sainte pour faire cesser la perversité et
> pour mettre un terme à la faute, pour absoudre le
> péché et amener la justice éternelle, pour sceller
> vision et prophète et pour oindre un Saint des Saints.
> Sache donc et comprends : Depuis le surgissement
> d'une parole en vue de la reconstruction de Jérusa-
> lem jusqu'à un chef-messie, il y aura sept septénaires.
> Pendant soixante-deux septénaires, places et fossés
> seront rebâtis — mais dans la détresse des temps.
> Mais après soixante-deux septénaires un messie
> sera retranché mais non pour lui-même.

Daniel 9, 23-26

Les soixante-dix années de l'exil en Babylonie
calculées par Jérémie sont transformées par Daniel
en soixante-dix septénaires, c'est-à-dire quatre cent
quatre-vingt-dix années qui sont divisées ainsi : la
reconstruction de Jérusalem ne débarrasse pas les
Judéens de leur détresse car ils attendent la délivrance finale, messianique. Après soixante-deux
septénaires, un messie sera retranché, et puis com-
menceront sept septénaires... Le chiffre sept est
donc important dans cette arithmétique symbolique. À son tour Matthieu semble réinterpréter ce
comput sur la base de sept et de trois fois quatorze
ou quarante-deux générations. Jésus est né au
début du septième septénaire qui doit terminer sur
la cinquantième génération, année du Jubilé [1].

---

1. Voir les très nombreuses occurrences de la symbolique
des nombres chez Matthieu : 7 paraboles, 7 pains, 7 corbeilles,
70 fois 7 du pardon, 7 demandes du Pater, etc.

Disons donc que Matthieu fait du MiDRaCH sur la généalogie de Jésus. Il interprète, à l'instar des maîtres pharisiens, les versets et les événements et s'efforce d'insérer les faits de son époque dans ce cadre pour leur donner le sens qu'il croit y lire. Que cherche-t-il à dire ?

— Tout d'abord, il précise l'identité de Jésus : il est bien juif et descend d'Abraham. Il s'adresse donc à des Juifs et non à des païens qui ne se préoccupent pas de s'assurer si leur sauveur est un descendant du patriarche ou non.

— Ensuite, il précise que Jésus est de la dynastie de David : il est donc de la famille du roi auquel YHWH a fait la promesse de ne choisir le messie que dans sa descendance. Il est traversé par la dynamique messianique et il est de sang royal. En tant que tel il est le « fils adoptif » de YHWH. Cela donc confirme l'origine des auditeurs de Matthieu, qui sont juifs. Il est vain de chercher à convaincre des païens que le messie qu'on leur présente est le descendant de David.

— D'autre part, Jésus naît au début de la septième étape de l'histoire de l'alliance divine qui conduit à la libération définitive, au Jubilé universel. Quarante-deux générations le séparent du premier patriarche qui a inauguré le temps d'Israël et de sa spécifique responsabilité. Il réaliserait donc en lui et annoncerait pour tous l'ultime étape, la septième, qui accomplit définitivement la promesse divine. Une nouvelle genèse commencerait avec Jésus, comme elle a commencé avec Abraham et comme elle a recommencé avec David. Il n'y aurait donc qu'une seule histoire véritable, celle qui a surgi au sein du paganisme qui a produit le meilleur de lui-même en Abraham ; celle qui a été reprise par le roi David car il a fourni à son peuple les conditions géographiques et politiques de son déploiement ; celle qui aurait abouti, pour Matthieu, à Jésus, le meilleur d'Israël, le Juif, le descendant d'Abraham, de la postérité de David « le roi ».

À la différence de ses ancêtres et de leurs temps qui ne seraient que des étapes nécessaires, Jésus serait *LE* Messie, celui qui donnerait sens dernier et plein au projet divin. Il porte le salut dans son nom : « YHWH sauve. »

— C'est ce que Matthieu, dont le nom théophore signifie « Don de YHWH », résume dans le premier verset et le dernier verset de sa liste généalogique :

v.1 : Livre de la genèse de Jésus-CHRIST, fils de David, fils d'Abraham.

v.16 : Jacob engendra Joseph, l'époux de Marie, de qui fut engendré Jésus qui est CHRIST.

Chapitre II

Filiation et narration

Il nous faut à présent nous prononcer sur ce MiDRaCH d'un rabbin, ou d'un maître, ou d'un Juif très instruit qui enseigne à ses coreligionnaires à suivre Jésus, comme *LE* Messie attendu et promis par la Torah.

Il enseigne et écrit probablement en Syrie, à Antioche, entre 80 et 90 de l'ère courante [1]. Il s'appuie sur la méthode pharisienne d'interprétation de la Torah, mais à sa manière que nous allons définir. Mais il ne néglige pas le contenu des enseignements appris, le vocabulaire, les usages, les coutumes, les règles pharisiennes, les idées et les valeurs qu'il a reçues de ses rabbins et de sa communauté juive.

À l'instar de tous les Apôtres, Juifs également, qui ont suivi Jésus, il emprunte à sa tradition la forme apocalyptique de l'interprétation. Il sait que les textes bibliques sont lus à la synagogue certains jours comme le ChaBBaT ou les fêtes et que les maîtres pharisiens les interprètent pour le peuple afin que chaque fidèle aperçoive en quoi ils le concernent

---

1. Il y a probablement une allusion à la destruction du Temple de Jérusalem en 70 dans Matthieu 22, 6-7 ou encore dans 24, 15. Des recherches toutes récentes semblent montrer qu'il y avait un premier manuscrit de Matthieu en araméen écrit entre 40 et 50 auquel on a ajouté des textes en 80-90 après l'avoir traduit en grec. Ce manuscrit araméen fut adressé à la communauté de Jérusalem en priorité, selon cette hypothèse.

dans sa vie quotidienne [1]. La parole divine déposée dans la Torah est, certes, absolue et éternelle mais il est nécessaire de l'actualiser pour la comprendre et pour en témoigner de manière éternellement contemporaine. Cette recherche, ou mieux cette enquête et cette quête infinies, s'appelle en hébreu MiDRaCH.

Nous lisons dans les textes évangéliques qu'un ChaBBaT, Jésus fit une DeRaCHaH (quête interprétative) dans une synagogue. Les interprétations rabbiniques ont été recueillies dans le Talmud et dans de nombreuses œuvres littéraires. Ces recueils servent de référence aux rabbins qui les interprètent à leur tour, dans un renvoi infini de significations les unes aux autres.

L'interprétation — MiDRaCH du radical D-R-CH (enquêter) — a d'abord pour objet de répondre aux questions pratiques posées par la vie quotidienne. Elle débouche alors sur des règles précises de la conduite économique, sociale, familiale, politique, juridique et morale. On l'appelle de ce fait MiDRaCH HaLaKHaH, du radical H-L-KH qui signifie « marcher », « se conduire ». Ainsi par exemple, la Torah prescrit le repos du ChaBBaT et ordonne :

> « Souviens-toi du jour du ChaBBaT pour le sanctifier. Six jours tu travailleras et tu feras tout ton ouvrage. Mais le septième jour, c'est ChaBBaT pour YHWH ton Dieu. Tu ne feras aucun ouvrage, ni toi, ni ton fils, ni ta fille, ni ton serviteur, ni ta servante, ni ta bête, ni l'émigré qui habite dans tes villes. »
>
> Exode 20,8-10

On comprend aisément qu'une interprétation est nécessaire qui permette de définir les notions de

---

1. *Cf.* Actes 13,15. On lit un passage du Pentateuque et un autre des Prophètes sur un thème identique.

travail et d'ouvrage. Quel acte se fait travail et quel acte n'entre pas dans cette catégorie ? Par exemple, porter une caisse sur ses épaules d'une maison à l'autre est-ce du travail ? Il est clair que si l'on est payé pour un tel déplacement, cette activité entre dans la catégorie du travail. Mais le salaire suffit-il à définir l'acte du travail ? etc.

Cette réflexion qui cherche à définir pratiquement une conduite à partir d'un principe, se nomme MiDRaCH HaLaKHaH. Nous dirons, en l'occurrence, que la HaLaKHaH interdit d'allumer le feu le ChaBBaT ou de déménager, par suite de la conception pharisienne du travail.

Mais l'interprétation a aussi pour but de comprendre le sens humain, particulier, général ou universel, du principe énoncé dans la Torah, d'en comprendre les enjeux psychologique, historique, éthique, métaphysique qui s'expriment à travers les conduites particulières et la HaLaKHaH. À quoi joue le Juif chaque semaine à cesser « son travail » pour entrer dans le temps du ChaBBaT ? Il exprime dans le détail de sa conduite l'idée que le travail règle le rapport de l'homme au monde et fait de lui Prométhée, « maître et possesseur de la nature ». Même ses relations avec les êtres humains sont réglées pendant la semaine, par les lois des objets, par l'utilité et l'efficacité, par le commerce et par la loi du donnant-donnant, « *do ut des* ». Peut-il apprendre un jour par semaine à se retirer des objets redevenus « nature », pour construire, avec le monde et avec l'homme, des relations de don sans retour, de partage sans intérêt, d'investissement sans bénéfice, d'accueil sans calcul, d'amour enfin ? Peut-il apprendre à structurer son temps et son histoire, pendant un jour seulement par semaine, selon les modalités de la contemplation pure du monde qui n'est pas là seulement pour assurer notre subsistance ? Peut-il apprendre, un jour par semaine, les modalités d'abnégation face à l'être humain qu'on invite à sa table pour l'échange et le partage de l'être et non plus seulement de l'avoir ? Les six jours représentent le temps du monde et de l'objet ; le ChaBBaT est le temps de l'homme et du sujet. C'est pourquoi on l'appelle le jour de YHWH, ou « jour du Seigneur ».

Tel est le MiDRaCH 'AGGaDaH, complément du MiDRaCH HaLaKHaH. Le terme vient du radical H-G-D (ou N-G-D) qui signifie « raconter », faire un récit car c'est à travers cette modalité verbale que les rabbins enseignent et traduisent le sens qu'ils transmettent, même quand ils le mettent par écrit.

Il existe une troisième forme de MiDRaCH, empruntée aux auteurs des apocalypses et aux Esséniens, qui prolonge les deux autres formes de l'interprétation jusqu'à leurs extrêmes en poursuivant l'actualisation et les significations jusqu'à leur accomplissement. Au lieu d'adopter les paroles de la Torah en les adaptant à chaque situation concrète, ces auteurs se mettent à chercher dans les événements contemporains la réalisation même, « l'accomplissement » de la promesse. Les rabbins pharisiens appellent ce moment de l'histoire « les temps de la fin », « la fin des jours », « les temps messianiques ». Cette compréhension de l'interprétation se nomme MiDRaCH PeCHeR et elle consiste à appliquer à chaud, pour ainsi dire, les textes de la Torah au monde présent pour y voir les prédictions bibliques s'accomplir sous les yeux de tous.

La fin de l'histoire était donc arrivée pour Matthieu, les « derniers temps » étaient là vécus par Jésus, en Jésus et avec lui. Tout ce que les prophètes avaient prédit, tout ce que YHWH avait annoncé par leur bouche, par Abraham et par David était en train de s'accomplir au temps de Jésus. Nous considérerons donc que l'Évangile de Matthieu est un MiDRaCH PeCHeR puisqu'il dit et se propose de montrer que Jésus, fils de David et d'Abraham, « est dit CHRIST », l'oint qui accomplit la Torah et l'histoire. On comprendra aisément que c'est sur ce point, en l'occurrence, que nous marquerons notre réserve en précisant, parce que la question n'est pas simple, que l'identité de Jésus comme rabbin et comme prophète, maître du MiDRaCH dans ses trois formes, ne peut heurter en aucune façon un Juif averti et conscient de sa propre tradition. Mais dire comme Matthieu qu'il est CHRIST et que c'est en lui que s'accomplit réellement et véritablement la promesse faite à Abraham et à David, c'est, en fait, quitter la tradition juive, rabbinique, pharisienne. Mieux : Jésus fut assurément un messie ; il dégagea, au sein du judaïsme contemporain, l'une des messianités qui « s'entrechoquaient en son sein [1] », et en témoigna de la manière la plus noble. Mais on ne peut dire comme Matthieu qu'il fut *LE* MESSIE attendu par l'histoire universelle et par l'histoire d'Israël, depuis Abraham.

Nous avons dit que le problème est encore plus complexe qu'on ne l'écrit ici et nous voudrions pousser plus loin nos analyses comparatives pour examiner jusqu'où la pensée rabbinique, pharisienne, est allée et jusqu'à quel point la pensée évangélique de l'annonce et de la naissance de Jésus l'a répétée, même s'il nous semble qu'elle l'a aussi chargée de significations étrangères à la tradition juive. Nous répétons qu'il ne s'agit pas de se prononcer sur la vérité ou sur l'erreur pour décider qui a raison. Nous cherchons seulement à bien marquer les différences de lectures et leurs sources. C'est par cette voie qu'apparaîtront les différences radicales et les proximités les plus grandes et les plus étonnantes à notre sens, entre les deux voies monothéistes.

1. Genèse 25, 22-23.

a) Le kérygme de Matthieu

Retenons donc, de cette première analyse de la généalogie de Jésus proposée par Matthieu, la « Bonne Nouvelle » telle qu'il nous l'expose.

C'est au sein du judaïsme, en son centre, avancerions-nous, que se trouve la source de ce qui est devenu plus tard le christianisme. Celui-ci n'est pas né de la périphérie du judaïsme. C'est à partir des données de la tradition juive du temps de Jésus que son enseignement prend sens : les titres donnés à Jésus peuvent-ils sérieusement être compris si on les extrait de leur enracinement juif ? Prophète, Roi, Fils de l'Homme, Messie, Fils de Dieu, Nouvel Adam, David, etc. ?

Comme Jésus est le Christ, il en résulterait qu'il est l'accomplissement du judaïsme et donc son dépassement.

Le lecteur, quelle que soit son origine, comprendra notre désaccord et notre refus de cette « Bonne Nouvelle ». Mais il s'agit, à présent, de la comprendre dans son contenu réel afin qu'elle ne nous paraisse pas comme une affirmation gratuite. Il faut lui donner tout son sérieux afin de mieux comprendre la nature et le sens de notre refus en tant que Juif.

Partons donc de ce que disent les Évangiles de l'enracinement et du judaïsme de Jésus qui, comme tout Juif croyant et pratiquant, se rendait aussi le ChaBBaT à la synagogue pour la prière communautaire. Matthieu ne précise pas que Jésus enseignait le ChaBBaT. Il dit seulement :

Étant venu dans sa patrie, il les enseignait dans leur synagogue de sorte qu'ils étaient stupéfaits et disaient : « D'où vient à celui-ci cette sagesse-ci et ces actes de puissance ? Celui-ci n'est-il pas le fils du charpentier ?... » Et ils étaient scandalisés par lui...

Matthieu 13, 54-57

97

Jésus retourne dans sa patrie, la Galilée, et séjourne à Nazareth où il enseigne à ses compatriotes dans leur synagogue. Il semble que ses interprétations de la tradition constituaient « une pierre d'achoppement » pour les Juifs qui l'écoutaient.

Marc nous fournit un peu plus de précisions :

> Il vient dans sa patrie et ses disciples le suivent. Le jour du sabbat, il se mit à enseigner dans la synagogue...
>
> Marc 6, 1-2

C'est donc le ChaBBaT qu'il est invité à interpréter la Torah. Et tel était, et est encore, le rite synagogal. C'est donc un moment solennel, car après la lecture de la Torah, le rabbin ou l'érudit invité par le rabbin prend la parole pour la leçon qu'il croit lire dans les textes écoutés par la communauté. Luc insiste sur cet épisode avec des détails importants.

> Alors Jésus, dans la puissance de l'Esprit, revint en Galilée et sa renommée se répandit dans toute la région. Il enseignait dans leurs synagogues et tous disaient sa gloire.
> Il vint à Nazareth où il avait été élevé. Il entra suivant sa coutume le jour du sabbat dans la synagogue et il se leva pour faire la lecture. On lui donna un rouleau du prophète Isaïe. Il le déroula et trouva le passage où il était écrit : « L'Esprit du Seigneur est sur moi, à cause de quoi il m'oignit pour annoncer la bonne nouvelle à des pauvres. De moi il a fait son envoyé pour proclamer à des captifs la liberté et à des aveugles le retour à la vue, pour envoyer à ceux qui se trouvent broyés la délivrance, pour proclamer une année d'accueil du Seigneur [1]. »
> Ayant roulé le rouleau, l'ayant rendu à l'homme de service, il s'assit et les yeux de tous dans la synagogue le fixaient longuement.

1. Isaïe 61, 1-2.

Or il commença à dire à leur adresse :
« Aujourd'hui se trouve accomplie cette écriture à
vos oreilles. »
Tous lui rendaient témoignage et ils s'étonnaient
des paroles de la grâce qui sortaient de sa bouche
et ils disaient :
« N'est-il pas fils de Joseph, celui-ci ? »

Luc 4, 14-22

b) Le kérygme de Luc

Nous apprenons donc, directement ou implicitement, et en nous référant au déroulement de la ré-
union du ChaBBaT matin à la synagogue, que Jésus
est invité à lire la Torah et à faire la DeRaCHaH
(l'homélie). Mais il ne lit que la partie tirée des Prophètes qu'il commente ensuite. En réalité, pour
comprendre ce récit des trois Apôtres, il faut le restituer dans les coutumes et les rites des communautés juives palestiniennes — en l'occurrence gali-
léennes — de son époque. C'est le moment où les
synagogues se multiplient alors que le Temple est
encore debout. Alors que la « maison de Dieu » à
Jérusalem est tenue et administrée par les prêtres
sadducéens, les Pharisiens s'organisent aussi autour
de la synagogue, devenue une véritable institution
et un centre d'étude et de prière. Les Juifs, élèves
des Pharisiens s'y réunissent régulièrement, en particulier le ChaBBaT matin. Ils l'appellent BeTHaK-
KeNeSSeT, « maison de l'Assemblée ». Ils y
entendent l'homme versé dans les Écritures saintes
désigné par le maître, lire une section de la Torah
dans son sens strict de Pentateuque [1] en hébreu.

À la suite de cette lecture du Pentateuque, une

---

1. *Cf.* Charles Perrot, *La Lecture de la Bible. Les anciennes lectures palestiniennes du ChaBBaT et des fêtes*, Hildesheim, Gers-
tenberg, 1976 ; « La lecture de la Bible dans la diaspora hellénistique », in Raymond Kuntzmann et Jacques Schlosser : *Études
sur le judaïsme hellénistique*, Paris, Cerf, Lectio Divina n° 119.

seconde lecture est faite, mais cette fois-ci, elle est tirée des « Prophètes » ; on l'appelle HaPHTaRaH. C'est en hébreu que sont lus ces textes et comme la majorité de la communauté ne comprend plus la langue sainte, un traducteur relit les versets en traduction araméenne. On remarquera que Luc ne dit pas si Jésus a lu le texte du prophète Isaïe (YeCHa"YaHou) (Isaïe, chapitre 61) en hébreu. Si l'on se fie au texte tel qu'il le retranscrit, on serait tenté de croire qu'il l'a lu en grec parce qu'il ne correspond pas à l'original hébreu. Jésus priait-il et enseignait-il dans une synagogue de Juifs originaires d'Alexandrie qui, eux, lisaient la Bible directement sur la version grecque des Septante ?

Quoi qu'il en soit, c'est ce que les textes évangéliques appellent la lecture de la Loi (ToRaH) et des Prophètes. En fait, le rite central de la synagogue de cette époque était la lecture publique et la traduction des textes tirés « de la Loi et des Prophètes », suivies de la DeRaCHaH (commentaire et interprétation). Que le Temple et les prêtres qui le dirigent n'aient pas suffi en ce temps-là à souder les Juifs et à les centrer autour d'eux, signifie et révèle les grandes révolutions apportées par les Pharisiens dans la tradition et dans la spiritualité juives. Le Temple est important, certes, et demeure le centre du culte, comme le territoire de la Judée autour de Jérusalem l'est également. Mais plusieurs siècles avant la destruction du Temple en 70 et la perte du territoire national dans l'exil et dans la dispersion, les Pharisiens recentrent l'histoire et la société juives autour de ce qui fonde absolument l'identité juive : la révélation de la parole divine déposée dans la Torah, lue liturgiquement et étudiée à la synagogue. L'avantage de celle-ci est qu'elle est transportable et édifiable partout et pas seulement sur un territoire national ou sur une colline de Jérusalem. L'avantage de la parole de YHWH est qu'elle est écrite dans un rouleau qui passe de main en main, que tout le monde peut lire et commenter jusqu'à en devenir un interprète, un rabbin, même si on n'est pas prêtre. D'autre part, ce rouleau contient la mémoire du peuple mise à la disposition de tous et enrichie sans cesse par l'interprétation — le MiDRaCH — qui permet de produire l'histoire et non de la répéter. Alors qu'au temps de l'histoire familiale et patriarcale, la promesse de la terre servait à rassembler les membres des tribus et des clans, alors qu'au temps de David et de la royauté, le territoire national, puis le Temple représentaient le principe de l'unité de la nation, que l'on fût en Judée ou en Samarie, au temps juif qui succède aux Hébreux, c'est l'ensemble des livres qui composent la Bible — la Loi et les Prophètes et plus tard les Écrits — et surtout leur interprétation qui deviennent les générateurs de l'histoire. Il suffira que la synagogue devienne lieu de prière et pas seulement lieu d'étude, pour qu'elle remplace totalement le Temple. Ainsi, c'est la synagogue qui est la force de cohésion et qui contient l'énergie structurante du peuple de YHWH et de sa parole.

Du temps de Jésus, on y lit d'abord une section du livre du Pentateuque qu'on traduit en araméen, puis un texte des Prophètes qui soit en relation avec le thème principal de cette section, puis on invite la personne versée dans la Bible et dans les méthodes de l'interprétation pharisienne, à faire sa prédication, sa DeRaCHaH. Celle-ci n'est pas une explication ; elle n'est pas non plus un commentaire ni même une exégèse. Elle est une interprétation — un MiDRaCH —, c'est-à-dire une interrogation sur le texte à partir des problèmes actuels de la communauté. Entre le monde du texte du Pentateuque — la Torah au sens strict — qui, lui, est parole de YHWH, au-delà de l'espace et du temps, et le monde de la communauté qui, lui, est réel, dur, cruel, étranger à la Torah, l'interprète fait surgir par son herméneutique [1], précisément, un troi-

---

1. Herméneutique : d'un mot grec qui signifie « interprétation » et, plus originellement, « interprétation d'un texte biblique ».

sième monde où les deux premiers se rencontrent dans la pensée et dans l'action. C'est lui qui convainc ses coreligionnaires que la parole de YHWH est possible dans le monde réel où ils se trouvent, et qu'elle ne lui est pas totalement étrangère. C'est lui qui, par son interprétation théorique et pratique, leur prouve que le monde où ils vivent au milieu des nations n'est pas totalement hermétique au projet déposé dans la Torah.

C'est donc dans la synagogue, par la voie de la lecture interprétée du texte biblique, qu'est reçu le passé et qu'est créé l'avenir, que le Juif retrouve sa mémoire et qu'il prend le courage de produire sa propre histoire. C'est là que le sort du peuple juif se décide désormais et c'est là que Jésus se rend tout d'abord.

Mais entre le texte de la Torah (Pentateuque) et la prédication interprétative « midrachique », les Pharisiens intercalent un texte prophétique, tiré des livres de Josué ou des Juges ou de Samuel, ou des Rois, ou des trois grands prophètes ou des douze petits prophètes.

Luc précise que le ChaBBaT dont il parle était celui où la communauté lisait un extrait du prophète Isaïe, proposé à Jésus. Or, le temps des prophètes, c'est-à-dire celui de la royauté, du territoire national, du Temple et de Jérusalem, était précisément celui des efforts en vue de la réalisation territoriale, économique, politique, sociale et religieuse, de la promesse ; celui des différentes interprétations de la parole de YHWH déposée dans la Torah (Pentateuque) afin de la faire descendre du ciel sur la terre des hommes ; celui de l'existence des prophètes qui veillent à ce que les compromis nécessaires à cette réalisation ne se transforment pas en compromissions ou, pire, en infidélités et en trahisons ; bref, celui de l'histoire réelle des hommes aux prises avec une parole absolue et infinie qui, seule, justifie leur existence et oriente leur histoire vers son accomplissement. Le rôle du prédicateur consiste alors à expliciter cette dynamique de l'incarnation et à l'appliquer à son temps et à celui de sa communauté, à dire autrement ce que dit la Torah.

Or, ce ChaBBaT-là où on fait la lecture du chapitre 61 du prophète Isaïe dont le nom signifie « YHWH sauvera », le prédicateur annonce et même proclame dans son MiDRaCH :

> Aujourd'hui se trouve accomplie cette écriture à vos oreilles...
>
> Luc 4, 21

Pour saisir l'intention de Luc, il nous faut d'abord restituer l'extrait dans son contexte général, les écrits que les historiens attribuent au « Troisième Isaïe » et qui occupent les chapitres 56 à 66. Ce prophète habite à Jérusalem, à la fin du vi[e] siècle avant l'ère courante, au retour de l'exil babylonien (540-520). Dans ces onze chapitres, les chapitres 60 à 62 forment un bloc cohérent : l'extrait lu par Jésus en fait partie. Quel est le message de ce prophète, alors que le retour d'exil se heurte à des difficultés inévitables, à cause du salut qui tarde, de l'idolâtrie et des forfaits commis par ses coreligionnaires, de leurs divisions, de leur haine et de la question des étrangers ? Il pose la question de savoir comment l'étranger pourrait trouver sa place au milieu des Juifs revenus sur leur terre, si, déjà, il y a injustices, exactions, exploitations, violences et exclusions entre les Juifs eux-mêmes !

Il va répétant dans les rues de Jérusalem que YHWH est le Dieu de tous les êtres et qu'il accueille Juifs et étrangers ; il y a des impies chez les Juifs : ils ne seront pas sauvés. Il y a des justes chez les étrangers : ils seront sauvés. Certes, YHWH reste le « Saint de YiSRa'eL » et celui-ci reste son peuple appelé à une mission universelle à partir de Jérusalem devenue métropole spirituelle du monde. Le principe de la conduite d'Israël est le lien indissoluble entre la morale et la religion, contrairement au paganisme et à ses rites souvent barbares. Aimer YHWH, c'est aimer son prochain et aimer autrui, c'est aimer YHWH qui l'a créé à son image. Après avoir par conséquent montré comment Jérusalem est illuminée par YHWH, grâce à sa justice, à sa paix et à sa fonction universelle (chapitre 60), il met en scène, dans le chapitre 61, le messie, ou peut-être même le prophète lui-même dans sa fonction sociale, politique, économique et spirituelle à la fois :

L'Esprit du Seigneur YHWH est sur moi. En effet, il m'a oint [1].

Isaïe 61, 1

Quelle est donc, d'après le texte originel ici, la fonction pour laquelle un être humain, dit « messie », est oint ? Il est envoyé :

... pour annoncer (la bonne nouvelle) aux humbles, pour panser ceux qui ont le cœur brisé, pour proclamer aux captifs la libération, et aux prisonniers l'éblouissement ; pour appeler l'année de la faveur de YHWH [2], le jour de la vengeance de notre Dieu, et pour réconforter tous les endeuillés ; pour mettre aux endeuillés de TSiYoN, oui, pour leur donner un diadème à la place de la cendre, de l'huile d'enthousiasme à la place du deuil, un costume de louange à la place de la langueur ; on les appellera « térébinthes de la justice », plantation de YHWH manifestant sa splendeur...

Isaïe 61, 1-3

Telle est la « bonne nouvelle » annoncée d'abord

1. Le verbe « oindre » se dit en hébreu MaCHaH, transcrit en « Messie », et, en grec, Christos. Celui sur lequel on verse de l'huile est reconnu par tous dans sa fonction.
2. C'est-à-dire probablement l'année sabbatique ou l'année jubilaire.

aux endeuillés, aux captifs et aux prisonniers de TSiYoN, c'est-à-dire du peuple juif, avant qu'elle ne s'étende à toutes les nations. Le « messie » doit d'abord, d'après cette HaPHTaRaH, rétablir Israël sur sa terre, « rebâtir les dévastations... rénover les villes dévastées, relever les désolations...[1] », reconquérir pour son peuple la fonction de « Prêtres de YHWH » « au service de Dieu[2] ».

Cependant Luc en fait une autre lecture et interprète la prédication de Jésus, ce ChaBBaT décisif pour lui, dans son propre kérygme. En quoi donc a consisté la « bonne nouvelle » annoncée par Jésus, à la lecture d'Isaïe ? Nous constaterons le silence qu'il fait planer sur la première lecture synagogale, celle du texte de la Torah. Il écrit que Jésus s'est vu proposer le texte prophétique, de manière quasi immédiate. Luc, historien comme il l'affirme lui-même, se tait volontairement sur la Torah. La preuve en est que le récit de la visite de Paul à Antioche de Pisidie signale la double lecture :

> Le jour du sabbat, ils entrèrent dans la synagogue et s'assirent. Après la lecture de la Loi et des Prophètes, les chefs de la synagogue leur firent dire : « Frères, si vous avez quelques mots d'exhortation à adresser au peuple, prenez la parole ! » Paul alors se leva...
>
> Actes 13, 14-16

Pourquoi donc Luc se tait-il dans le premier cas rapporté à Jésus ? Pourquoi ne dit-il pas également — comme ce fut assurément le cas — que les chefs de la synagogue invitèrent Jésus à faire « son exhortation » ? Ils lui donnèrent seulement à lire la HaPHTaRaH, mais celui qui se lève pour la lire ne fait pas nécessairement la prédication comme on le remarque dans le texte des Actes, dont Luc est aussi l'auteur. On peut savoir très bien lire et chanter le

1. Isaïe 61, 5.
2. Isaïe 61, 6.

texte prophétique sans être capable de l'interpréter ou même le commenter ! Pourquoi l'historien Luc [1] ne dit-il pas que la lecture de la Torah est faite en hébreu et traduite au fur et à mesure en araméen ? En quelle langue Jésus a-t-il enseigné ce jour-là à la synagogue ? En araméen ? En grec ?

Et puis surtout, l'historien Luc prend des libertés avec le texte prophétique qu'il ne cite pas fidèlement, et dans lequel il change plusieurs fois certains termes évocateurs de la pensée d'Isaïe.

Que Luc interprète le texte biblique, il en a parfaitement le droit. Mais il ne peut le citer en en modifiant les termes. Par exemple, il substitue à l'expression originelle « pour appeler l'année de la faveur de YHWH » l'expression « pour proclamer (*kéryxai*) ». Il efface le milieu du verset 2 : « pour appeler le jour de vengeance de notre Dieu » qui vise les peuples païens. Il ajoute un verset qu'il prend d'ailleurs et qui n'a pas de place dans le texte prophétique lu par Jésus : « pour envoyer à ceux qui se trouvent broyés la délivrance ».

En vérité, Luc applique à Jésus le premier verset de l'extrait prophétique :

> « L'Esprit du Seigneur YHWH est sur moi. En effet, il m'a oint pour annoncer [la bonne nouvelle] aux humbles. »

L'Esprit du Seigneur YHWH est venu sur Jésus qui lit ce verset à la synagogue comme s'il s'appliquait à lui. C'est de lui qu'il parle en lisant ce texte parce que c'est lui qui est oint par Dieu. C'est bien ce qu'il dit dans sa prédication à ses frères :

> Aujourd'hui se trouve accomplie cette écriture à vos oreilles.

À la différence de Marc et de Matthieu, Luc place

1. Luc 1, 1-4 (la dédicace).

106

cet épisode, de manière invraisemblable, en tête de la mission de Jésus, après la généalogie et les tentations au désert. Il affirme donc, sans hésitation et sans aucune stratégie, que Jésus est le Christ, *LE* Messie, incarnation de l'Esprit du Seigneur YHWH, accomplissement des prophéties, et il va raconter ses faits et dits sous cet éclairage.

Chez Marc et chez Matthieu, Jésus retourne dans sa province et dans son village avec ses disciples.

Chez Luc, il y apparaît seul et les premiers disciples le suivront après l'avoir vu à l'œuvre. Il « proclame » parce qu'il annonce une nouveauté en continuité et en rupture avec l'enseignement traditionnel reçu à la synagogue depuis son enfance. « Aujourd'hui » il inaugure une ère sabbatique ou jubilaire caractérisée par la libération de l'oppression et des dettes, de la misère et des souffrances. À partir de lui, nul besoin de se référer au texte de la Torah, sinon pour apercevoir comment elle a été un chemin constamment orienté vers lui. À partir de lui, tout ce que les prophètes ont prédit, arrive et s'accomplit en lui. D'où l'on voit que les Apôtres ne parlent que du Christ dans leurs Évangiles et jamais de Jésus. C'est sous cet éclairage qu'ils font une rétrospective de l'histoire qui a conduit depuis la création du monde jusqu'à Jésus. Ils ont leur idée du Messie, du Christ, et ils s'attachent à la retrouver dans l'existence quotidienne de Jésus. Cette confusion des deux personnages, est-elle le fait des disciples seulement ? Est-elle le fait de Jésus ? Comment finalement Jésus concevait-il sa mission ?

Dans sa synagogue habituelle où il avait appris, à Nazareth, sa propre tradition et sa propre mémoire depuis son enfance, dans cette synagogue qu'il fréquentait régulièrement en écoutant les prédicateurs parler et exhorter sa communauté après qu'elle a écouté, en hébreu et en araméen, une péricope de la Torah et le texte prophétique, dans cette synagogue, un ChaBBaT, on proposa à Jésus de faire la lecture de la HaPHTaRaH. Il se sentit le courage, l'audace et la compétence de prendre la parole à son tour et d'exhorter sa communauté en interprétant à sa manière la vision messianique du prophète Isaïe. C'était le thème de la HaPHTaRaH de ce fameux ChaBBaT. Il y fut d'abord admiré et loué comme il l'était en général dans les synagogues de la Galilée où « il était sans cesse glorifié par tous [1] ». Mais ce fameux ChaBBaT à Nazareth « où il avait été élevé [nourri] [2] », après qu'il a lu sa HaPHTaRaH, et après qu'il a rendu le rouleau, « après l'avoir roulé », à l'homme de service, il s'assit pour faire sa prédication.

« Les yeux de tous dans la synagogue le fixèrent longuement [3]. » Il fit sa prédication autour d'une réflexion sur le messie et l'appuya sur l'enseignement écrit par Isaïe vers 520 avant l'ère courante, à Jérusalem, au retour de l'exil de Babylonie.

Et pendant qu'il parlait à ses frères en attente également d'une délivrance et de la réalisation de la promesse divine déposée dans la Torah et développée par les prophètes, « tous lui rendaient témoignage et s'étonnaient de ses paroles de grâce qui sortaient de sa bouche [4] ». Ils se questionnaient même et demeuraient stupéfaits qu'un simple être humain, fils de charpentier, puisse arriver à cette envergure spirituelle. « Ils disaient : "N'est-il pas le fils de Joseph, celui-ci [5]?" »

D'après Matthieu, ils auraient même précisé leur questionnement :

« D'où lui viennent, disaient-ils, cette sagesse et ces miracles ? N'est-ce pas lui le fils du charpentier ? Sa mère ne s'appelle-t-elle pas Marie et ses frères Jacques, Joseph, Simon et Jude ? Ses sœurs ne

---

1. Luc 4, 15.
2. Luc 4, 16.
3. Luc 4, 20.
4. Luc 4, 22.
5. *Idem.*

sont-elles pas toutes parmi nous ? D'où lui vient donc tout cela ? »

Matthieu 13, 54-56

Et quel fut le thème principal de sa prédication et même de son dialogue avec ses coreligionnaires à la synagogue ? Il a tourné autour de l'idée que :

« Aujourd'hui se trouve accomplie cette écriture. »

Que s'est-il donc passé ce ChaBBaT-là dans la synagogue de Nazareth, fréquentée par Jésus depuis son enfance ?

D'après les Apôtres, Jésus a révélé à ses frères que le messie dont a parlé Isaïe était lui. C'était lui, le fils du charpentier et de Marie, qui était l'oint, le Christ, le dépositaire de l'Esprit du Seigneur YHWH, l'homme en qui s'incarne l'espérance prophétique dans sa parfaite réalisation. Luc ajoute même que c'était, en ce ChaBBaT fameux, l'acte par lequel Jésus entrait dans l'histoire et inaugurait son activité dans ce monde. Analysons les détails de son récit, ils sont éloquents sur son projet historique et sur la fonction qu'il attribue à Jésus en voyant en lui le Christ. En d'autres termes, examinons ce qu'il essaie de dire dans ce qu'il dit concrètement. Analysons son mode de compréhension des événements qui se déroulent encore aujourd'hui dans toutes les synagogues du monde, le jour du ChaBBaT.

Luc écrit que c'est précisément le ChaBBaT que Jésus entra dans l'histoire en y révélant pour la première fois qui il était. C'est ce jour que la communauté est rassemblée autour du témoignage monothéiste : Dieu a créé le monde, l'a organisé en six jours et le septième jour il a fait ChaBBaT, il s'est retiré du monde pour le confier à l'homme afin de le conduire vers un huitième jour, jour d'accomplissement parfait de l'humain. Le principe unificateur de l'assemblée d'Israël est cette articulation du calendrier par laquelle les Juifs interviennent dans le monde pour le transformer pendant six jours dans le sens et dans l'orientation qu'ils apprennent le septième jour en lisant et en étudiant la Torah et la parole de Dieu exclusivement. Ils cessent d'intervenir dans le monde pendant ChaB-BaT pour apprendre ce jour-là quelle direction donner à leurs activités de la semaine. Observer les lois du ChaBBaT c'est exprimer rituellement l'idée qu'il existe un projet pour ce monde, que ce projet est transcendant, fondé sur la parole divine, et qu'il dépend de l'homme de le réaliser. Ce monde de sept jours est destiné à s'accomplir dans un huitième jour par la collaboration de Dieu et de l'homme, puisque c'est grâce à l'homme que la parole éthique, spirituelle, transcendante, prend forme concrète et historique. C'est pourquoi l'homme en qui s'accomplit le projet est installé en témoin et il prend en charge cette fonction ; il est « oint » : on lui verse de l'huile sur la tête pour le faire reconnaître par tous. Il est remarquable que l'huile en hébreu se dit « CheMeN » de la racine CH-M-N qui signifie « huit ». Si on voulait bien nous permettre ce néologisme, nous pourrions dire que oindre un homme, c'est le « huitiémiser », exprimer rituellement l'idée qu'il est, quant à lui, un être du huitième jour, un être « messianique ». C'est donc le ChaBBaT, devant l'assemblée de témoignage réunie autour de cette conscience éveillée à sa responsabilité et à son rôle dans l'histoire, que, d'après Luc, Jésus se présente comme « oint ». Et cela ne peut choquer ses coreligionnaires car ils savent que les rois, les prêtres, les prophètes et même les maîtres étaient « oints » parce qu'ils permettaient à l'histoire de s'accomplir authentiquement et qu'ils servaient donc comme modèles et témoins, témoins parce que modèles. Tout au plus, comme prophète, Jésus pouvait-il être inquiété par le peuple, comme Jérémie, ou Amos ("AMoS), ou Moïse. C'est ce que prouve, d'ailleurs, la discussion qui a suivi la prédication, entre Jésus et sa communauté : elle porte entièrement sur la prophétie et jamais sur l'identité divine de Jésus ni sur le « Christ » tel que l'entendent les Apôtres ; elle concerne uniquement le « Christ », « l'oint », tel que l'entendent les rabbins.

Seulement, ce prophète-là, Jésus, est spécial, nous dit Luc. Il est même unique parce que en lui, pour la première fois en Israël, se comblent toutes les exigences humaines, se désaltèrent toutes les soifs, se rassasient toutes les faims. Il est l'oint universel et pas seulement l'oint juif. Il sauve l'humanité, au-delà de toutes les différences individuelles et collectives, comme les prophètes Élie et Élisée ('EliCHa").

À partir de Jésus — le Christ lucanien — le temps commence, puisqu'il s'accomplit en lui, où c'est toute la souffrance du monde qui est assumée et non plus celle du peuple juif, palestinien ou diasporique. Même, ajoute Jésus, d'après Luc, il se peut qu'à l'image des deux prophètes cités, des païens en règle avec la morale et la vie spirituelle, comme la veuve phénicienne de Sarepta et Na"aMaN le Syrien, soient sauvés et que des Juifs ne le soient pas ! Ce serait ce sens qui aurait traversé toute la prédication de Jésus ce ChaBBaT-là. C'est ce sens qu'il faudrait donner, toujours d'après Luc, au résumé concis de sa leçon dans l'énoncé :

« Aujourd'hui cette écriture... »

À partir de Jésus, en Jésus, par Jésus, une nouvelle histoire commencerait, dans l'esprit de Luc : il ne s'agit plus de former le peuple juif à devenir Israël. Le temps est arrivé, dit Luc, par la bouche de Jésus, où ce prophète unique ne veut plus réveiller les Juifs à se soucier de leur propre salut. Il est, lui, Israël incarné ; il est, lui, la « corporéisation », la chair même et le sang, du projet divin pour le monde, du dessein divin pour lequel le Créateur a appelé les Hébreux à devenir Israël. Il serait donc la

111

parole de Dieu réalisée, *hic et nunc* : ce que voulait le Créateur en créant le monde.

C'est bien pourquoi on n'a pas à l'inviter à prendre la parole, le jour du ChaBBaT, devant l'assemblée de Dieu réunie à la synagogue. Si l'assemblée est là, et si c'est le jour du ChaBBaT qu'elle se réunit pour exprimer rituellement son attente et son espérance, c'est à Jésus de prendre la parole pour lui révéler l'instant de la mutation qui se produit en lui. Il déroule le rouleau, y lit le fameux passage qui, par hasard, se rapportait à « l'oint » et à sa fonction, « roule le rouleau, le redonne au servant et s'assoit » pour dire à l'assemblée, pour dire aux Juifs, que le temps du ChaBBaT est dépassé et que le huitième jour a commencé avec Jésus.

C'est bien pourquoi, encore, Luc inaugure l'activité de Jésus par la prédication. Pourquoi donc le point de rupture ou de continuité entre la communauté juive et l'un de ses enfants particulièrement doué doit-il être cherché dans l'instant de la prédication, de la DeRaCHaH ?

Mais la réponse en est qu'il s'agit précisément du MiDRaCH, de l'interprétation telle que l'entendent les Pharisiens. En effet, il y a les faits, la réalité, le monde, l'histoire, bref le « texte » dans son sens général de texture des événements ou des mots, ou des faits naturels. Sur le plan du rite, nous dirons qu'il y a celui qui lit un extrait biblique et qui éveille ceux qui l'écoutent à son contenu informatif. Il dit « voilà ce qui s'est passé », mais il ne sait pas ce que cette modalité de l'information signifie, ce que cette « écriture » des mots, des événements, des faits, des idées, veut dire. Nous vivons, nous percevons, nous imaginons, nous pensons, nous parlons, mais nous ne savons pas ce que vivre, percevoir, imaginer, penser, parler, signifient, ni ce qu'ils sont. Un maître est donc nécessaire pour interpréter ces « textes » : dans sa prédication, il dit ce qu'ils veulent dire. Mais Luc dit que Jésus lit le texte lui-même et l'interprète lui-même. En lui, la vie palpite en pleine possession d'elle-même ; il l'incarne parfaitement en pleine conscience de ce qu'elle est et de ce vers quoi elle se dirige. En lui la parole s'exprime parfaitement : il parle, sait ce que parler veut dire, non seulement dans ce qu'il dit concrètement, dans le contenu, mais également dans le dire, indépendamment du dit. Il incarne la parole, telle qu'elle est et qu'elle doit être dans l'absolu.

Ce ChaBBaT-là, devant l'assemblée réunie en assemblée de témoignage, Jésus lit le texte prophétique et l'interprète parce qu'il en connaît le sens absolu, puisqu'il le vit lui-même et est conscient de ce qu'il manifeste et de ce qu'il cache. Le texte est limpide pour lui : il l'interprète pour dire que lui ne l'interprète pas puisqu'il le sait dans son corps et dans son âme. Le texte est accompli : ce qui s'écrivait jusqu'à présent à la recherche de lui-même serait donné désormais, visible, su, chez Jésus pour qui tout serait transparent. C'est, en conséquence, un tel être qu'il faudrait suivre, qu'il faudrait entendre et écouter. Les hommes n'auraient plus besoin de se référer à la parole divine déposée dans la Torah — un texte — mais à Jésus. C'est pourquoi Luc pense que, puisque Jésus est présent, le ChaB-BaT, à la synagogue, devant l'assemblée de témoignage qui veut apprendre à interpréter, il devient inutile de lire la Torah. Il serait la Torah incarnée et, désormais, la référence visible de ce vers quoi s'orientait la Torah avant lui.

Et il le dirait, toujours d'après Luc, encore plus précisément. Car pourquoi lit-il alors le texte des prophètes qui fait certes partie de la Bible mais pas de la Torah (Pentateuque) ? Si Jésus est la Torah, il transcenderait Moïse qui, lui, l'a seulement reçue de Dieu sans s'y identifier. À plus forte raison dépasserait-il les prophètes venus après Moïse qui, eux, n'ont point reçu la Torah de Dieu parce qu'ils se limitent à l'interpréter puisqu'elle était là avant eux, sous une forme ou une autre, en partie ou en totalité ? Pourquoi Jésus lit-il un texte prophétique ?

Mais c'est parce que ce ChaBBaT-là, l'assemblée de témoignage devait lire, méditer, entendre interpréter par le prophète Isaïe et réinterpréter par le prédicateur, le projet de la Torah donnée à Moïse, car celui-ci a échoué à en convaincre les Hébreux sortis d'Égypte — malgré les quarante ans passés dans le désert avec eux seuls. En fait, les prophètes ont échoué également à en convaincre les Hébreux installés cette fois dans des cités et sur un territoire national. Décidément, ni sur le plan proprement hébraïque et juif, ni sur le plan d'un État au sein des États, d'un peuple au sein des nations, le peuple de Moïse et des prophètes n'a pu prendre en charge le dessein de Dieu déposé dans la Torah. Et la situation au temps de Jésus est grave puisque le peuple de YHWH est sous le joug d'autres dieux, ceux des Romains, sur son propre territoire. Il est divisé d'avec lui-même puisque chaque judaïsme cherche à confisquer le judaïsme et à en donner une interprétation exclusive. Les Sadducéens, les Pharisiens, les Esséniens et bien d'autres groupes s'entredéchirent en tirant argument sur argument de la Bible. Au milieu de ce bouillonnement, à une distance respectable de lui, Jésus parle et interprète le texte prophétique qui décrit les caractéristiques de l'être humain qui accomplit l'humanité en lui, l'oint qui pourra reconstituer l'unité d'Israël et l'unité de l'humanité. Les prophètes étaient les gardiens de la parole divine confiée à Moïse et à Israël. Mais c'est au sein de la vie politique, économique et sociale qu'ils se plaçaient pour rappeler à leurs frères hébreux le véritable pari de la Torah et le véritable défi qu'Israël doit sans cesse relever : la convergence de la Torah et de la vie collective d'un peuple sur un territoire national. La prophétie est toujours liée à la royauté et à la prêtrise parce qu'elle les surveille et qu'elles sont des institutions qui confondent compromis et compromission. D'après

Luc, Jésus, ce ChaBBaT-là à la synagogue, révèle à ses frères, alors qu'il n'a que vingt-sept ans peut-être, qu'il est le dernier prophète et donc autre que les prophètes connus depuis Moïse.

c) YHWH à écouter

Nous voudrions répondre à l'image que se fait Luc du Jésus historique : elle ne correspond pas, bien sûr, à celle que pourrait se faire un Juif, c'est-à-dire un Pharisien et à sa conception de la Torah et de la parole divine. La Bible est composée de trois grandes parties : la Torah, les Prophètes et les Écrits. La Torah est le lieu de la révélation, c'est-à-dire de la parole divine, absolue, telle que Moïse l'a exprimée pour son peuple, ou, en d'autres termes, telle qu'il l'a traduite pour des êtres humains qu'il a appelés à en témoigner. Moïse, définitivement disparu parce que être humain et parce que ignorant également les modalités de réalisation géographique, économique, politique et sociale de la Torah, a laissé place aux prophètes qui les ont précisées selon les lieux et selon les temps de l'histoire d'Israël. Après les prophètes commence la période des rabbins et des sages qui réinterprètent tout le message biblique et prophétique — dans certains livres des Écrits et plus tard dans les recueils de MiDRaCHiM appelés intertestamentaires — à partir du principe de l'extériorité radicale de YHWH et de l'être humain.

Dieu et l'homme sont tellement autres l'un par rapport à l'autre, leur altérité est si absolue, que même le nom divin qui était prononcé dans le Temple par le Grand Prêtre est devenu imprononçable. Voilà donc la parole absolue qui, parce qu'elle est divine, ne peut plus être incarnée par un être humain. Et comme Moïse a reçu cette parole de telle manière qu'elle soit comprise par l'être humain — c'est-à-dire nécessairement interprétée

115

et signifiée pour l'homme individuel et collectif — et comme il l'a écrite dans la Torah et qu'elle y trouve place au milieu des événements fondateurs de son peuple, les rabbins ont clos le Pentateuque, comme ils le feront pour les Prophètes et pour les Écrits. Plus personne ne peut prétendre se relier à l'Absolu et à l'Infini, désormais. On ne peut que se fier à l'interprétation — au MiDRaCH — pour interroger des textes qui cachent la parole divine. Ils la révèlent aux hommes pour qu'ils puissent en trouver les voies par lesquelles ils restent fidèles à son inspiration.

L'être humain, créature finie, ne peut que viser, tendre, prétendre et aspirer à l'Absolu sans jamais pouvoir se le représenter ni le rendre visible sous forme d'images, d'idées, de statues, d'icônes ou de mots. Tout ce qui apparaît, se manifeste dans l'univers humain du sens, est donc déjà interprétation puisque exposée aux lois spatio-temporelles, psychologiques, sociales, intellectuelles et universelles. Nous ne pouvons donc qu'interpréter cette interprétation en restant fidèles aux exigences et aux dimensions humaines qu'elle révèle et cache à la fois.

En l'occurrence, la parole déposée dans le texte de la Torah est divine parce qu'elle renvoie à l'Absolu, parce qu'elle ouvre des perspectives sur lui, signifiées par les différentes interprétations que les rabbins en produisent. Mais aucun rabbin, aucun prédicateur ne peut prétendre fournir le sens absolu de ce texte qui reste transcendant à toute lecture et à toute signification. L'Absolu se dit en autant de façons qu'il y a d'êtres humains puisque chaque être humain est à son image, porte son exigence et y aspire. Ce que nous attendons du maître ou du prédicateur, c'est de nous rappeler sans cesse à l'effort et à la responsabilité de l'interprétation, de nous y conforter et de nous y confirmer afin que nous apprenions à ne jamais nous évader de l'univers du MiDRaCH, par lâcheté, par ignorance, par illusion, par fanatisme ou par intérêt. C'est par le MiDRaCH que nous évitons la tentation de l'idole, qu'elle soit hors de nous ou à l'intérieur de nous, quand elle peut être nous-mêmes le plus souvent. Il nous faut aimer assez l'Absolu et y tendre de manière à ne jamais nous confondre avec lui. C'est par le MiDRaCH que nous nous assurons que nous ne sommes pas Dieu.

Les prophètes n'eurent pas d'autre fonction que celle de lutter contre l'idolâtrie sous toutes ses formes et contre le paganisme qui divinisait l'être ou voyait des dieux partout. À leur tour, le rabbin, le prédicateur, le maître interprètent les interprétations des prophètes pour en dégager la forme et les principes qui régiront leurs propres interprétations pour leur propre monde qui n'est plus celui des prophètes. Telle est la tradition pharisienne qui ne se réduit pas à un dépôt sacré immuable à communiquer de génération en génération, indépendamment de l'histoire réelle des hommes et des nouvelles formes de leur installation dans le monde. Elle est plutôt la tradition de l'interprétation : l'hébraïsme était la Torah donnée au désert. Le judaïsme est interprétation de la Torah dans la cité et insertion dans le monde sans enracinement parce que les racines de l'homme sont célestes.

Si donc Jésus a lu et interprété le texte du prophète Isaïe en attirant les regards et les oreilles, les louanges et l'admiration, c'est qu'il a bien reçu la tradition midrachique de sa synagogue. Pourquoi nier qu'il fut un maître du MiDRaCH ? Mais il incarnait seulement le MiDRaCH, l'aspect humain, proprement humain, de la parole divine. Il était l'interprétation — visée sans achèvement — faite homme. Il était donné à entendre et à écouter, pas à voir, car il n'était qu'un être humain.

N'est-ce pas ce qu'il a enseigné ce ChaBBaT-là, à la synagogue, devant la communauté réunie autour du témoignage, attendant l'interprétation de la parole divine pour reprendre foi et espérance ? Ne leur a-t-il pas dit :

Aujourd'hui se trouve accomplie cette écriture à vos oreilles.

Luc 4, 21

À vos oreilles, pas à vos yeux.

Mais Luc l'a interprétée à sa façon; et sa lecture ou son écoute de la leçon inaugurale de Jésus commande tout son Évangile qui s'efforce de donner à voir ce qui a été entendu, non l'interprétation incarnée, mais achevée, aboutie, accomplie dans sa visée absolue du sens absolu, en Jésus.

C'est dans ce cadre que s'écrivent tous les textes appelés encore « Nouveau Testament », nouveau en ce qu'il donne à voir l'achèvement de ce qui est destiné à rester inachevé pour les Pharisiens : le Nom divin. En ce sens, nous pensons que la rupture avec le judaïsme est totale. Et nous croyons également que ce christianisme est en rupture avec Jésus et avec son enseignement. Le christianisme s'est fait religion du voir. Le judaïsme est exclusivement structuré autour de l'écoute.

Deuxième partie

L'annonce

Joseph, fils de David, ne crains pas de prendre chez toi Marie, ta femme, car, en fait, ce qui fut engendré en elle est de par l'Esprit Saint.

Matthieu 1,20

Jacob engendra Joseph, l'époux de Marie de qui est né Jésus qui est dit CHRIST.

Matthieu 1,16

Chapitre I

L'enfant annoncé

Dans toute la généalogie, le verbe « engendrer » est conjugué sous le mode actif : « engendra ». C'est toujours le père qui, de Tamar, de Ruth ou de Rahab, engendre son fils. Ici Jésus « est né » de Marie. Le père, Joseph, est ainsi écarté de cet engendrement par Matthieu.

Comment et pourquoi ? C'est ce qu'il expose à partir du verset 18 :

Or, de Jésus-Christ, ainsi fut la Genèse :
Comme sa mère Marie était fiancée à Joseph, avant qu'ils aient habité ensemble, elle fut trouvée enceinte par le fait de l'Esprit Saint.
Or Joseph son époux, homme juste et ne voulant pas la dénoncer publiquement, résolut de la délier secrètement.
Or, comme il avait formé ce projet, voici que l'ange du Seigneur lui apparut en songe et lui dit : « Joseph, fils de David, ne crains pas de prendre chez toi Marie, ta femme, car, en fait, ce qui fut engendré en elle est de par l'Esprit Saint.
Or elle enfantera un fils et tu appelleras son nom Jésus, car lui sauvera son peuple de ses péchés. »
Or, tout cela est arrivé afin que s'accomplît ce que le Seigneur avait dit par le prophète :
— Voici, la vierge concevra et enfantera un fils auquel on donnera le nom d'Emmanuel; ce qui est traduit : Dieu avec nous.

Or, se réveillant du sommeil, Joseph fit ce que l'Ange du Seigneur lui avait prescrit.

— Il prit auprès de lui sa femme. Et il ne la connut pas jusqu'à ce qu'elle eut enfanté un fils. Et il appela son nom : Jésus.

Matthieu 1,18-25

Comment donc Jésus est-il venu au monde ? S'il fut engendré de Marie et pas de son père Joseph, d'où vient-il ? Et si son père ne l'a pas « engendré », qui l'a engendré ? La réponse est donnée par Matthieu dans cette seconde partie du chapitre. Jésus vient de l'Esprit Saint. Comment, en conséquence, descend-il de David ?

Nous rappelons que la question historique ne nous importe pas et qu'elle ne relève pas de toute façon de notre compétence. Ce qui est à garder en mémoire, c'est que nous sommes devant une 'AGGaDaH doublée d'un MiDRaCH PeCHeR et que même s'il arrive à l'évangéliste de faire un récit historique, ce n'est pas en historien qu'il le compose mais en auteur de MiDRaCH. La question à poser à sa lecture est : qu'essaie-t-il de dire, en réalité, à travers ce qu'il dit ? Qu'est-ce que Matthieu signifie à travers la réponse qu'il donne à nos questions ? Pour y répondre, il est nécessaire d'examiner les informations que sa tradition juive a mises à sa disposition.

a) Reproduction et procréation

Marie et Joseph sont donc fiancés et, en tout cas, accordés en mariage. Il ne faut pas penser « leurs fiançailles » en leur donnant le sens actuel. La jeune fille était « accordée » par ses parents au jeune homme qui lui délivrait un acte juridique pour sceller leur engagement mutuel, mais elle continuait à habiter chez ses parents et ce, d'autant qu'elle était toujours très jeune à son mariage. Marie a dû se marier à l'âge de seize ans environ et

Joseph n'était pas beaucoup plus vieux. Au bout de quelque temps — une année d'après les spécialistes — l'époux prenait chez lui sa femme et ils construisaient désormais ensemble leur propre foyer. En général, les relations conjugales n'étaient pas acceptées tant que la jeune fille demeurait chez ses parents.

Il semble donc que Marie ne soit pas enceinte par suite de sa relation sexuelle éventuelle avec Joseph : Matthieu l'exprime en disant que l'enfant qu'elle porte est « de par l'Esprit Saint ». Qu'est-ce à dire ?

Interrogeons donc la Torah : elle enseigne d'abord que certaines existences, sinon la totalité de la création, viennent à l'être par la parole d'ELo-HiM : la lumière, la séparation de la terre et du ciel, les végétaux, les animaux marins et terrestres et l'être humain. Celui-ci est créé, d'après le second chapitre de Genèse, ainsi :

> YHWH-'ELoHiM forma l'homme (Ha'aDaM) à partir de la poussière du sol ('ADaMaH). Il insuffla dans ses narines l'haleine de vie et l'homme (Ha'aDaM) devint un être vivant.
>
> Genèse 2,7

Ainsi c'est YHWH-'ELoHiM qui anime le corps physique en y insufflant l'âme. Croire qu'à l'image de cette création, le Seigneur a utilisé le corps de Marie pour y insuffler son haleine, son « Esprit » et pour y produire Jésus, semble plausible. Encore faut-il savoir de quoi il s'agit exactement. L'une des significations à retenir de ces images est que le texte de Genèse marque une discontinuité radicale, une séparation infranchissable entre un état antérieur — mettons l'obscurité et le ToHou-BoHou primordial — et l'état postérieur, la lumière. C'est pourquoi il exprime la nouvelle émergence en affirmant qu'elle surgit par la parole. La lumière n'est donc pas réductible pour lui aux éléments antécédents. Il y faut une mutation. De même, il dit que le ciel et la terre sont séparés et qu'il n'y a pas entre eux de continuité, même s'ils sont formés de la même matière comme l'affirme le texte du quatrième jour. Les autres exemples, végétaux, animaux et espèce humaine, sont créés par la parole et par le « souffle divin » : on ne peut donc les expliquer comme de simples productions de la matière antérieure. Ils ont une nature telle qu'ils témoignent d'une organisation supérieure dont la connaissance doit leur être adaptée. Nous pouvons donc comprendre que Matthieu tienne à affirmer l'originalité de Jésus et sa nature exceptionnelle en répétant qu'il incarne l'humain d'une manière unique, nouvelle et exceptionnelle. Avec Jésus commencerait donc une nouvelle manière d'être homme.

C'est là un thème permanent et récurrent dans les textes bibliques qui rappellent que le fils attendu naît de manière exceptionnelle. Le fils d'Abraham, Isaac, naît d'une impossibilité :

SaRaY était stérile ; elle n'avait pas d'enfant.
Genèse 11,29

'ABRaM dit : Seigneur YHWH, que me donnerais-tu, alors que je vais sans enfant ?
Genèse 15,2

Les anges lui dirent : Où est SaRaH ta femme ?

Il répondit : La voici dans la tente. Il [l']ange dit : Je dois revenir vers toi au temps du renouveau et voici : SaRaH ta femme aura un fils.

Or SaRaH écoutait à l'entrée de la tente, derrière lui. 'ABRaHaM et SaRaH étaient vieux, avancés en âge et SaRaH avait cessé d'avoir ce qu'ont les femmes. SaRaH se mit à rire en elle-même et dit : Tout usée que je suis, pourrais-je encore jouir ? Et mon seigneur est vieux !...
Genèse 18, 9-12

'ABRaHaM tomba sur sa face et rit et dit dans son

cœur : Un enfant naîtra-t-il à un homme de cent ans ? Et SaRaH, avec ses quatre-vingt-dix ans, enfanterait-elle ?

Genèse 17,17

YHWH intervint en faveur de SaRaH comme il l'avait dit ; il agit envers elle selon sa parole. Elle conçut et enfanta un fils à 'ABRaHaM en sa vieillesse à la date que YHWH lui avait dite.

Genèse 21, 1-2

Qu'on se rapporte encore à Rébecca (RiBQaH) la femme d'Isaac, à Rachel la femme de Jacob, à Anne (HaNNaH) la femme de Elqana (ELQaNaH), mère de Samuel (CheMou'eL), etc., et on constate que la naissance des êtres exceptionnels, attendus, désirés, se produit finalement malgré l'ordre des lois naturelles, et toujours après l'intervention de YHWH. Les écrivains bibliques signifient par là la discontinuité et la rupture qui surgissent dans l'histoire et qui laissent apparaître un être véritablement nouveau, une nouvelle manière de réaliser et d'assumer l'humain, incommensurable avec les géniteurs.

N'est-ce pas YHWH — et ce qu'il représente — qui a soufflé dans les ossements desséchés des Judéens ? Il demanda à Ézéchiel (YeHeZQeL) :

« Fils d'homme, ces ossements peuvent-ils revivre ?... Dis-leur : Ossements desséchés, écoutez la parole de YHWH. Ainsi parle le Seigneur YHWH à ces ossements : Je vais faire venir en vous un souffle pour que vous viviez... »

Ézéchiel 37, 3-5

La nature de l'engendrement est ainsi précisée. Il peut être reproduction et répétition du même ; il est donc vu comme le même s'imitant sans changer, dans la continuité monotone et ennuyeuse. Mais il peut et il doit être considéré comme une procréation, c'est-à-dire apparition d'un être avec ses coordonnées propres, irréductible aux autres et à ses parents. C'est en ce sens que les rabbins pharisiens enseignent qu'il faut être trois pour procréer un enfant : les deux parents et YHWH ; ils soulignent ainsi la part inaliénable du fils, sa véritable identité qui ne se réduit pas à celle que ses géniteurs lui ont donnée par leur nature et par leur culture. Son âme lui vient de YHWH, l'altérité radicale, l'unique dont il doit être l'image. C'est peut-être cela que Matthieu traduit par l'opposition qu'il propose entre la répétition du verbe « engendra » et le verbe « est né » réservé à Jésus. L'œuvre humaine consiste précisément à incarner l'humain dans ce qu'il a d'original, l'image divine, par rapport aux autres espèces, et dans ce qu'il a de divin par rapport aux autres êtres humains : la différence et la discontinuité. Nous dirons que l'homme, fils de l'Homme — descendant d'Adam — qui accomplit véritablement l'humanité en lui, est création de l'Esprit de sainteté et non de « l'Esprit Saint », puisque l'esprit peut se dévoyer aussi. La sainteté, contrairement au sacré qui confond et mélange les réalités et les substances, les sépare au contraire et distingue YHWH, le monde et l'homme. Aucun des trois termes ne peut se réduire aux autres. L'Esprit de sainteté est le souffle qui anime l'être humain et le pousse à la relation d'altérité absolue dans laquelle les termes restent ce qu'ils sont et ne se confondent en aucune façon les uns avec les autres. Là où le monde est, YHWH n'est pas et là où YHWH est, l'homme n'est pas ; de même là où le monde est, l'homme n'est pas non plus. L'Esprit de sainteté est l'esprit de l'unique, de l'irréductible, valable pour chaque être, individuel ou collectif. Joseph, comme tout père, comme toute mère, doit savoir que l'enfant qui va naître des entrailles des parents est né de l'Esprit de sainteté et c'est dans cet esprit qu'il devra être éduqué et grandir. C'est exactement ce qu'écrit RaCHi, commentateur de Troyes en Champagne, au xiie siècle. En effet, la naissance du premier fils d'Adam et d'Ève (HaWaH), Caïn, est décrite ainsi :

'ADaM connut HaWaH sa femme. Elle conçut et enfanta QaYiN. Elle dit : J'ai acquis un homme avec YHWH.

Genèse 4,1

Adam est écarté de la nomination de l'enfant et, plus précisément, de la signification du nom QaYiN qui est construit sur le radical Q-N-H qui veut dire « acquérir », « procréer ». Ève pense littéralement qu'elle a conçu ce premier fils avec Dieu, bien que le début du verset annonce sa relation conjugale avec son mari : « 'ADaM connut HaWaH... »

Ce thème d'un dieu qui féconde une femme est courant en Méditerranée, chez les Grecs, chez les Égyptiens et chez tant d'autres peuples. RaCHi le sait et c'est pourquoi il commente, corrige, et fixe la lecture juive :

> « Et l'homme connut HaWaH sa femme » : il faut lire : et l'homme *l'avait connue,* déjà avant le récit précédent, avant la faute pour laquelle il fut chassé du jardin de l'Éden. De même pour la grossesse, et pour l'accouchement. Si on traduisait : *l'homme connut,* cela signifierait qu'il a eu ses enfants après avoir été chassé. QaYiN : « parce que j'ai acquis un homme avec YHWH » : dans cette phrase elle veut dire : lorsque YHWH m'a créée ainsi que mon mari, il était seul à nous créer. Mais pour cet enfant, [et désormais] nous sommes associés avec lui.

La sexualité et la procréation qui l'épanouit ne sont pas des conséquences de la faute mais des activités humaines qui se déroulent dans le jardin de l'Éden, avant la faute. D'autre part, YHWH — ce qu'il représente — participe à la procréation avec les parents, les deux. Un homme et une femme ne suffisent pas à eux deux à procréer un enfant ni à lui donner son identité. Une femme seule ou un homme seul ne peuvent suffire à constituer un enfant non plus.

Nous lirons donc le MiDRaCH de Matthieu, avec

les informations que nous venons de recueillir, en pensant que, lu littéralement, il ne serait rien d'autre qu'un retour aux conceptions contre lesquelles les Hébreux dans la Torah et les Juifs dans leur MiDRaCH se dressaient. Mais rien n'empêche de considérer Jésus comme celui qui, en son temps, a incarné l'Esprit de sainteté de la manière la plus humaine. Ce qui correspondait d'ailleurs à l'histoire qui se déroulait depuis le ve siècle avant l'ère courante et dont il est assurément le représentant par excellence aux yeux de l'humanité depuis deux millénaires. En effet, à l'âge des grands empires moyen-orientaux, ceux de Babylone ou de l'Égypte, des ziggourats [1] et des pyramides, l'humanité a découvert l'universalité dans l'invention de l'écriture, de la monnaie, de la police, de l'école, de l'astronomie, etc. Elle vivait ainsi l'universalité en acte dans ces institutions.

La Torah, à travers l'épisode de la Tour de Babel et de l'esclavage des Hébreux en Égypte, exprime à sa manière les dangers de l'universalité qui peut se rendre totalitaire en niant la différence culturelle des peuples et l'identité personnelle de l'individu. Il faut attendre le vi[e] siècle avant l'ère courante pour voir apparaître la différence humaine et l'identité individuelle avec ses problèmes : en Grèce avec la Raison, en Extrême-Orient avec le bouddhisme, avec Confucius, ou Lao-Tseu. Autour de la Méditerranée cette promotion de l'homme se produit dans l'émergence de la distance qu'il prend par rapport au monde, par rapport à la société et par rapport aux dieux. C'est cela aussi qui se traduit dans le judaïsme à la période du second Temple quand le rabbinisme succède au prophétisme et le judaïsme à l'hébraïsme. Ce développement se poursuit dans ces siècles qui précèdent l'ère courante jusqu'au

1. Ziggourats : nom des tours construites par les Babyloniens et qui leur servaient d'observatoires et de sanctuaires. (*Cf.* la Tour de Babel dans la Bible.)

moment où les communautés constituées autour de Jésus et de son enseignement ouvrent la mentalité païenne à la notion de « personne » reçue de la Torah. À travers Jésus, en Jésus et par Jésus, l'humanité païenne s'éveille à l'existence personnelle et non plus individuelle seulement : l'homme est une personne unique au monde, à l'image du Dieu unique, appelé par son nom dans la Torah, non par un numéro comme l'exemplaire d'un ensemble où tous se ressemblent et sont substituables les uns aux autres. L'homme n'est plus seulement un être de raison, ni un être social et politique, ni un animal, ni un écho, ni un reflet : il est l'auteur propre de sa destinée personnelle. C'est ce que la Torah appelle du nom de sainteté qui, appliqué à l'être humain, signifie la différence, l'extériorité radicale, l'altérité, l'unicité, l'originalité de chacun face à l'autre, ou, en d'autres termes, sa transcendance.

Jésus était donc la création de l'Esprit de sainteté associé à sa procréation par son père Joseph et par sa mère Marie. C'est pour cette fonction qu'il est venu au monde en tant que Juif. C'est en ce sens que les Évangiles parlent du « salut personnel », parallèle au salut collectif. Celui-ci a pour contenu les conditions, égales pour tous, de l'accomplissement personnel qui, lui, vise un équilibre et une joie de qualité différente.

Ainsi, ce qui appartient en propre à l'être humain doit être préservé par l'organisation sociale et par des lois universelles, reconnues par tous et admises par tous. Mais au cœur de cette différence entre l'humanité et la nature physique et animale, prend place une autre différence qui fait de chaque individu une personne, c'est-à-dire un être unique qui ne peut être le résultat des processus biologiques ou sociaux. C'est cette vision de l'homme que la Bible appelle « Esprit de sainteté ». Jésus est le témoin de cet esprit, il est né de lui ; il est « fils » de cet esprit et pas le résultat d'une relation sexuelle

seulement ou d'une culture et d'une société déter-
minées.

b) *Le juste*

C'est ce qui va permettre de comprendre la réaction de Joseph, son père, à l'annonce de la grossesse de Marie.

> « Or Joseph son époux, homme juste et ne voulant
> pas la dénoncer publiquement, résolut de la délier
> secrètement. »
>
> Matthieu 1, 19

Nous laisserons dans le respect la lecture littérale
habituelle qui est encore proposée aujourd'hui aux
fidèles : ce serait un mystère auquel il faut croire et
que la raison ne peut comprendre ; il est normal, en
conséquence, de répudier (délier) son épouse
enceinte d'un enfant dont on n'est pas le père géniteur. Être « juste » en ce sens consisterait à obéir à
la loi de sa société. Mais Joseph, en l'occurrence,
serait plus juste que cette justice des autres car il ne
veut pas porter atteinte à l'honneur de Marie en
s'adressant au tribunal de son village. Il préférerait
divorcer secrètement. Approfondissons encore
cette lecture littérale classique.
La véritable justice serait clémence, miséricorde
et générosité, en effet. Cependant, cette lecture
apparemment cohérente avec le dogme de l'Immaculée Conception et de la naissance virginale sou-
lève des problèmes insolubles. Et tout d'abord :
qu'est-ce qu'une répudiation secrète ? Le mariage
était légal, c'est-à-dire fait devant des représentants
de la loi, des rabbins. La répudiation devait être
légale également, conclue par un acte officiel.

> Si un homme prend une femme et l'épouse, puis,
> trouvant en elle quelque chose qui lui fait honte,
> qu'elle ne trouve pas grâce à ses yeux, il rédigera

pour elle un acte de divorce et le lui remettra en la renvoyant de sa maison.

Deutéronome 24,1

La répudiation était donc accompagnée d'une attestation écrite, remise à l'épouse ainsi libérée pour des choix futurs. D'autre part, en quoi consisterait la « justice » de Joseph qui cherche au contraire à taire et à cacher ce qui lui semble être une faute grave de sa femme? La justice n'exige-t-elle pas réparation et sanction? Peut-être alors Joseph serait-il plus « juste » que cette « justesse » qui cherche à mesurer exactement le châtiment par rapport au crime pour le distinguer de la vengeance? Il ne veut pas humilier la pécheresse en la punissant d'après les critères sociaux et juridiques. Mais il sait qu'il doit marquer sa désapprobation en rompant une alliance que sa femme semble avoir trahie. Il aurait décidé alors de la renvoyer, de se séparer d'elle « secrètement » sans en référer à l'autorité légale afin de ne pas rendre publique cette rupture. Mais cette décision aurait entraîné pour lui l'impossibilité de se remarier. De même Marie se trouverait condamnée à vivre loin de son époux sans aucun engagement possible avec personne. Mais au bout de neuf mois le scandale aurait éclaté! La « justice » de Joseph n'aurait pas servi à protéger Marie. Bien au contraire, elle aurait aggravé sa faute par son silence. Quelle fut exactement la pensée de Joseph?

Joseph sait que cet enfant à naître n'est pas de lui : est-il juste de ne pas réagir, de passer ainsi pour le père de cet enfant, en évitant toute sorte d'humiliation de la mère? Il nous semble que c'est là qu'il faut chercher le sens du récit de cette conception indépendante de Joseph. Celui-ci ne veut pas s'attribuer la paternité d'un enfant qui n'est pas de lui, mais il ne veut pas non plus humilier Marie. La lecture littérale de ce récit conduit à penser que seul Dieu peut convaincre Joseph d'adopter malgré tout cet enfant engendré par

« l'Esprit Saint » afin de lui permettre de prendre place dans la lignée davidique. Joseph est « juste » parce qu'il obéit au projet divin dont la justice est supérieure à celle des hommes : il a voulu se séparer de Marie en la respectant mais il se conforme à la volonté divine qui lui demande d'exercer la fonction paternelle face à un enfant « illégitime » en quelque sorte. Telle serait la lecture littérale, fondée sur la distinction entre les deux justices, celle des hommes et celle de Dieu.

La lecture juive est bien sûr différente. Mais elle va plus profondément que la lecture littérale qui, réelle ou non, historique ou non, porte un sens fondamental qu'elle donne à la paternité et à la filialité. En effet, le risque permanent de la fonction paternelle est dans un pouvoir exercé sur l'enfant, fondé sur la nature et sur l'histoire. Ce sont les parents qui donnent vie à l'enfant. Ce sont eux qui le « font » sur le plan de la nature et c'est pourquoi ils sont tentés d'y appuyer leur autorité en la transformant en « pouvoir naturel ». Cette dimension païenne de l'autorité est exécrée par la Torah qui répète que le pouvoir ne se fonde pas sur la force physique, de quelque nature qu'elle soit. Nous savons qu'il pourrait s'appuyer aussi sur l'histoire : les parents préexistent à l'enfant qui entre dans leur histoire sans le vouloir et qui est manipulé, transporté, déplacé avant même qu'il ne puisse dire son avis ou même parler. Ils ont donc occupé la place avant lui. Comment leur signifier qu'ils n'ont cependant pas de droit absolu sur lui, bien qu'ils l'aient précédé dans l'histoire ? La réponse à cette question est simple : en leur rappelant que l'Esprit de sainteté a aussi participé à sa formation et à sa procréation.

Il y a donc une part de l'enfant — la plus essentielle — qui ne leur appartient pas, mais dont il faut qu'ils prennent la charge et la responsabilité même s'ils n'en sont pas les géniteurs. L'enfant est toujours à la fois fils naturel et fils adoptif de ses parents. La fonction paternelle, plus que la fonction maternelle encore, est même surtout adoptive plus que naturelle, contrairement à la mère qui porte l'enfant pendant neuf mois et le nourrit à sa naissance de son propre lait. Un lien naturel relie la mère à l'enfant qui tire sa substance du sein maternel, au double sens de l'expression. Ce lien est plus que distendu entre le père et l'enfant car il est réduit à presque rien et au court moment où les germes de vie sont déposés dans la matrice de l'épouse. Il est donc demandé au père de déployer sa responsabilité à s'occuper de son fils de manière plus adoptive que naturelle, bref d'une manière symbolique. Ce qu'est véritablement l'enfant échappe au père parce que cela relève de l'altérité radicale et de la sainteté. C'est bien pourquoi il est demandé au père de se hausser à cette justice, nécessaire à l'inscription de son fils dans l'histoire humaine : prendre en charge un être qui ne lui « appartient » pas, et sur lequel il n'a d'autre autorité que celle de le servir et de l'éduquer selon ce qu'il « doit être », lui, et non ce qu'il désire, en tant que père naturel, qu'il soit. L'enfant est toujours fils de l'Esprit de sainteté. C'est de la « part » du fils qui n'est pas à lui que le père a la responsabilité alors qu'il n'en est pas l'auteur même s'il est son géniteur visible. Grâce à cette « adoption », l'enfant s'inscrit dans une histoire. En l'occurrence, si Joseph adoptait Jésus, il l'intégrerait dans la lignée messianique dont il fait partie lui-même, ainsi que la généalogie nous l'a appris. Par le corps l'enfant est inscrit dans la nature ; par sa culture il est inscrit dans l'histoire. Mais Joseph doit prendre en charge la part inaliénable de son fils pour l'inscrire dans l'histoire messianique.

En réalité, peut-être la messianité réelle doit-elle être entendue en ce sens de procréation d'un fils par un père soucieux de lui donner tout ce qu'il a et tout ce qu'il est afin de l'ouvrir à « l'Esprit de sainteté ». Ce qu'est le fils, le père ne l'est pas et ce qu'est le père, le fils ne l'est pas : telle est la relation de « sainteté » entre eux. Cependant, le père est responsable de cette partie inaliénable de l'identité de son fils qui n'est unique que par elle. Il en résulte qu'avec le fils une nouvelle histoire commence, qui s'appuie sur une mémoire, certes, mais qui la transcende en même temps en ce qu'elle la renouvelle, en ce qu'elle lui apporte une dimension inconnue, en incarnant l'humain d'une nouvelle façon unique, originale. Le fils est « procréé » et c'est par lui que l'alliance avec la mémoire et les valeurs qui la traversent est renouvelée. Le fils est, en tant que tel, unique et c'est pourquoi il est seul à relancer l'histoire dans sa dynamique messianique, c'est-à-dire sous le sceau de la sainteté.

C'est ce que nous pouvons vérifier dans un autre MiDRaCH élaboré autour de ce que représente la maternité, c'est-à-dire, pour ce qui nous concerne, Marie.

Chapitre II

La virginité

En effet, nous prendrons comme exemple la mère de Moïse, Yokebed (YoKHeBeD), épouse d'Amram (''AMRaM). Voici comment la naissance de leur fils Moïse est rapportée dans la Torah :

> Un homme de la famille de LeWi (Levi) partit
> et prit une fille de LeWi.
> La femme conçut, enfanta un fils.

Exode 2, 1-2

a) La double aventure :
politique et messianique

Il faut lire ces versets en hébreu pour en apercevoir toutes les résonances psychologiques, sociales, familiales et historiques. Procédons selon la méthode du MiDRaCH qui s'intéresse à chaque terme et à sa relation dans la phrase avec les autres termes. Par exemple, le premier verbe, WaYYe-LeKH (il partit), n'est pas cohérent avec les significations des mots auxquels il est lié dans le premier verset du chapitre. Nous apprenons qu'un homme « est *parti* de la maison de LeWi » et qu'il « prit » une fille de LeWi. S'il s'est marié avec une fille de sa propre famille, il n'est donc pas « *parti* de la famille de LeWi » ! Les questions légitimes du MiDRaCH sont donc : d'où est-il parti? Vers où est-il parti? Il est plutôt « resté » chez lui pour son mariage! La réponse à ces questions est tirée du contexte général de la Torah considérée dans son unité canonique, quelles que soient les sources de ses textes. Or, le verbe H-L-KH dont le passé se dit WaYYeLeKH (il partit) est employé dans de très nombreux récits bibliques dans le sens d'une « aventure messianique », d'une histoire qui commence grâce à son initiateur et qui se conclut sur la révolution totale du devenir d'une communauté [1]. Nous connaissons au moins l'appel de YHWH à Abraham :

> Va-t'en (LeKH-LeKHa — Pars!) de ton
> pays...
> Vers une terre que je te montrerai...
>
> Genèse 12, 1 [2]

Rupture, par conséquent, et aventure indéterminée dans sa direction.

Il y a aussi le dernier appel qu'il lui fait :

> Prends ton fils, ton unique, que tu aimes,
> YiTSHaQ et va-t'en (LeKH-LeKHa — Pars!)
> vers la terre de MoRiYaH...
>
> Genèse 22, 2

Aventure encore dans laquelle le patriarche risque d'arrêter complètement sa lignée et son histoire.

De même, Isaac, frappé par la famine sur la terre de Canaan,

> partit (WaYYeLeKH) vers 'ABiMeLeKH le roi des
> Philistins à GueRaR.
>
> Genèse 26, 1 [3]

---

1. Voir le commentaire de NaHMaNiDe.
2. Voir aussi Genèse 12, 4,5.
3. YHWH se révèle à lui et lui interdit d'aller chercher son salut chez les Philistins.

Aventure vers l'étranger pour régler ses crises économiques.

Quant à Ya"aQoB, il

> sortit de Be'eRCHeBa" et partit (WaYYeLeKH) vers HaRaN.
>
> Genèse 28, 11

Aventure toujours dans laquelle le troisième patriarche quitte sa terre natale parce que son frère Ésaü veut le tuer.

Il se rendit en exil où il resta vingt ans. C'est là qu'il fonda les tribus d'Israël qui trouve par là même ses origines en exil. Et puis, on peut encore citer l'aventure d'Élimélek (ELiMeLeKH) et de son épouse Noémie :

> ... il y eut une famine sur la terre, et un homme partit (WaYYeLeKH) de BeTHLeHeM de YeHou-DaH pour s'installer dans les champs de Mo'aB...
>
> Ruth 1, 1

Encore une aventure d'exil pour des raisons de pénurie.

C'est de cette aventure que Ruth a surgi pour épouser Booz et pour donner naissance aux ancêtres de David.

Le verbe H-L-K désigne un déplacement géographique, expression d'un déplacement spirituel et donc d'une rupture. Il traduit une tentative nouvelle. Dans notre texte, il signifie non pas un déplacement géographique — puisque le père de Moïse n'a pas quitté sa famille pour chercher son épouse — ni un déplacement spirituel tout d'abord, mais une réaction politique. Nous allons le voir en replaçant le verset biblique dans son contexte.

En effet, le contexte immédiat de ce verbe est l'atmosphère dans laquelle nous laisse la fin du premier chapitre de l'Exode :

Pharaon ordonna à tout son peuple : Tout garçon nouveau-né, au Fleuve [le Nil] vous le jetterez. Mais toute fille, vous la laisserez vivre.

Exode 1, 22 (dernier verset)

À la suite de quoi, nous apprenons dans le premier verset du second chapitre :

Un homme de la famille de LeWi partit et prit une fille de LeWi.

Exode 2, 1 (premier verset)

Le contexte suggère donc une aventure politique : le père de Moïse réagit au décret de Pharaon relatif au demi-génocide dicté à son peuple à l'encontre des Hébreux. C'est à ce moment, en effet, qu'il décide de se marier ! De cette tentative sortira le libérateur de son peuple. Peut-on savoir l'intention de cet homme ? N'est-il pas fou de se marier en un temps de génocide ? Un rabbin essaie de répondre à cette question en examinant le sens du second verbe du verset biblique qui nous occupe. Mais d'abord il remarque qu'il existe une autre dénotation du radical H-L-KH. RaBBi YeHouDaH BaR ZeBiNa la recueille dans le premier psaume :

Heureux l'homme qui ne va pas (HaLaKH) selon le conseil des méchants, ne s'arrête pas sur la voie des pécheurs...

Psaumes 1, 1

Ce verbe recouvre donc l'idée de « marche selon la pensée » ; un homme est heureux quand il ne « suit » pas le conseil des méchants, mais le conseil des justes. La question se pose pour RaBBi YeHouDaH BaR ZeBiNa de savoir ce qui a poussé le père de Moïse à s'opposer de cette façon au décret du Pharaon. D'où lui est venu ce courage ? Qui l'a donc conseillé ? Le maître pharisien cherche à souligner le rôle des femmes dans la sortie d'Égypte et dans la libération des Hébreux, parce que les dix premiers versets du chapitre 2 de l'Exode, entièrement réservés à la naissance de Moïse et à sa survie, ne parlent que de trois femmes qui contribuèrent à sa protection : sa mère, sa sœur et la fille de Pharaon accompagnée de ses servantes. Le sauvetage de Moïse est dû exclusivement à ces femmes juives et égyptiennes !

Pourquoi donc le libérateur doit-il être sauvé par ces trois femmes ? Pourquoi le texte ne parle-t-il pas de son père si ce n'est pour nous dire qu'il s'est marié avec « une fille de LeWi » ? Le maître pharisien cherche à répondre à ces questions en interprétant le verbe WaYYeLeKH dans le sens de ces dix versets et en empruntant au premier psaume la signification qu'il associe au verbe H-L-KH. Ce qui revient à lire le verset ainsi :

> Un homme de la famille de LeWi s'aventura
> en se dressant contre le décret de Pharaon,
> suivit le conseil et prit une fille de LeWi.

b) *Le rôle de la femme*

Le conseil de qui ? Ce n'est pas le conseil de la fille du Pharaon. Ce ne peut être non plus le conseil de sa future épouse. C'est donc celui de la troisième femme, Marie, que la Torah considère d'ailleurs comme une prophétesse [1]. En effet, selon cette interprétation du verbe H-L-KH, le père de Marie et de Aaron ('AHaRoN), sœur et frère du futur Moïse, avait décidé de se séparer de son épouse, non parce qu'elle attendait un enfant, comme Marie, mais au contraire pour qu'elle n'en eût plus, à cause du décret du Pharaon. La prophétesse Marie serait intervenue et aurait convaincu son père de reprendre sa mère par les arguments suivants :

---

1. *Cf.* Exode 15, 20.

« Père, ton décret est plus impitoyable que celui du Pharaon car celui-ci n'a condamné que les mâles mais toi tu as condamné et les garçons et les filles. Pharaon a condamné la vie des enfants dans ce monde-ci, mais toi tu l'as condamné dans ce monde-ci et dans le monde qui vient. Pharaon le méchant laisse planer un doute sur son décret qui pourrait ne pas se réaliser [1] mais toi, tu es juste, et ton décret se réalisera certainement [le peuple de YiSRa'eL disparaîtra]. »

Le père a alors décidé de reprendre ses relations avec son épouse. Tous les Hébreux décidèrent aussi de reprendre leur épouse...

SoTa-BaBLi — 12b

Le verset s'élargit ainsi à la compréhension qu'en a RaBBi YeHouDaH BaR ZeBiNa qui le lit de la manière suivante : à la suite du décret du Pharaon, un homme de la tribu de LeWi décida de suivre le triple conseil de sa fille. Il revint sur sa décision de se séparer de son épouse et de ne plus avoir d'enfant et comprit qu'il lui fallait s'opposer au demi-génocide et ouvrir une voie à l'aventure messianique qui devait donner naissance au libérateur. Il « partit », acceptant ainsi que son peuple se perpétue par les femmes, quand les hommes disparaissent.

c) Virginité et virginisation

Mais alors, objecte-t-on à ce rabbin, la suite du verset contredit cette signification puisque nous y lisons :

« et prit une fille de LeWi »,
au lieu d'y lire « et il reprit sa femme ». Le verset semble plutôt affirmer que cet homme de la tribu

---

1. Un autre pharaon pourrait annuler ce décret. Ou encore : certains n'y obéiront pas.

de LeWi a épousé une fille de sa famille. En effet, le second verbe du verset, WaYYiQaH (il prit), est spécialement réservé dans la Torah au mariage. On le retrouve dans l'expression française « prendre femme ». Il s'agit donc ici de mariage véritable et non de la reprise de son ancienne épouse par un homme qui l'aurait auparavant répudiée.

Le verbe L-Q-H — prendre — signifie : prendre femme pour la première fois. Que raconte donc ce rabbin ? C'est là que l'envergure de la pensée de ce rabbin se manifeste pour éveiller le lecteur au véritable problème posé par ces versets, c'est-à-dire par la situation d'un peuple condamné au génocide par Pharaon et qui donne naissance cependant à celui qui lui apportera la libération. Le maître pharisien cherche à savoir comment cela est possible. Par quels processus le doux sort-il de l'amer, et le sens surgit-il de l'absurde, la libération naît-elle de la souffrance ? Il a trouvé la réponse à ces questions et nous demande de lire ce verset à sa manière. Il sait les objections qu'on peut lui faire et il cherche à appuyer sur ce verset, et sur la compréhension qu'il en donne, la leçon dont il enrichit la mémoire juive, c'est-à-dire finalement la Torah. Désormais, chaque fois que nous lisons ce verset, nous nous souvenons de la problématique qu'il a posée. En effet, RaBBi YeHouDaH BaR ZeBiNa ne contredit pas les objections qui semblent infirmer son interprétation. Il fait remarquer que la femme « prise » par Amram est appelée BaTH, c'est-à-dire « fille » de LeWi, fille qui n'a pas connu d'homme ! Ce qui est absurde puisque nous savons, d'après le texte lui-même, que sa sœur Marie s'est occupée de lui, et que son frère Aaron était son aîné ! Yokebed avait donc déjà deux enfants avant Moïse. Pourquoi donc le récit l'appelle-t-il BaTH ? Il faut nécessairement supposer qu'elle est redevenue « fille », c'est-à-dire vierge. Le verbe L-Q-H lui va donc. Il y eut une nouvelle cérémonie de mariage sous le dais nuptial autour duquel Aaron et Marie dansèrent en chantant le psaume 113 :

YHWH installe la femme stérile dans la maison en
mère de famille heureuse.

Psaume 113, 9

Telle est la thèse de RaBBi YeHouDaH BaR
ZeBiNa qui décrit dans le Talmud les transformations de Yokebed en jeune fille (BaTH) avec tous les
attributs qui la caractérisent : la beauté, la tendresse de la chair, la virginité, l'absence de rides,
etc.

d) Revirginisation du peuple

C'est alors l'objection grave que lui font ses col-
lègues, qui nous permet de comprendre l'enjeu de
ces interprétations qui paraissent absurdes à la première lecture. En effet, ils lui demandent si une
femme de 130 ans — l'âge de Yokebed — peut être
appelée BaTH et redevenir vierge !

En effet, les calculs faits par RaBBi HaMa' BaR
HaNiNa' montrent que Yokebed est née « entre les
murailles », au moment de la descente des Hébreux
de la famille de Jacob en Égypte [1]. Il faut calculer
son âge à partir de l'entrée dans ce pays puisqu'elle
serait née au moment où la famille du patriarche
franchissait la frontière égyptienne. Or, entre ce
moment et celui où naît Moïse se sont écoulées
cent trente années. Derrière Yokebed qui se trouve
avoir le même âge que la communauté hébraïque
en Égypte, se profile par conséquent le thème de la
vieille femme, c'est-à-dire la communauté des
« Hébreux — YiSRa'eL » en Égypte, écrasée par la
souffrance, en train de disparaître puisque ses
enfants sont jetés dans le Nil. Au cœur de ce demi-
génocide se trouvent des hommes et des femmes,
pleins de zèle, les lévites, qui osent, seuls, se dresser
contre l'oppresseur, résister et défendre leur propre

---

1. *Cf.* Genèse 46, 1-27 ; Exode 1,1-7 ; 6,13-28.

identité avec toute leur foi. Ils tentent de redonner espérance à leur peuple qui finit par les suivre puisque « tous les Hébreux reprirent leur femme » comme Amram. Ils revirginisent leur communauté en la rendant créatrice et dynamique et en la rappelant à sa dynamique messianique parce qu'ils ont « suivi » le conseil de Marie.

Que Yokebed, la mère de Moïse, représente la communauté des « Hébreux — YiSRa'eL » est illustré de plusieurs façons dans la Torah. Elle a d'abord le même âge, comme nous l'avons vu : 130 ans ; elle assume à elle seule toute l'histoire de son peuple en exil. Elle la résume de telle manière que tout ce qu'on dit d'elle soit rapporté à Israël. D'autre part, elle naît à la frontière de l'Égypte, « entre les murailles », quand l'exil réel commence pour son peuple. Les Hébreux ne sont appelés Israël en effet que dans le livre d'Exode, au moment de leur entrée en Égypte. C'est là et seulement là que les « enfants de Ya''aQoB » sont appelés « enfants de YiSRa'eL ». Troisièmement, la Torah dit que Yokebed est conçue en route, puisqu'elle est née « entre les murailles », à la frontière de l'Égypte. Israël est également né « entre les murailles » parce que conçu en route, dans la descente en Égypte. Qu'est-ce à dire ? Israël en tant que tel n'est pas né en Terre promise mais en exil où il se construit en peuple de YHWH avant de mériter cette terre. Yokebed, qui portera en son sein le libérateur d'Israël, est également née en exil. De même que les nations, représentées par l'Égypte, portent en leur sein Israël, c'est-à-dire le principe de leur libération, de même Yokebed porte en son sein le libérateur de son peuple. Enfin, le mari de Yokebed, Amram, est appelé dans notre verset 'ICH.

WaYYeLeKH (partit) 'ICH (un homme) de la maison de LeWi...

Ce nom désigne en général le rôle social et politique de l'homme, par rapport à Adam qui, à cause de 'ADaMaH (sol) dont il est tiré, désigne la relation à la nature. Le féminin de 'ICH est 'ICHaH [1] qui se référera à la culture [2] alors que Ève recouvre l'idée de vie naturelle. Adam l'appelle de ce nom parce que, dit-il, « elle est la mère de tout vivant [3] ». Le symbolisme porté par la femme Yokebed est clair : elle s'identifie à son peuple et à sa communauté. Le second mariage d'Amram avec elle est, en réalité, l'alliance profonde à laquelle Marie le pousse pour reprendre son ancienne épouse. Il signifie son lien nouveau avec sa communauté et non plus seulement avec une femme qu'il aime et avec laquelle il s'est uni. En fait, le foyer qu'un homme constitue avec son épouse, crée une famille grâce à laquelle la société prend forme. Fonder un foyer c'est délimiter un espace où les valeurs culturelles générales se transmettent avec le plus de chances de s'incarner grâce à l'amour qui y préside. Le MiDRaCH l'exprime à sa façon en enseignant que les Hébreux méritèrent de quitter l'esclavage égyptien grâce à leurs femmes qui luttaient contre eux pour préserver le vêtement et le nom caractéristiques d'Israël, alors qu'ils désiraient s'habiller à l'égyptienne et porter des noms égyptiens. C'est donc la femme qui a pour fonction de préserver l'identité sociale (le vêtement) et culturelle (le nom). C'est en ce sens également que l'identité juive aujourd'hui se transmet par la mère et non par le père.

Un homme « partit » donc à l'aventure et épousa, dans sa femme, la communauté entière, à l'instigation d'une femme et de son triple conseil, sa fille Marie. Telle fut la revirginisation de son peuple qui s'engagea dans sa libération grâce à ses femmes, en retrouvant sa dynamique créatrice. C'est qu'en effet, il y a toujours un risque de s'enliser dans sa foi, de se retourner sur soi-même et de s'enraciner

1. Voir page 24.
2. *Cf.* Genèse 2, 23.
3. Genèse 3, 20.

dans ses convictions. Une communauté est toujours sur la pente facile et habituelle du vieillissement qui la conduit à ne plus se reconnaître elle-même quand elle perd jusqu'au souvenir de sa vocation. Elle reçoit une tradition comme un dépôt qu'elle transmet sans y toucher alors que la véritable tradition est celle de l'interprétation et de la création, c'est-à-dire de la revirginisation continue. La véritable fidélité est celle de la créativité qui exprime le caractère éternellement contemporain de la tradition. Une foi qui vieillit n'est qu'habitude et répétition absurde parce que inactuelle. C'est par la revirginisation d'une communauté en souffrance et vieille que la dynamique messianique s'inscrit dans l'histoire et s'ouvre à l'avenir.

e) Messianité et virginité

En Égypte, du cœur de la souffrance naît une espérance : un homme de LeWi a produit ce miracle de la revirginisation de sa communauté et de son rajeunissement. Amram est, sur ce point, dans la même situation que Joseph qui assiste au même réveil de la communauté juive symbolisée par Marie, sa femme. Le temps de Yokebed et celui de Marie sont des temps de gestation d'une histoire nouvelle incarnée dans Moïse pour la première et dans Jésus pour la seconde. La Torah développe ce symbolisme social en plusieurs moments de l'histoire des Hébreux : Sarah était stérile mais YHWH promet à Abraham qu'elle portera le fils promis : Isaac, qui ouvre une histoire nouvelle dans sa famille ; Rébecca est également stérile, mais elle aura Jacob qui sera préféré à son frère Ésaü ; Rachel est stérile encore, mais elle aura Joseph qui sauvera tout le monde de la famine. De Marie naîtra Jésus présenté comme le sauveur. Remarquons cependant que c'est YHWH qui intervient chaque fois pour aider la naissance et la conception du fils de la promesse :

Et YHWH se souvint de SaRaH comme il avait promis. YHWH fit à SaRaH comme il avait dit. Elle conçut, elle enfanta...

Genèse 21, 1-2

YHWH vit que Le'aH n'était pas la préférée (de Ya"aQoB) et ouvrit sa matrice. Mais RaHeL était stérile.

Genèse 29, 31

'ELoHiM se souvint de RaHeL. 'ELoHiM l'écouta et ouvrit sa matrice. Elle conçut et enfanta...

Genèse 30, 22-23

Cela signifie que la dynamique de la fécondité et de la créativité qui surgit soudain au sein d'une communauté stérile, vieille, statique ou souffrante, tire ses forces de son espérance et de sa foi en celui qu'elle nomme YHWH. C'est donc en elle-même, et par un retour exigeant sur sa propre mémoire, qu'elle puise sa dynamique nouvelle et sa créativité. Mais on peut penser encore que cette revirginisation lui vient des valeurs des nations auxquelles elle emprunte ce qu'il lui faut pour ressusciter. La Torah est réticente en général à cette voie qui aboutit souvent à une perte d'identité et à une assimilation aux autres sous couvert d'accueil et d'ouverture. Certes, une femme comme Ruth, ainsi que nous l'avons vu, doit être accueillie et, à travers elle, les valeurs positives des nations. Mais le peuple hébreu comme le peuple juif, malgré ces mises en garde par la Torah, a laissé entrer en son sein, dans sa culture, dans ses mœurs, dans ses idées, des éléments païens. Et l'Église est-elle restée strictement fidèle au projet divin? Plus: est-elle restée fidèle à Jésus et à son message? Marie ne s'est-elle pas paganisée au long des siècles? A-t-elle préservé et conservé le principe que seul YHWH, Dieu d'Israël, l'a revirginisée? Jésus est-il seulement le fils, par son père et par sa mère, de l'Esprit de sainteté de YHWH?

Est-il le fils de YHWH (son père) et de la communauté juive (sa mère) exclusivement, ou d'autres divinités et d'autres esprits ont-ils participé aussi à sa naissance et à sa vie deux fois millénaire ?

Des temps de reprise messianique ont marqué l'histoire des relations de YHWH avec son peuple : Abraham-Sarah, Isaac-Rébecca, Jacob-Rachel, Amram-Yokebed ; il y eut le temps de David, le temps de Esdras, le temps de Jésus, le temps de RaBBi "AQiBa', etc. Ce qu'on y apprend est essentiel : le devoir de vivre avec les nations et de leur emprunter leurs valeurs est un enrichissement certain. Mais ce ne sont pas ces valeurs qui constituent la personnalité de la communauté, qui doit garder ses orientations propres, sa vocation et sa fonction au sein des nations. En d'autres termes, selon la métaphore de la manducation, on peut manger, mâcher, avaler ce qu'on reçoit des autres, mais il y a un tri à faire : il y a de mauvaises nourritures.

D'autre part, la digestion et l'assimilation ne peuvent se faire que selon les lois de la communauté à laquelle on appartient, parce que ce sont ces processus qui construisent sa substance. L'exemple du veau d'or montre bien que si les Hébreux avaient quitté l'Égypte, l'Égypte ne les avait pas quittés. Les valeurs qu'ils avaient empruntées à l'Égypte les ont transformés en idolâtres ! L'Église a-t-elle respecté cette loi alimentaire de la Torah ? A-t-elle fait le tri dans ce qu'elle a emprunté aux païens ?

Ainsi donc Amram est un homme juste. Il écoute le triple conseil de la prophétesse Marie. Il reprend son épouse après s'être interdit toute relation avec elle. Son épouse retrouve sa virginité. Le libérateur naît de ces épousailles et de cette alliance conjugale nouvelle.

Ne sont-ce pas ces thèmes que nous retrouvons dans la généalogie composée par Matthieu ? Joseph est un homme juste. Il écoute la voix de l'ange qui lui donne également trois conseils : de reprendre Marie son épouse, que l'enfant qu'elle porte est de

« l'Esprit Saint », et qu'il doit l'appeler Jésus. Marie est vierge et le « Sauveur » naît de cette alliance. Nous croyons que la mère de Moïse comme la mère de Jésus cachent derrière elles, selon la tradition orale pharisienne, la communauté d'Israël, et qu'il s'agit de l'idée rabbinique des conditions de la messianité, selon laquelle une société ne progresse qu'en retrouvant sa jeunesse, sa virginité, ses possibilités créatrices. Quelle que soit sa souffrance ou son état moral, une collectivité peut toujours retrouver, grâce à certains justes et à certaines prophétesses, sa puissance de renouvellement, restée toujours jeune et intégrale.

Mais la lecture « religieuse » de Matthieu ou de ceux qui l'ont peut-être corrigé, insiste sur la littéralité et l'individualisation de cette séquence : il s'agit bien de Marie et de Marie seule, et il s'agit bien de sa virginité entendue au sens physique et il s'agit bien de sa conception virginale opérée par « l'Esprit Saint ». C'est que l'évangéliste interprète les textes de son peuple, dans l'optique du MiDRaCH PeCHeR par lequel il comprend les événements de la vie de Jésus comme l'accomplissement réel de la promesse messianique. Lus ainsi, théologiquement ou religieusement, ces textes renforcent la rupture entre la communauté juive dont est issue Marie, fille d'Israël, et la communauté chrétienne qui a suivi le Christ et oublié le Jésus historique, fils de son peuple. C'est assurément cela la difficulté éternelle de l'Église qui ne peut pas être représentée par Marie parce que celle-ci est mère de Jésus, et donc symbole du peuple juif.

Comment donc peut-elle associer Jésus le Juif et Christ le Chrétien ? La mauvaise solution qu'elle a trouvée et qui se perpétue encore aujourd'hui est celle-ci : en Marie (la communauté juive) s'est produite une mutation qui l'a revirginisée et a suscité en son sein une nouvelle dynamique messianique qui s'est substituée à l'ancienne. Avec Jésus qui incarne la nouvelle histoire du monde, une page est

148

tournée puisque les hommes ne sont plus dans le temps hébraïque et juif de la promesse mais dans celui, chrétien, de l'accomplissement. C'est ce qu'on peut appeler le schéma de la substitution qui a cherché à remplacer le peuple juif par la communauté chrétienne, Jésus par le Christ, l'« Ancien Testament » (la Torah) par le « Nouveau Testament », le judaïsme par le christianisme, l'« Ancienne Alliance » par la « Nouvelle Alliance » et Israël de toujours par le « Nouvel Israël ». Dieu est mort mais il est ressuscité en Christ. Un monde nouveau aurait commencé, l'ancien est donc périmé. N'est-il pas temps d'effacer ce discours des consciences ? Ne pourrait-on enfin considérer que Jésus n'a jamais mis les pieds dans une église, ni lu les Évangiles, ni communié ni même parlé et enseigné qu'en hébreu ou en araméen ?

C'est donc par rapport à son identité juive qu'il faut comprendre ce qu'il a proclamé.

Nous allons encore une fois le vérifier par la dernière séquence du texte de Matthieu où nous lisons :

> « Or, elle enfantera un fils et tu appelleras son nom Jésus, car lui sauvera son peuple de ses péchés. »

Cette phrase a dû sûrement être prononcée en hébreu hors de quoi et formellement et dans le contenu elle est incompréhensible pour le lecteur qui la lit dans le texte grec. Il y a d'abord l'expression « enfanter un fils » qui est caractéristique de la langue sémitique et qu'on retrouve constamment dans la Torah. Il y a ensuite le nom de Jésus dont on ne peut tirer la fonction dévolue à celui qui le porte : sauver le peuple de ses péchés. Seul l'hébreu en donne la clé. Jésus se dit Josué, YeCHou"aH, ou HoCHe'a" ou YeHoCHou'a". En tout cas il est formé sur un radical qui signifie « sauver ». En hébreu il signifie donc : il sauvera. La relation s'établit alors entre le nom et la fonction et la préposition « car » prend son sens plein.

La suite du verset comprend la citation du prophète Isaïe qui est employée à fonder la naissance virginale du messie. La Torah, par la bouche du prophète, aurait précisé comment naîtrait le fils destiné à sauver son peuple, dans ce qu'on appelle le livret d'Emmanuel.

Nous sommes en -735 environ, au temps de la guerre syro-éphraïmite. Le roi ReTSiN de Damas prend la tête d'une coalition contre le roi d'Assyrie Tiglath-Piléser III [1]. Il convainc PeQaH, roi israélite de Samarie, de s'allier à lui, car les deux pays paient un lourd tribut au roi assyrien qui a déjà atteint Damas et Samarie en -738. Il n'arrive pas à convaincre le roi de Jérusalem, Akhaz ('AHaZ), descendant de David, et lui inflige de lourdes pertes [2]. Celui-ci est même assiégé dans sa capitale par les armées syriennes et israélites. Il se résout alors à appeler à son aide Tiglath-Piléser, en échange d'un tribut excessif et d'une perte d'indépendance politique. C'est alors que le prophète Isaïe le rejoint pendant qu'il inspecte le canal d'irrigation, au sud-est de la capitale, pour prendre ses dispositions contre un siège éventuel. Le prophète est accompagné par son fils Che'aR YaCHouB (« Un reste reviendra ») qui porte dans son nom tout un programme de restauration car les coalisés ne cherchent rien d'autre qu'à tuer Akhaz et à le remplacer par un inconnu, étranger à la dynastie davidique. En d'autres termes, c'est à la lignée messianique qu'ils en veulent. Isaïe dit au roi un premier message :

> Prends garde et reste calme. Ne crains pas.
> Que ton cœur ne défaille pas devant ces deux bouts de tison fumants...
> Ainsi parle le Seigneur YHWH : cela ne tiendra pas et cela ne se réalisera pas !
>
> Isaïe 7, 4, 7

1. *Cf.* II Rois 16.
2. *Cf.* II Chroniques 28.

Il lui rend visite une nouvelle fois et lui dit :

Demande un signe pour toi à YHWH ton Dieu. Approfondis la demande ou élève-la là-haut.

Isaïe 7, 10

Mais Akhaz répond :

Je ne demanderai pas et je ne mettrai pas à l'épreuve YHWH.

Isaïe 7, 12

La colère du prophète éclate alors :

Écoutez donc, dynastie de DaWiD, est-ce peu pour vous de fatiguer les hommes, pour fatiguer aussi mon Dieu ?
C'est pourquoi, c'est le Seigneur qui va lui-même vous donner un signe : voici que la "ALMaH (jeune femme) est enceinte et enfante un fils. Elle lui donnera le nom de "IMMaNou'eL (Emmanuel).

Isaïe 7, 11-14

La "ALMa'H désigne la jeune femme, ou jeune mariée ; ce nom se rapporte à l'épouse du roi Akhaz : en donnant un enfant au roi, elle assure la descendance davidique. En lui donnant le nom de "IMMaNou'eL — Dieu avec nous — elle signifiera à tous l'alliance indéfectible de YHWH avec la dynastie de David, c'est tout.

Mais Matthieu s'appuie sur la tradition des Juifs d'Alexandrie qui ont traduit la Torah en grec [1] au IIe siècle avant l'ère courante et qui ont traduit "ALMaH par « parthenos », « vierge », la confondant avec BeTouLaH (vierge). La communauté juive d'Alexandrie attendait-elle un messie née d'une vierge ? Un messie divin ? Matthieu ne lisait-il que la Septante [12] et ignorait-il la langue de son peuple ?

---

1. La Septante est le nom donné à la traduction grecque de la Bible hébraïque, faite à Alexandrie par soixante-dix sages.

Mais nous savons que Philon, le philosophe juif d'Alexandrie qui a commenté dans de très nombreux livres les textes de la Torah, interprète symboliquement la « virginité » en la comprenant comme la grâce que Dieu fait à l'âme humaine, où se traduit l'émergence de la vertu qui ne peut être obtenue par aucun effort de l'homme. Peut-être certains groupes juifs en Alexandrie ou ailleurs n'attendaient-ils qu'un messie-œuvre divine ! En tout cas, le texte de Matthieu exclut la génération humaine de l'ascendance de Jésus dont la naissance est virginale. L'évangéliste y lit l'accomplissement littéral du texte d'Isaïe. Comment, dès lors, inscrire Jésus dans la lignée messianique dont l'ancêtre est David ? Par adoption ! Dieu a besoin de Joseph pour donner un état civil à *Son* fils, comme Marie lui a donné un corps. C'est par cette voie que l'évangéliste unit l'identité divine et l'identité humaine de Jésus ; c'est bien comme cela qu'il comprend le nom de "IMMaNou'eL : « Dieu, en Jésus, est vraiment avec nous. » Seulement Jésus n'est pas appelé "IMMaNou'eL, mais « Jésus », qui veut dire « YHWH sauve ». Il sauverait par cette voie précisément qui lui permet d'habiter « avec nous ».

Nous nous heurtons encore ici à l'identité divine de Jésus affirmée par Matthieu qui a totalement écarté Joseph et la génération humaine du messie. Pour la tradition pharisienne, juive, Dieu ne peut arriver à ce qu'il veut qu'avec l'homme, tout au moins en ce qui concerne l'univers humain. Or, le Credo apostolique, ainsi que l'écrit Matthieu, affirme que Jésus est conçu du Saint-Esprit et né de la vierge Marie : cette conception et cette naissance sont liées assurément, comme cela apparaît dans l'expression « Dieu s'est fait chair en Jésus-Christ ». Nous n'aurons pas la maladresse ni l'insolence de certains historiens qui rappellent que les Égyptiens, les Romains ou les Grecs divinisaient leurs rois et leurs empereurs en racontant qu'ils étaient nés de l'union sexuelle des dieux avec les mères de ces chefs. Le christianisme n'affirme pas la naissance virginale de Jésus dans ce sens païen puisque c'est par la « parole » de Dieu que Marie conçoit son fils. Mais c'est sur ce plan que les rabbins soulignent leur différence en pensant que la parole divine est procréatrice de l'enfant, né de la « connaissance » que les époux ont l'un de l'autre, c'est-à-dire de leur « union ». Nous nous permettons de le rappeler, il faut trois géniteurs pour donner naissance à un enfant : le père, la mère et YHWH. Nous avons déjà expliqué en quel sens il faut entendre cet enseignement pharisien.

Illustrons ce thème d'une autre manière :

Selon la tradition juive, la première mère d'Israël est Ève, qui était belle, parfaite, sage et ornée comme une épouse que le Créateur présenta à Adam [1], après lui avoir tressé les cheveux et l'avoir parée des vingt-quatre ornements des femmes de Jérusalem [2]. Au 1er siècle de l'ère courante, l'auteur du quatrième livre des Maccabées met dans la bouche de la mère qui assiste au martyre de ses sept enfants, l'exhortation suivante :

> J'étais une vierge intègre. Je ne quittais pas la maison de mon père et je veillais sur la côte transformée (en femme). Aucun séducteur venant du désert ni trompeur de la campagne n'a pu me corrompre. Le serpent retors et trompeur n'a pu atteindre non plus ma pureté de jeune fille. J'ai passé avec mon époux tous les jours de ma jeunesse [3]...

Cette mère, incarnant Ève, a encore été plus loin qu'elle, car elle est restée fidèle à la Torah contrairement à tous ceux qui, à force d'hellénisme, per-

---

1. Talmud BaBLi. Traité ''ErouBiN 53a. Cf. 'AboTH De RaBBi NaTaN 19b. Genèse RaBBa' 8, 1-2 — BeRaKHoT 61a.
2. Isaïe 3, 8-24. Cf. Ézéchiel 28, 13. BaBa' BaTRa' 75a.
3. IV Maccabées 18, 6-9.

dirent leur identité juive au temps des Maccabées. Elle porte donc les valeurs de la nation juive qu'elle représente et incarne, en se manifestant comme son modèle. Il s'agit, en fait, dans l'esprit des Juifs de ce Ier siècle, d'aider leur peuple à retrouver sa virginité en retournant à la beauté d'Ève avant sa souillure par le serpent. Or, ce « retour », ces retrouvailles, cette revirginisation, se produisirent au pied du Sinaï, d'après le MiDraCH qui enseigne que les Hébreux se débarrassèrent à ce moment-là de l'impureté du serpent [1]. Bien plus, il n'y eut plus parmi eux ni lépreux, ni muets, ni aveugles, ni sourds [2]... Leurs infirmités physiques autant que leurs infirmités psychologiques, sociales et spirituelles, disparurent. La communauté d'Israël, au pied du Sinaï, fut ainsi présentée par Moïse à YHWH comme une épouse parfaite, belle, sans souillure, vierge dans son corps social, dans sa liberté et dans son désir. L'alliance du Sinaï entre YHWH et son peuple — Ève, Sarah, Rébecca, Rachel, Léa, Yokebed, etc. — fut une alliance conjugale car Israël revirginisé a retrouvé sa dynamique messianique. Recevant la parole de YHWH, lui répondant : « ce que YHWH a dit nous le ferons [3] », il est devenu capable de donner naissance au fils de l'homme.

1. ChaBBaT 146a. YeBaMoT 103b. "AboDaH ZaRaH 22b.
2. BeMiDBaR RaBBa' 7, 1.
3. Exode 19, 8.

Chapitre III

Les deux naissances :
Jean et Jésus

Ces thèmes de réflexion et d'histoire sont repris et développés dans la Bible chrétienne, dans les Évangiles, dans les Épîtres, dans l'Apocalypse et chez presque tous les Pères de l'Église devenue, elle aussi, épouse et mère incarnée dans Marie. Celle-ci y représente aussi Ève qui, cette fois, écoute les paroles de l'ange. Comme elle, elle proclame aussi : « J'ai acquis un homme avec YHWH [1]. » Si donc le fidèle chrétien voulait considérer ainsi ces MiDRa-CHiM qui expriment symboliquement le fond même de la réalité historique, alors le dialogue avec lui, au sein de la même famille, se développerait autour de deux questions essentielles. La première porte sur la conduite, les paroles, l'enseignement et le sens de l'histoire de Jésus : est-il vraiment, en tant que fils de Joseph et de Marie, animés les deux par l'Esprit de sainteté, le fils de l'homme, l'être humain modèle à présenter à l'humanité ? La seconde question est plus radicale : le messie n'est-il pas, par définition, l'être de demain, toujours visé, jamais rejoint aujourd'hui ? L'histoire peut-elle se dérouler sans ce projet messianique ? Et peut-elle se perpétuer sans s'interdire de l'atteindre jamais ? Peut-être la fonction de celui

1. Genèse 4, 1.

qui est oint — messie — est-elle en réalité de réveiller, dans la mémoire individuelle et collective, cette exigence, tapie en nous avant nous, de retour à cette origine « divine », à cette virginité de chacun et de chaque collectivité, jamais perdue malgré l'échec, la faute ou le désespoir. Peut-être le fils de l'homme est-il celui qui — messie — vient rappeler la loi éternelle de l'humain qui doit régler son désir en lui répondant et en le signifiant dans le cadre de la famille où se jouent les figures essentielles de la destinée ? En ce sens, l'épouse est celle qui, aimée, doit être fécondée. Elle doit porter l'enfant du père, lequel doit transmettre à son fils la Loi reçue de YHWH qui participe aussi à la formation de celui-ci. Ainsi la sexualité, au lieu d'être sublimée, est pleinement assumée. Elle prend son sens et sa valeur en ce qu'elle porte le don total de deux êtres l'un à l'autre et en scellant leur alliance définitive. Elle s'accomplit et s'épanouit dans la créativité grâce à la Loi qui construit les deux partenaires et les hausse au statut de père et de mère du fils de l'homme, messie éventuel qu'ils portent en promesse. Si Marie, par conséquent, à l'image des matriarches ou d'Ève, est fille du peuple d'Israël et si sa vocation et sa destinée figurent celles de sa communauté, alors elle incarne la promesse et l'espérance mais jamais l'achèvement.

L'Église en a fait « la mère de Dieu », confondant fils de l'homme et Absolu ; elle a vu en elle le lieu où s'accomplit la promesse faite à Israël, fusionnant la vocation juive et la vocation de « Mère de Dieu ». Elle prend à la lettre la Conception Immaculée, et implique par là que Marie est la première sauvée, le modèle de tous les bénéficiaires du salut et donc accomplissement de la promesse. Mais Israël est le peuple de l'attente, du désir de Dieu, de la faim de l'Absolu qui se nourrit d'elle-même, de la méditation active, de l'étude, de la recherche, de l'interprétation, de la prière, plutôt que du terme, de la fin, de la possession, de l'aboutissement. Il s'interdit toute représentation de l'Absolu. Au contraire, l'Église a fait de Marie la femme qui récapitule la vocation d'Israël et l'accomplit. Elle n'en a pas vu la conséquence grave et impossible pour le peuple juif qui ne pouvait dès lors se perpétuer dans l'histoire qu'en résistant, non par aveuglement ou entêtement mais par fidélité à la Torah.

On remarquera l'emphase que Luc donne au récit de l'annonce faite à Marie :

> Or au sixième mois, l'ange Gabriel fut envoyé de la part de Dieu vers une ville de la Galilée qui avait pour nom Nazareth, auprès d'une vierge accordée en mariage à un homme nommé Joseph, issu de la maison de David. Le nom de cette vierge était Marie. Entré auprès d'elle, il dit :
> Réjouis-toi sans cesse, tu te trouves comblée de grâce. Le Seigneur est avec toi.
> À cause de cette parole, elle fut troublée. Elle se demandait de quelle nature était cette salutation.
> L'ange lui dit :
> Ne crains pas, Marie, car tu as trouvé grâce chez Dieu. Voici : Tu concevras dans ton sein, tu enfanteras un fils et tu appelleras son nom : Jésus. Il sera grand et fils du Très-Haut il sera appelé. Le Seigneur Dieu lui donnera le trône de David son père. Il régnera pour les siècles sur la maison de Jacob. Son royaume n'aura pas de fin.
> Or Marie dit à l'ange :
> Comment cela se fera-t-il puisque je ne connais pas d'homme ?
> L'ange lui répondit :
> L'Esprit Saint viendra sur toi et la puissance du Très-Haut te couvrira de son ombre. C'est pourquoi aussi ce qui va être engendré sera saint et sera appelé Fils de Dieu.

Luc 1, 26-35

La référence au verset 7, 14 d'Isaïe n'est pas explicite comme chez Matthieu, mais elle est présente et permet à Luc d'exposer sa vision globale de la destinée de Jésus. Il ne cite pas comme Matthieu les versets bibliques auxquels il fait allusion parce qu'il s'adresse à un autre public que lui, composé certainement plus de païens que de Juifs. C'est l'identité de Jésus qu'il cherche à leur présenter en la mettant en parallèle avec celle de Jean le Baptiste tout en l'en distinguant de la manière la plus nette.

a) Jean le Juif — Jésus le Christ

Luc dit d'abord que Zacharie et Élisabeth, les parents de Jean, observaient scrupuleusement la loi (1, 5-6) et descendaient les deux d'une famille de prêtres. Élisabeth était stérile comme les matriarches et comme les mères des grands personnages bibliques : Samson (CHiMCHoN) ou Samuel. Ils étaient tous deux « avancés en âge » comme Abraham et Sarah [1]. Zacharie faisait partie de la huitième classe des prêtres, qui étaient divisés en vingt-quatre groupes pour le service du Temple [2]. C'est à l'heure de l'offrande de l'encens, au moment où « toute la multitude du peuple était en train de prier au-dehors [3] » que l'ange lui apparut pour lui annoncer la naissance de son fils Jean, dans des termes et dans des expressions spécifiquement bibliques [4].

Ce nom, signifiant « YHWH fait grâce », annonçait à Zacharie le prélude des temps messianiques et le commencement de la joie qui les accompagne. Jean sera consacré à YHWH dès le sein maternel comme Samson, Jérémie et d'autres héros encore [5]. Sa conduite sera celle du nazir [6] car « il ne boira ni vin ni boisson fermentée » (1, 15) afin de se consa-

1. Genèse 18, 11.
2. *Cf.* I Chroniques 24, 7-17 ; Nombres 12, 1-7.
3. Luc 1, 10.
4. Genèse 15, 1 ; 21, 17 ; Daniel 10, 12, 19 ; Juges 6, 23, etc.
5. Juges 13, 5 ; Jérémie 1, 5 ; Isaïe 49, 1, 5.
6. Le nazir est celui qui fait vœu d'abstinences diverses provisoirement ou définitivement.

crer exclusivement à sa mission [1] qui est « de rame-
ner beaucoup des fils d'Israël au Seigneur, leur
Dieu » (1, 16). Luc lui donne la fonction dévolue à
Élie d'après le prophète Malachie (MaL'aKHY) :

> Il ramènera le cœur des pères vers leurs enfants.
> Malachie 3, 24

Et comme Abraham encore, Zacharie dit à
l'ange :

> À quoi le saurai-je ? Car je suis un vieillard et ma
> femme est avancée en âge.
> Luc 1, 18

Le patriarche, en effet, avait fait les deux mêmes
réponses à YHWH, lors de l'alliance du chapitre 15
de la Genèse où lui furent annoncés la naissance
d'Isaac et l'héritage de la terre de Canaan [2], et lors
de l'annonce de MaMRe, où l'ange lui promit
l'enfant pour l'année suivante. Qu'est-ce à dire ?

D'une manière générale, Luc est le seul à
raconter la naissance de Jean et à insister avec tant
de détails sur l'annonce faite à ses parents, Zacharie et Élisabeth. C'est pourquoi son Évangile
s'ouvre sur l'histoire des deux naissances, celle de
Jean et celle de Jésus parce qu'il cherche à situer sa
propre vision de l'histoire — Jésus — par rapport à
la vision juive — Jean. Il souligne la continuité
entre celui-ci et le peuple juif en insistant sur la
fidélité stricte de la famille où il est né. Il remonte à
l'histoire d'Abraham et de Sarah qui étaient « avancés en âge » et frappés par la « stérilité » de celle-ci.
Ainsi donc a commencé l'histoire d'Israël au milieu
des nations, par celle d'une famille hébraïque
composée de deux êtres arrivés très tard dans le

---

1. *Cf.* Nombres 6, 3-4.
2. Genèse 15, 8 et 15, 4 ; 18, 10-14.

temps des civilisations ambiantes — ils étaient vieux — et qui, comble d'ironie, ne peuvent de toute façon transmettre leur message à qui que ce soit puisque l'épouse est stérile, depuis sa naissance.

Il y eut donc deux miracles à l'origine, c'est-à-dire deux mutations, deux ruptures avec l'ordre naturel signifié par le temps et le vieillissement, à savoir la dégradation et l'usure, et par la stérilité, c'est-à-dire l'impasse et la fermeture sur soi. Nous avons vu que ces thèmes récurrents dans les récits bibliques trouvent leur antidote dans la notion d'engendrement du fils par le père qui lui apprend la fidélité à la promesse, et dans celles de créativité et de revirginisation qui lui permettent de triompher de la nature et du temps en en faisant une histoire, celle de sa propre lignée, de son peuple et de l'humanité. On retrouve avec insistance l'un ou l'autre de ces deux thèmes dans toute la Torah et particulièrement avec les parents du prophète Samuel auquel Luc pense certainement [1]. Sa mère Anne était stérile également. De même que les Hébreux et les Juifs sont descendants d'Abraham par Isaac, de même c'est par Samuel qu'ils reçurent la royauté davidique. Jean est bien présenté par Luc comme le fidèle continuateur de la puissance créatrice inscrite au cœur du judaïsme. En cette famille de prêtres se prépare donc une transformation importante; d'après Luc, dans le temps où Zacharie officie, se met en place une mutation essentielle dans le peuple juif. En effet, le récit se déroule à Jérusalem, dans le Temple, dans la semaine précisément où la classe des prêtres dont fait partie Zacharie entre en fonction.

En plus, le tirage au sort des fonctions de la journée désigne Zacharie pour l'activité la plus solennelle, l'offrande de l'encens, le matin avant l'holocauste et le soir, sur l'autel des parfums, juste en

1. *Cf.* I Samuel 1, 1; *cf.* aussi Juges 13, 4.

face du « Saint des Saints ». Après y avoir brûlé l'encens, Zacharie doit faire une courte prière et retourner vers le peuple pour le bénir [1]. Luc écrit que :

> Toute la multitude du peuple était en prière au-dehors à l'heure de l'offrande de l'encens.
>
> Luc 1, 10

Mais c'est en brûlant l'encens et en priant devant l'autel que Zacharie aperçoit l'ange venu lui annoncer la naissance de Jean. C'est donc dans le Temple, à Jérusalem, quand le peuple s'y rassemble au crépuscule du soir pour prier et pour recevoir la bénédiction sacerdotale, après l'offrande de l'encens devant le « Saint des Saints », que Luc choisit de commencer son Évangile. Comme s'il voulait inscrire la naissance de Jésus comme celle de Jean au cœur du judaïsme et comme s'il cherchait en même temps à faire du premier l'aboutissement de l'histoire juive et de Jésus le commencement absolu d'une nouvelle histoire qui lui succède. Il faut lire, derrière les parallélismes entre les deux annonces et les deux naissances, les discontinuités plus que les analogies.

En effet, l'ange Gabriel apparaît à Zacharie troublé, pour lui dire :

> Sois sans crainte, Zacharie, car ta prière a été exaucée. Ta femme Élisabeth t'engendrera un fils et tu appelleras son nom : Jean et ce sera pour toi joie et allégresse et beaucoup, à cause de sa naissance, se réjouiront. Car il sera grand devant le Seigneur ; il ne boira ni vin ni liqueur fermentée et il sera rempli de l'Esprit Saint dès le ventre de sa mère. Il tournera vers le Seigneur leur Dieu beaucoup des fils d'Israël.
>
> Luc 1, 13-16

---

1. *Cf.* Talmud. Traité TaMiD. MiCHNa' 3, 6, 9 ; 6, 3 ; Traité YoMa' 5,1 ; Siracide 50, 1-21.

Comparons ce récit à celui qui narre l'annonce par le même ange Gabriel à Marie. Alors qu'il calme Zacharie en lui disant : « Sois sans crainte », il dit à Marie : « Réjouis-toi sans cesse ! Tu te trouves comblée de grâce. Le Seigneur est avec toi. » Zacharie et Élisabeth, qui représentent pour Luc le peuple juif à son plus haut niveau, et Jean leur fils, qui représente le modèle d'homme de foi que le peuple juif produit, sont encore dans le temps de la promesse, de l'attente et de la prière. Mais ils peuvent se réjouir de la naissance de Jean puisque, dans une certaine mesure, ils ont réussi à préparer la véritable voie de celui qui vient après lui. Ainsi, une mission lui est confiée qui comble l'attente de son peuple bien que, toujours dans l'esprit de Luc, elle n'épuise pas le véritable projet de Dieu : Jean, en hébreu YoHaNaN, signifie « Dieu accorde la grâce ». Mais Jésus signifie « Dieu sauvera ». Comme Jérémie, par exemple, Jean est consacré à Dieu « dès le sein » mais Jésus est dans le sein de Marie parce que « l'Esprit Saint est venu » sur elle et parce que « la puissance du Très-Haut » l'a « couverte de son ombre ». Jean est déclaré « grand devant le Seigneur » mais Jésus « sera grand » absolument, car il est « le Fils du Très-Haut ». Jean « marche devant Dieu » comme Abraham, alors que Jésus « reçoit le trône de David son père et régnera pour les siècles sur la maison de Jacob car son royaume n'aura pas de fin ». En somme, Jean, d'après Luc toujours, s'inscrit dans la lignée prophétique fondée par Élie en vue de ramener les fils d'Israël vers leur Dieu, d'enseigner aux rebelles à penser juste, en un mot de « préparer » le peuple juif « en ramenant le cœur des pères vers leurs enfants ». Il est donc un précurseur qui rétablit le lien des générations fidèles à la Loi, condition de l'accomplissement véritable de la promesse faite à Abraham. Au contraire, Jésus est appelé « Fils de Dieu » par Luc, car c'est en tant que tel que le trône de David lui est donné et non pas seulement parce qu'il descend du grand roi.

À toutes ces différences entre Jean et Jésus, c'est-à-dire, évidemment, entre l'homme juif fidèle à son Dieu et l'homme tel que se le représente Luc en tant que chrétien, il faut ajouter celles-ci : ce n'est plus au Temple ni à Jérusalem que l'ange Gabriel apparaît à Marie ; ensuite, l'époux de celle-ci, Joseph, est écarté de la conception de Jésus ; enfin Marie, en écoutant l'annonce de la naissance de Jésus, questionne l'ange sur le comment de cette conception. Elle dit :

Comment cela se fera-t-il puisque je ne connais pas d'homme ?

Au contraire, Zacharie doute de l'annonce car il questionne ainsi l'ange :

À quoi le saurai-je ? Car je suis un vieillard et ma femme est avancée en âge.

Et c'est peut-être ce que Luc reproche au peuple juif qui préférerait, d'après lui, rester attaché à sa vieille loi, à la fidélité stricte et fermée sur elle-même. N'hésitons pas à penser que les noms des parents de Jean ont été choisis par Luc dans cette intention. Il suffit de lire le Benedictus pour s'en convaincre. Mais il faut le lire en hébreu, pas en grec. Voici ce qu'en donne la traduction française :

Béni est le Seigneur, le Dieu d'Israël [1] parce qu'il visita [2] et racheta son peuple [3] ; il réveilla une corne de salut pour nous [4], dans la maison de David son fils serviteur, comme il parla par la bouche de ses saints prophètes d'autrefois... pour faire *miséricorde* avec nos pères et pour *se souvenir*

1. *Cf.* Psaumes 41, 13 ; 72, 18 ; 106, 48 ; Genèse 9, 26 ; 14, 20 ; Exode 18, 10 ; etc.
2. *Cf.* Psaumes 106, 4 ; Genèse 21, 1 ; Exode 3, 16 ; Jérémie 29, 10 ; etc.
3. *Cf.* Exode 6, 6 ; Psaumes 111, 9 ; 130, 7-8 ; etc.
4. *Cf.* I Samuel 2, 10 ; Psaumes 89, 25 ; etc.

de son alliance sainte et du *serment* qu'il fit à Abraham notre père...

Luc 1, 68-72

Ce psaume à visée messianique évidente est
récité ou composé par Zacharie le jour de la circoncision de son fils Jean, le huitième jour après sa
naissance. C'est le jour où, après la circoncision —
signe d'alliance d'Abraham —, l'enfant reçoit son
nom. Marqué dans son corps, marqué dans sa
culture dans laquelle il prend place par le nom
familial donné par le père ou par la mère, il sait
désormais et il apprendra progressivement ce qu'on
attend de lui et quelle est sa place reconnue par
tous. C'est ce que Zacharie dit aussi dans son
poème en rappelant l'alliance patriarcale et la promesse divine qu'il exprime sous ses deux modalités : la grâce et le souvenir « pour faire *miséricorde*
avec nos pères et pour *se souvenir* de son alliance
sainte, et du *serment* qu'il a fait à 'ABRaHaM ».

Ces deux aspects de l'action divine sont précisément déposés dans les noms des parents de Jean :
Zacharie se dit en hébreu ZeKHaRYaH, du verbe
ZaKHaR et signifiant : « YaH (Dieu) s'est *souvenu.* » Élisabeth se dit en hébreu EliCHeBa", de la
racine ChaBa" et signifiant : « Éli (mon Dieu) a
prêté *serment.* » Le troisième mot de la séquence :
« miséricorde » ou « grâce » est celui qui est inscrit
dans le nom du fils, Jean, qui se dit en hébreu
YoHaNaN, « YaH (Dieu) a accordé la *miséricorde* ».

b) Abraham plus que Moïse

Nous avons à présent tous les éléments pour par-
courir le décor mis en place par Luc, païen devenu
chrétien, afin de décrire l'environnement religieux,
cultuel et culturel, dans lequel surgit Jésus. Il met
dans la bouche de Zacharie, dans le Benedictus (1,
68-79), les paroles qui disent quel a été le rôle du

peuple hébreu, puis juif, depuis Abraham et Sarah, auxquels le prêtre Zacharie et son épouse Élisabeth sont restés rigoureusement fidèles. Le Dieu d'Israël est béni, dit-il, car il a visité, racheté son peuple et lui a accordé une voie de salut par le roi David et par les prophètes « d'autrefois ». Il s'est « *souvenu* » de son « *serment* » et a accordé « *miséricorde* ». Zacharie s'adresse alors à Jean, le jour de sa circoncision, et lui dit :

> « Or, et toi, petit enfant, prophète du Très-Haut tu seras nommé, car tu marcheras par-devant, sous le regard du Seigneur, pour préparer ses chemins [1], pour donner à son peuple la connaissance du salut par la rémission de ses péchés. »
>
> Luc 1, 76-77

Ainsi Jean, le meilleur enfant d'Israël, au sein de la meilleure famille juive de prêtres, est « prophète du Très-Haut », prophète de l'accomplissement de l'alliance d'Abraham et pas de l'Alliance du Sinaï. Celle-ci n'intéresse en aucune façon Luc qui ne pense qu'à l'alliance d'Abraham.

Pourtant les références aux textes prophétiques, implicites dans le récit de Luc, ne se rapportent exclusivement qu'à l'alliance établie par Moïse, au pied de la montagne du Sinaï. Pourtant ces textes et ces prophètes n'ont pour visée que la Torah, c'est-à-dire la constitution que le peuple hébreu s'est donnée sous la direction de Moïse. Il suffit pour s'en convaincre de lire la prophétie d'Isaïe dont s'inspire Luc :

> Consolez, consolez mon peuple, dit votre Dieu. Parlez au cœur de YeRouCHaLaYiM et proclamez à son adresse que sa corvée est remplie, que son châtiment est accompli, qu'elle a reçu de la main de YHWH deux fois le prix de toutes ses fautes. Une voix proclame : « Dans le désert dégagez un

1. *Cf.* Isaïe 40, 3 ; Malachie 3, 1.

chemin pour YHWH, nivelez dans la steppe une chaussée pour notre Dieu... Alors la gloire de YHWH sera dévoilée et tous les êtres de chair verront ensemble que la bouche de YHWH a parlé. »

Isaïe 40, 1-5

C'est ce que Gabriel a dit à Zacharie sur la mission de Jean et c'est ce que Zacharie rappelle dans son poème. Et puis il y a aussi la prophétie de Malachie sur les temps qui préparent l'accomplissement messianique et qui sont caractérisés par le lien et la réconciliation entre les générations, entre les pères et les enfants.

Souvenez-vous de la *ToRaH de MoCHeH* mon serviteur à qui j'ai donné des prescriptions et des sentences pour tout YiSRa'eL sur *le mont HoReB*. Voici que je vais vous envoyer EliYaHou le prophète avant que ne vienne le jour de YHWH, grand et redoutable. Il ramènera le cœur des pères vers leurs enfants et le cœur des enfants vers leurs pères afin que je ne vienne pas frapper la terre d'interdit.

Malachie 3, 12-24

Le livre de Malachie clôt la seconde partie de la Bible appelée NeBi'iM (Prophètes). Ce prophète est donc considéré par la tradition juive comme le dernier. Il termine son enseignement en demandant à son peuple de se souvenir de la Torah de Moïse le serviteur de YHWH, reçue au SiNaY-HoReB. Il ajoute que le prophète Élie sera envoyé à Israël, avant le grand jour messianique, pour « ramener le cœur des parents vers les enfants » et rétablir les voies de la transmission.

Sans confondre Jean avec Élie, l'évangéliste Luc ne veut retenir que l'alliance d'Abraham qu'il place au fondement de l'histoire. Il n'interprète plus les textes, il les utilise.

Le point de vue de Luc est clair : par opposition à Matthieu qui, du centre de son peuple, jette ses regards sur les païens auxquels il veut étendre la

Torah, Luc est au milieu des païens, de l'oikoumenâ [1], et il examine à partir de là son admiration
pour Israël. Et nous comprenons qu'il refuse que
l'appartenance au judaïsme soit la voie incontournable pour le salut. Il a raison de chercher une
autre voie pour lui et pour les autres païens, c'est-à-
dire pour l'humanité non juive. C'est pourquoi il ne
voit d'autre façon de l'examiner qu'en se plaçant à
la limite, sur la ligne de démarcation entre le
peuple juif et les nations. Il aperçoit alors d'un côté
la voie juive, celle de l'obéissance et de la fidélité à
la Torah révélée par Dieu aux Hébreux, interprétée
de siècle en siècle par les Juifs, avec l'interdit de
toute représentation et de toute prononciation du
nom divin tel qu'il est écrit, et avec le rituel quotidien dans lequel est déposée la vocation d'Israël. De
l'autre côté que voit-il ? Les païens, idolâtres, aper-
cevant partout, dans la nature ou dans leurs héros,
rois ou hommes exceptionnels, des forces divines.
D'un côté, donc, il constate les efforts d'un peuple
pour préserver la dimension transcendante au sein
des nations, et, de l'autre côté, il déplore l'immer-
sion des hommes dans l'immanence. D'une part, il
vérifie chaque jour comment les Juifs s'insèrent
dans une histoire de l'Alliance avec un projet divin
révélé dont ils prennent la charge, dans la grandeur
et dans la misère ; d'autre part, il sait que le païen
ne connaît que des événements qui se succèdent, se
répètent, mettent fin à certaines civilisations, qu'il
retient et fixe dans sa mémoire en les inscrivant sur
les orbites des astres ou plus précisément, en ce
temps-là, sur la sphère des fixes et les figures des
constellations. Comment donc passer de l'un à
l'autre bord ?

En montrant que c'est à Jérusalem, sur la terre
d'Israël, à un moment précis de l'histoire, que le

1. L'oikoumenâ : l'ensemble des hommes de différents pays,
rassemblés sous la même bannière grecque et héritant de la
culture hellénistique.

salut s'est produit, au sein d'un peuple longtemps préparé depuis Abraham jusqu'aux prophètes et depuis les prophètes jusqu'à Jésus. Mais il faut préciser, ajoute Luc, que cette ville, cette terre et ce peuple ne valent que par Jésus et par l'action de Dieu en lui parce qu'il y est mort et qu'il y a ressuscité. Jésus est le témoignage direct, d'après Luc, que l'Esprit Saint agit dans le monde et dans l'histoire, ainsi que dans tous les êtres humains. C'est en ce sens que l'évangéliste ne retient, de toutes les alliances bibliques, que celle d'Abraham en qui « seront bénies toutes les familles de la terre [1] ». Il lit la Torah, c'est-à-dire le texte de la Septante, à partir de l'histoire de Jésus qui, pour lui, révèle l'action de l'Esprit Saint dans l'homme. Et telle serait la différence fondamentale entre Jean et Jésus, c'est-à-dire entre le peuple juif et le Christ. Le peuple juif ne serait pas venu préparer la route pour s'accomplir en Jésus, mais pour disposer les hommes à accueillir l'action de l'Esprit Saint en l'homme, telle que Jésus en offre le témoignage.

C'est pourquoi, en racontant — et il est le seul à le faire — les origines et la naissance de Jean, le Prophète qui « prépare » son peuple à cette mutation, Luc cherche à mieux dégager l'originalité de Jésus par rapport à lui, celle du Chrétien par rapport au Juif, celle du païen converti à l'Église par rapport au Juif converti au christianisme, en un mot, la rupture radicale malgré les continuités apparentes, entre le judaïsme et le christianisme. Il n'est que de lire l'annonce de la naissance de Jésus chez lui, pour voir apparaître immédiatement son programme. Celui-ci saute aux yeux du Juif habitué au MiDRaCH, à chaque séquence des textes de Luc. Donnons-en un exemple : Zacharie offre l'encens dans le Temple de Jérusalem, devant le Saint des Saints. « Toute la multitude du peuple » en prière l'attend pour la bénédiction sacerdotale. L'ange

1. Genèse 12, 3.

Gabriel lui annonce la naissance de Jean et son rôle prémessianique. Mais il doute et refuse de croire à cette étape de l'histoire juive comme préparatrice de la venue de Jésus. Il n'a plus alors qu'à se taire et à entrer dans le silence, alors qu'il est prêtre. Il ne peut plus bénir le peuple. Il n'aura le droit de retrouver la parole qu'au moment de la circoncision et de la nomination de Jean quand il proclame son fameux Benedictus où il reconnaît en fait le messianisme de Jésus. Il ne restait plus à Luc qu'à clore son Évangile, à la fin du chapitre 24, en ces termes sur Jésus :

« Voici mes paroles [1] que je parlai à votre adresse quand j'étais encore avec vous : il faut que s'accomplisse tout ce qui a été écrit à mon sujet dans la Loi de Moïse et les Prophètes et les Psaumes. »
Alors il leur ouvrit grandement l'intelligence pour comprendre les Écritures peu à peu... Puis il les emmena au-dehors jusque près de Béthanie et, ayant levé les mains, il les bénit [2]. Il arriva que, pendant qu'il les bénissait, il se sépara d'eux...
Et eux, après s'être prosternés devant lui, ils retournèrent à Jérusalem pleins de joie.
Et ils étaient continuellement dans le Temple à bénir Dieu.

Luc 24, 44-53

Jésus a remplacé le prêtre Zacharie car c'est lui désormais qui « lève les mains » pour bénir le peuple. C'est dans cet esprit que ses disciples retournent prier au Temple de Jérusalem. L'Évangile a commencé dans le Temple des Juifs et il finit dans le Temple chrétien.

Un autre exemple ? Tout ce qui se passe dans les récits sur Jean est mis sous le signe du roi Hérode :

---

1. *Cf.* Deutéronome 1, 1.
2. Ézéchiel 11, 22-25.

« Il y avait au temps d'Hérode, roi de Judée, un prêtre nommé Zacharie... »

Luc 1, 5

Au contraire, l'histoire de Jésus est mise sous l'invocation de Rome et de César Auguste :

« Or, en ce temps-là, parut un décret de César Auguste pour faire recenser le monde entier. »

Luc 2, 1

Jean reste dans le peuple juif; Jésus, c'est au milieu des nations qu'il vit.

Ou encore : la généalogie de Luc ne s'arrête pas à Abraham mais remonte jusqu'à Adam qu'il déclare « fils de Dieu ». Ce qui reviendrait à dire que tout être humain est de race divine puisqu'il descend d'Adam, « fils de Dieu ». Un autre exemple encore : Luc efface le roi Salomon de l'ascendance de Jésus; par là même il élimine toute la descendance de ce roi, c'est-à-dire finalement la dynastie qui a régné à Jérusalem. Cela est paradoxal, d'autant plus que c'est Salomon qui a fait construire le Temple de Jérusalem.

Encore une fois, Luc n'interprète pas les textes juifs : il leur reste fidèle seulement quand il leur trouve une cohérence avec son propre kérygme.

c) Le MiDRaCH
ou l'inachèvement radical

Il nous faut à présent nous prononcer sur ces conceptions et cette définition du médiateur impliquées dans les récits de l'annonce de la naissance de Jésus et de Jean. Quelles que soient leurs différences, Matthieu et Luc sont d'accord sur l'essentiel : ce médiateur est divin. Il incarne un aspect de l'Absolu rendu sensible, concret, humain, naturel, en Jésus. Matthieu se sert des textes de la Torah pour présenter son Jésus comme le messie espéré par les prophètes. Il va jusqu'à interpréter ces textes à sa manière, de telle façon qu'ils deviennent applicables à Jésus. En vérité, en tant que Juif, il a parfaitement le droit et même le devoir d'ouvrir les récits bibliques à l'univers infini de l'interprétation. Seulement au lieu de comprendre la vie du Juif Jésus à la lumière de la Torah, il explique celle-ci à partir de son image du Christ. En faisant ainsi de Jésus le terme de l'histoire juive et de l'histoire universelle, c'est-à-dire l'accomplissement historique des récits de la Torah et du projet divin qui y est inscrit, il ne peut pas éviter de conclure au caractère incomplet du judaïsme. Or, il est vrai que le judaïsme est incomplet ; mais là où Matthieu s'aventure, c'est quand il croit que seul son Jésus l'accomplit ou, en d'autres termes, que seul le christianisme complète le judaïsme. C'est bien pourquoi il ne s'intéresse qu'aux versets bibliques qui lui semblent se rapporter à sa théologie christique. Ce que notre lecteur doit d'abord comprendre, c'est le caractère incomplet constitutif du judaïsme. Cette incomplétude est une catégorie fondamentale, essentielle, métaphysique de la pensée rabbinique et pharisienne. Le Juif, le Pharisien, est celui qui ne veut pas s'accomplir de manière définitive ; il veut rester affamé ; il désire l'accomplissement mais il s'interdit de s'y abîmer. Comme son Dieu, il « ne dort ni ne sommeille [1] ». Il a la « nuque dure [2] » et ne peut donc jamais acquiescer de la tête en la bougeant de haut en bas. Et ce grâce à ses autres catégories spirituelles et historiques à la fois, telles que la transcendance, la révélation, la création, « le monde qui vient », l'espérance, ou l'exil, l'interprétation, la parole, l'accueil, l'ouverture, etc. La faim du Juif est insatiable et sa soif est impossible à étancher. Sa tâche est en effet de tracer la route et de la niveler, mais d'empêcher qu'elle aboutisse ou

1. Psaume 121, 4.
2. Exode 32, 9.

qu'elle s'arrête. Sa fonction est de réveiller et d'empêcher les hommes de dormir ; elle est de questionner et d'interpeller sans jamais s'assimiler ni se laisser confisquer par aucune réponse de quelque nature qu'elle soit. C'est ce qu'il exprime dans sa relation au texte, réglée par le MiDRaCH (interprétation) en sachant que le sens ultime de chaque mot et de chaque verset lui échappe. Il ne peut prétendre, en ce sens ultime, communier avec son auteur divin, parce que l'homme est homme et Dieu est l'Absolu. Rien, absolument rien de l'absolu, ne peut pénétrer le relatif cosmique et humain, si ce n'est symboliquement, par l'interprétation précisément. C'est cet abîme entre la créature et le créateur que les Pharisiens cherchent à préserver car ils savent qu'il est la condition de l'histoire et de la constitution de l'identité humaine. Seule la parole peut franchir cet abîme pour relier en les séparant l'Absolu et l'homme. Mais déjà la parole est interprétation puisqu'elle articule la voix et qu'elle l'articule dans une langue particulière.

La parole signifie déjà, de manière singulière en tant que telle, la voix, qui, elle, est ouverte à toutes les langues et à toutes les significations infinies. Rien n'apparaît au corps, au cœur ou à l'esprit, sans cacher ce qu'il est en lui-même puisque, pour se manifester, il faut qu'il se traduise dans les lois du corps, du cœur et de l'esprit.

L'être humain ne peut sortir de l'univers du MiDRaCH qui seul le relie à l'Absolu dont il n'entend que la parole sans jamais en prendre d'image. Le rôle du médiateur est d'incarner la parole sans la restreindre à l'une de ses significations. Il est l'inachèvement incarné, l'incomplétude garante de toute relation. C'est peut-être cela le divin en l'être humain : l'absence, le retrait, la lutte contre l'idole par la voie du symbole. Et telle est l'annonce de toute naissance : dès le sein maternel, l'Absolu arrache l'être de lui-même et le maintient distant de lui. Telle est la dimension humaine au sein de la création et tel est l'appel que l'Absolu lui fait dans le sein maternel. Jésus reste fils d'Israël quand il appelle les hommes à se tourner vers YHWH, et vers YHWH seulement, l'imprononçable et l'invisible, « le Père ».

Malheureusement, il a fini par occulter dans l'Église l'horizon de son père jusque dans la liturgie chrétienne où on parle plus de lui que de celui qui l'a « pris du sein maternel ».

Troisième partie

La naissance

« La fécondité ouvre un temps infini et dis-
continu..., elle enlève au sujet la dernière trace de la
fatalité en lui permettant d'être autre. Dans l'éros se
conservent les exigences fondamentales de la sub-
jectivité — mais dans cette altérité [1], l'ipséité [2] est
gracieuse, allégée des lourdeurs égoïstes. »

Emmanuel Levinas, *Totalité et Infini*,
Martinus Nijhoff, La Haye, 1961, p. 278.

« Chaque regard peut, échappant à la servitude des
sens imposés par la pratique, la technique ou la
science, faire l'école buissonnière dans un nouveau
monde. Les objets, déliés de leur fidélité à nos
habitudes, revêtent une dignité inattendue; chacun
d'eux ouvre une brèche dans nos systèmes de
défense et nous prend en défaut. »

Georges Gusdorf, *Traité de métaphysique*,
Armand Colin, Paris, 1956, p. 331.

1. Altérité : « caractère de ce qui est autre. S'oppose à identité » (A. Lalande, *Vocabulaire technique et critique de la philosophie*, PUF, Paris, 1956, p. 39). Prise au sens radical, l'altérité
désigne l'extériorité absolue de l'un par rapport à l'autre.
2. Ipséité : caractérise un individu en lui-même. Le mot
dérive du latin *ipseitas*, dérivé de *ipse* : moi-même, toi-même,
etc. Cf. *Encyclopédie universelle des notions philosophiques*,
tome I, PUF, 1990.

Chapitre I

L'enfant né

Or, se réveillant de son sommeil, Joseph fit comme
l'Ange du Seigneur lui avait prescrit.
Il prit auprès de lui son épouse. Il ne la connut pas
jusqu'à ce qu'elle eût enfanté un fils. Il appela son
nom Jésus.

Matthieu 1, 24-25

a) L'astre des nations

Or, comme Jésus était engendré à Bethléem de
Judée aux jours du roi Hérode, voici, des mages
d'Orient se présentèrent vers Jérusalem et dirent :
« Où est le roi des Juifs qui fut enfanté ? Parce que
nous avons vu son astre à son lever et nous
sommes venus nous prosterner devant lui. » Entendant, le roi Hérode fut troublé et tout Jérusalem
avec lui. Rassemblant tous les grands prêtres et
scribes du peuple, il s'enquit auprès d'eux : « Où le
Christ est-il engendré ? » Ils lui dirent : « À Bethléem de Judée car il est écrit ainsi par le prophète :
   Et toi, Bethléem, terre de Juda, tu n'es nullement
le plus petit parmi les chefs-lieux de Juda. Car c'est
de toi que sortira le chef qui sera berger de mon
peuple YiSRa'eL. »

Matthieu 2, 1-6

Nous remarquons d'abord les hébraïsmes ou les
sémitismes qui parcourent ces textes. Nous les
signalons pour montrer seulement l'environnement

culturel dans lequel se déroulent les événements et les dialogues. Certains chercheurs les présentent comme arguments qui prouveraient que le texte original n'était pas grec mais hébreu. Ainsi, par exemple, le verbe « connaître » signifie en hébreu « avoir des relations sexuelles »; les expressions telles que « enfanter un fils », « appeler son nom », « aux jours de... », « se présenter vers », sont très courantes dans la Torah. C'est bien pourquoi le lecteur des Évangiles ne se donne la possibilité de comprendre leur message qu'en se rapportant aux significations des mots et des expressions, de la syntaxe et du style des textes de la Torah.

Cette première partie du second chapitre de Matthieu est construite sur plusieurs oppositions : l'opposition majeure de tous les textes évangéliques qui insistent, chacun à sa manière, sur le refus des Juifs d'une part et d'autre part sur l'accueil que les païens font à l'enfant qui vient de naître. Dès son apparition au monde, Jésus est reconnu comme roi par les sages du monde. Matthieu les appelle mages : ce ne sont pas des rois et ils ne sont pas trois non plus. Ce sont probablement, d'après le MiDRaCH de Matthieu, des prêtres, des astronomes-astrologues babyloniens que les rois orientaux entretenaient dans leur cour et consultaient dans leurs grands moments comme on le voit pour Nabuchodonosor :

> Dans la seconde année du règne de Nabuchodonosor il eut des songes; son esprit en fut troublé et il perdit le sommeil.
> Le roi ordonna d'appeler les devins, les magiciens, les sorciers et les astrologues (les Chaldéens) afin qu'ils révélassent au roi ses songes.
>
> Daniel 2, 1-2

Déjà Pharaon avait fait appel à eux pour les confronter à Moïse [1]. Ce qui suppose que les nations

1. Exode 8, 15.

païennes et leurs représentants spirituels, les sages, — pas les rois, représentants politiques — considèrent que ce qui se passe en Judée est décisif pour elles.

Elles traduisent chaque événement de cette partie du monde en termes universels : elles ont donc conscience, à travers leurs sages, de ce qui s'y joue pour l'avenir du monde. Ceux-ci partent donc à la recherche du « roi des Juifs » qui peut allier sans les confondre le politique et la morale, l'économique et le spirituel puisque tel est le principe de la messianité juive.

Ils semblent savoir la nature de l'attente juive, se mettre en quête de ce roi et même en avoir quelque lumière puisqu'ils passent par Jérusalem dans leur recherche, comme s'ils avaient lu les promesses d'Isaïe qui parle à Jérusalem en ces termes :

> ... Sur toi YHWH va se lever et sa gloire sur toi est en vue. Les nations vont marcher vers ta lumière et les rois vers la clarté de ton lever. Porte tes regards sur les alentours et vois, tous se rassemblent, ils viennent vers toi... tes fils... tes filles... la fortune des nations...
> Un afflux de chameaux te couvrira, de tout jeunes chameaux de MiDYaN et de "EFaH, tous les gens de CheBa' viendront, ils apporteront de l'or et de l'encens et se feront les messagers [de la bonne nouvelle] des louanges de YHWH.
>
> Isaïe 60, 2-6

Nous voyons comment, ici encore, se déploie le MiDRaCH de Matthieu qui affirme que Jésus le Juif est le Christ, le Messie. Il retient de ses connaissances bibliques les textes qui se rapportent à celui qui donne le salut et les applique tels quels au Jésus historique pour en faire le Christ. Matthieu a aussi lu et bien étudié le livre des Nombres (quatrième livre du Pentateuque) et il en a retenu :

> Je le vois mais ce n'est pas pour maintenant.
> Je l'observe mais ce n'est pas tout près.

Une étoile monte de Ya''aQoB,
Un sceptre surgit de YiSRa'eL

Nombres 24, 17

Ces versets sont prononcés par le prophète des nations Balaam (BiL''aM) qui, au lieu de maudire Israël, le bénit et reconnaît que le roi messie ne peut surgir que de ce peuple. De même ici les sages des nations reconnaissent en l'enfant qui vient de naître le Messie. Nul doute pour Matthieu : c'est là le signe que Jésus est réellement celui que tout le monde attend. C'est à ce signe précisément que le prophète Isaïe fait référence pour décrire les temps messianiques. Il écrit :

Écoutez-moi, vous les îles. Soyez attentifs, peuples du lointain, YHWH m'a appelé dès le sein de ma mère, dès le ventre de ma mère il a mentionné mon nom... Il m'a dit : « Mon serviteur, c'est toi, YiSRa'eL, toi par qui je manifeste ma splendeur. »...

À présent YHWH parle, il m'a formé dès le sein maternel comme son serviteur, afin de ramener Ya''aQoB à lui et que YiSRa'eL soit regroupé pour lui. Alors, j'ai du poids aux yeux de YHWH et mon Dieu est ma puissance. Il m'a dit : « C'est trop peu que tu sois mon serviteur en relevant les tribus de Ya''aQoB et en ramenant ceux de YiSRa'eL qui ont été préservés ! Je t'ai destiné à être la lumière des nations pour que tu sois mon salut jusqu'à l'extrémité de la terre. »

Isaïe 49, 1-6

Ce dernier mot « salut » est formé de la racine sur laquelle le nom de Jésus est construit : YeCHou''aH. Matthieu, par la visite des mages, cherche à montrer que cette prophétie se réalise : Jésus est reconnu par les païens. Et c'est, croit-il, ce qui se passe à la fin :

... voici que l'astre qu'ils avaient vu au lever les précédait jusqu'à ce qu'il vînt s'arrêter au-dessus de l'endroit où était le petit enfant. Voyant l'astre, ils se réjouirent fortement d'une joie grande : venant vers la maison, ils virent le petit enfant avec Marie, sa mère. Tombant, ils se prosternèrent devant lui. Ouvrant leurs trésors, ils placèrent auprès de lui des dons : or, encens et myrrhe.

Matthieu 2, 9-11

b) Les divers « judaïsmes »

Reprenons les thèmes fondamentaux de ces récits.

Matthieu réaffirme la conception virginale de Jésus : Marie était vierge quand naquit Jésus à Bethléem puisque Joseph, son époux, s'abstint de la « connaître » avant cette naissance. Nous avons dit que cette vision de l'identité du « messie » ou du fils de l'homme, comprise littéralement, c'est-à-dire historiquement, relève de l'exégèse spéciale de la communauté judéo-chrétienne de Matthieu. Pour elle, Joseph a fait ce que Dieu lui a ordonné ; en cela il est encore plus « juste » que s'il s'était limité à la justice des hommes. En donnant son nom à Jésus, il l'adopte totalement et l'insère ainsi dans la lignée davidique.

Cela pose de nombreuses questions de compréhension d'abord et de signification ensuite, car c'est, en réalité, la conception du « surnaturel » et donc du « naturel » qui est en cause ici. On ne peut croire n'importe quoi. Mais l'explication historique par la causalité et par la rationalité conceptuelle exclusive est également insuffisante pour la détermination des événements. Des véritables « mutations » surgissent dans l'histoire et même dans la nature : il nous faut les comprendre en tant que telles d'abord, c'est-à-dire les définir, les délimiter, les distinguer, bref comprendre en quoi elles sont des mutations par rapport à notre pensée objective, préoccupée par la vérité, par la réalité et par les continuités : il nous faut comprendre en quoi elles sont inexplicables pour nous retenir de faire appel aussitôt à un être qu'on appelle Dieu, pour les expliquer. Il nous faut ensuite les signifier non par l'explication mais par l'interprétation qui a pour visée non la vérité mais le sens.

La question est : que veulent dire les fidèles de Matthieu, juifs et chrétiens à la fois, en construisant leur vie spirituelle et communautaire sur la « naissance virginale » de Jésus ? La réponse habituelle est invoquée dans « le mystère » ou le « dogme », c'est-à-dire la foi, ainsi comprise comme l'incompréhensible parce que inexplicable selon les lois de la nature et de la raison conceptuelle.

Essayons donc malgré tout de comprendre ce que rapporte Matthieu de la religion de sa communauté, de ses croyances et de sa foi. Matthieu et ceux qui ont complété ou même corrigé son Évangile veulent « prouver » que Jésus est « Le Messie », que ce messie est « Le Sauveur », que ce sauveur est « Le fils de Dieu », qu'il est réellement le messie annoncé par la Torah et attendu par les Juifs de ce 1er siècle avant l'ère courante. Ainsi Jésus est un « descendant » du roi David, né de l'Esprit de Dieu, dans la même cité que son « ancêtre » à Bethléem.

Comprendre cette théologie c'est la renvoyer d'abord aux textes de la Torah et à la tradition orale qui s'est construite autour d'elle dans les siècles qui précédèrent Jésus. Ces textes écrits et ces enseignements oraux — les MiDRaCHiM — sont repris et reconstruits dans une visée christologique afin de montrer aux Juifs d'une part et d'autre part aux païens convertis ou à convertir, que Jésus accomplit en lui les promesses antérieures et qu'il vient sauver tout le monde. Comprendre cette théologie c'est ensuite apercevoir le « cercle » dans lequel elle est enfermée, comme d'ailleurs tous les « cercles vicieux » dans lesquels s'emprisonnent toute explication et toute interprétation de quelque nature qu'elles soient.

Matthieu affirme que Jésus est « Le Messie » : il faut donc lui appliquer tout ce que la Torah et le judaïsme disent du messie : il est donc fils de David, né à Bethléem, etc. Et comme il est né à Bethléem, de la dynastie de David, il est donc « Le Messie ». Peu importe, pour le moment, la réalité historique de ces affirmations. Nous voulons seulement comprendre les croyances de la communauté matthéenne [1] et les procédés qu'elle utilise pour leur exposition. Nous disons qu'elle est enfermée dans le « cercle » herméneutique : elle prouve Jésus le Christ par les textes et prouve les textes par Jésus. Nous pourrions briser ce « cercle » en remarquant ceci : quand bien même Jésus serait réellement né à Bethléem, de la dynastie de David, — et pourquoi en douter ? — cela ne suffirait pas à « prouver » sa messianité.

Comprendre cette théologie c'est enfin la dégager de ce que de nombreux historiens appellent son arbitraire et son caractère artificiel ou même imaginatif. Les événements et les crises qui se produisent au temps de Jésus et de la communauté matthéenne s'inscrivent au sein d'un bouleversement et même d'un traumatisme inimaginable de la spiritualité, de la morale et de la religion juives, qui dure depuis la guerre des Maccabées, et qui s'exprime dans la littérature apocalyptique.

De nombreux partis, appelés malheureusement « sectes », se constituent à l'intérieur du judaïsme même, pour y répondre, et parmi eux les communautés judéo-chrétiennes autour de Jean-Baptiste par exemple, ou de Jésus. Leur réponse — on peut même écrire : leurs réponses — doit donc être replacée parmi les autres théologies ou philosophies de l'histoire afin d'en dégager l'originalité, c'est-à-dire leur signification après leur compréhension.

Or, depuis l'édit de Cyrus en -538 qui permit aux Judéens déportés de retourner dans leur pays,

---

1. Cet adjectif est formé sur le nom de Matthieu : la communauté matthéenne est donc la communauté de Matthieu.

peu parmi eux y revinrent ; l'on sait que seuls les pauvres et avec eux des incroyants et des aventuriers s'y rendirent et furent à l'origine de troubles et de divisions. La paix relative ne s'installa que sous Alexandre et ses successeurs ; pendant cette période les contacts entre le judaïsme et l'hellénisme furent féconds. Malheureusement, à partir de -170, Antiochus Épiphane entreprit de détruire la religion juive : les schismes commencèrent à apparaître et les divisions persistèrent même après le rétablissement du culte en -167 par les Maccabées.

Le paganisme progressa sous les Asmonéens et se renforça quand les Romains prirent Jérusalem en -63. Sous Hérode et au temps de Jésus, l'orthodoxie juive se vit obligée de tolérer plusieurs formes de judaïsme, même hérétiques, surtout en Samarie, en Galilée et sur le littoral méditerranéen qui était pratiquement grec. Les temples païens étaient nombreux en Philistie, à Samarie, à Scythopolis et à Césarée Philippi. Les théâtres, les bains, les gymnases, les amphithéâtres, même à Jérusalem ou à Jéricho, étaient très fréquentés. On y parlait araméen et on y comprenait le grec. Les Juifs de la diaspora avaient même leurs propres synagogues où ils parlaient grec, quand ils se rendaient en pèlerinage à Jérusalem. Il faut rappeler que la population juive de la Terre sainte n'excédait pas 500 000 âmes environ, alors que sur les 80 millions d'habitants de l'Empire romain, l'ensemble de la diaspora atteignait 6 à 7 millions d'individus. Les Juifs atteignaient 40 % de la population d'Alexandrie où ils étaient très organisés alors qu'à Rome ils n'avaient pas obtenu le droit de se grouper en une communauté reconnue comme telle.

Le temps de Jésus était celui d'un pluralisme juif stupéfiant qui se distribuait en deux options. Les uns étaient ouverts au monde extérieur, s'y assimilaient plus ou moins profondément mais l'influençaient également. Les autres veillaient plutôt à leur intégrité et à leur fidélité plus ou moins stricte à la tradition ; ils désiraient rester autonomes, croyaient à leur fonction propre au sein des nations hostiles dont ils espéraient et annonçaient la perte. Il faut supposer que c'est dans le premier groupe que se recrutèrent les premiers Chrétiens. La situation historique et sociale, peut-être même économique, obligea ceux-ci à s'affirmer contre les Sadducéens d'une part, et contre les Pharisiens d'autre part.

Les Sadducéens étaient les gardiens jaloux et rigoureux du culte dans le Temple. Attachés à celui-ci, à ses cérémonies, à son calendrier, à tous les détails de la liturgie et du rituel quotidiens sans vouloir rien en changer, ils réduisaient toute leur spiritualité à cette littéralité et à cette extériorité, c'est-à-dire à la pratique rigoureuse, nécessaire d'autre part, mais vidée de sa substance. En un mot, ils réduisaient la Torah à une religion et la foi à une institution. Ils étaient d'ailleurs soutenus par la bourgeoisie qui s'accommodait d'une telle religion ainsi que de l'occupation grecque, puis romaine à partir de -63.

Quant aux Pharisiens, tant décriés et injustement critiqués dans les textes évangéliques, ils étaient issus du peuple. Ils étaient eux-mêmes opposés aux Sadducéens et leurs conflits s'exprimaient même par la violence physique que ceux-ci exerçaient contre eux.

Que voulaient donc les Pharisiens ? Ils voulaient d'abord et avant tout le MiDRaCH, l'interprétation des textes et non leur lecture fondamentaliste. Ils prétendaient même que le MiDRaCH a été donné à Moïse en même temps que la Torah écrite au Sinaï, car l'homme a parlé avant d'écrire et l'écriture n'est qu'une transcription de la parole. Ils pensaient que la lecture doit avoir pour visée de remonter à celle-ci qui s'est traduite dans l'écrit. Ils croyaient que la vie vient avec la parole qu'il faut apprendre à retrouver par le texte, dans le texte et à travers le texte, c'est-à-dire par la lecture et donc par l'interprétation. C'est par la parole de YHWH que la vie nous est donnée pour vaincre nos pulsions de mort : elle s'est déposée dans le texte. L'interprétation midrachique permet de la retrouver entre les signes écrits, entre les mots, dans les marges des phrases et dans les mots même puisque aucune liaison ne permet de lier les lettres hébraïques entre elles [1].

En ce sens oui, les Pharisiens s'attachaient à la lettre parce qu'elle était la plate-forme de l'esprit. Leur lecture était littérale mais pas fondamentaliste. Ils savaient ce que lire signifie, ce que parler veut dire et ce qu'écrire communique. Ils étaient les maîtres de la transmission et de la tradition, de la créativité et de la fidélité. C'est donc à eux que les Chrétiens, Juifs d'origine ou païens, avaient en réalité affaire, puisque leurs ennemis communs étaient les Sadducéens. C'est donc le MiDRaCH chrétien qui s'opposait au MiDRaCH pharisien, mais Pharisiens et Judéo-Chrétiens (Matthieu, Marc, Jean ou Paul) s'accordaient à penser qu'ils étaient, les deux, les gens de l'interprétation et non les « gens du livre [2] ». Car la réponse aux Sadducéens était simple et elle reste toujours simple jusqu'à aujourd'hui : il faut les remercier de rappeler toujours l'importance de la lettre à ceux qui l'oublient ; mais il ne faut pas lire la lettre de manière fondamentaliste comme si elle était la copie de l'absolu alors qu'elle n'en est que la traduction.

1. C'est comme si l'écriture hébraïque ne connaissait que des majuscules qui ne se lient pas entre elles. En fait, l'écriture hébraïque ne connaît pas de minuscules reliées les unes aux autres comme dans les autres écritures.
2. C'est ainsi que le Coran désigne les Juifs et les Chrétiens : 'aHL 'eL KiTaB, littéralement : les gens de l'écrit.

c) Littéralisme et fondamentalisme

Seulement il y a le MiDRaCH des Judéo-Chrétiens et celui des Pharisiens : leur différence est dans leur conception respective de la lettre. Nous le vérifions et nous l'illustrons dans le MiDRaCH de Matthieu : soit qu'il donne à la lettre une densité telle qu'il l'identifie à l'esprit et qu'il en fait l'incarnation fondamentaliste de celui-ci ; soit au contraire qu'il la matérialise si fortement et si totalement qu'il en fait la contradictoire de l'esprit. Or, la lettre est à mi-chemin entre le réel et l'homme : elle est précisément une réalité humaine, une forme de rapport entre l'homme et l'Absolu. Elle est médiatrice incontournable, parce qu'elle parle à la fois des deux, c'est-à-dire de leur relation et seulement de leur relation. Elle ne parle pas de l'homme, elle ne parle pas de l'Absolu, elle parle de leur relation. C'est donc elle qu'il faut « gratter », comme disent les rabbins, pour en faire surgir « le sang », c'est-à-dire la vie qui l'anime, la parole qui s'y est déposée. Mais Matthieu, comme Luc d'ailleurs, comprend de manière fondamentaliste, et non littérale, l'intuition géniale que « ce qui a été engendré en Marie vient de l'Esprit Saint [1] » et la réponse de l'ange Gabriel à Marie :

> L'Esprit Saint viendra sur toi et la puissance du Très-Haut te couvrira de son ombre : c'est pourquoi celui qui va naître sera saint et sera appelé fils de Dieu.
>
> Luc 1, 35

La lettre ici est comprise par les deux évangélistes comme identique à l'événement qu'elle traduit. Elle correspondrait donc au réel. C'est ce que nous appelons la lecture fondamentaliste alors que, comme nous l'avons montré, elle doit être lue de

1. Matthieu 1, 20.

manière littérale en cherchant à savoir ce que signifie la virginité, l'Esprit Saint, l'ange Gabriel, l'engendrement, l'ombre du Très-Haut, la sainteté et la filialité. D'autres fois Matthieu, comme les autres évangélistes, sépare tant la lettre de l'esprit qu'elle est négligée et en position négative par rapport à celui-ci.

Alors le Temple de Jérusalem n'a plus de valeur par rapport à cet autre Temple qu'est le corps de Jésus ; alors ce qui devient important ce n'est plus la nourriture rituelle du Juif mais « ce qui sort de sa bouche » et non ce qui y entre ; alors la circoncision véritable est celle du cœur et de l'esprit et non celle du corps ; alors le peuple juif n'est plus que l'ancien Israël ; alors la Torah devient « Ancien Testament » ; alors le christianisme est la fleur et le fruit du judaïsme ; etc.

Relisons donc « à la lettre » la venue de Jésus dans ce monde et relevons les points essentiels des récits qui nous la rapportent. Jésus, nous dit-on, est né à Bethléem, nom qui signifie « Maison de pain ». Sa première mention dans la Torah est liée à Rachel et à son second fils Benjamin (BiNYaMiN).

> Ya"aQoB et sa famille quittèrent BeTH-eL. Il y avait encore une certaine distance avant d'arriver à 'EPHRaTa quand RaHeL enfanta ; son accouchement fut pénible. Or comme elle accouchait péniblement, la sage-femme lui dit : « Ne crains pas car même celui-ci est un garçon pour toi. » Au moment de mourir, quand son âme la quittait, elle l'appela BeN'oNi [Fils de mon deuil], mais son père l'appela BiNYaMiN [Fils de la droite]. RaHeL mourut et fut enterrée sur la route d'EPHRaTa qui est BeTH-LeHeM.
>
> Genèse 35, 16-19

d) Bethléem

Le village s'appelait donc, au temps des patriarches, 'EPHRaTa, et était situé dans le territoire de Benjamin [1]. Il est probable que la querelle entre Joseph et ses frères conduits par Juda recouvre la question de ce territoire.

En effet, c'est quand Joseph retient avec lui, à la cour de Pharaon, Benjamin, que Juda entre en scène de manière menaçante pour le lui arracher. Sur le plan historique, le territoire de Benjamin a été intégré et sa tribu absorbée par le clan de Juda et Bethléem devint une cité judéenne. Le père de David, Jessé, est appelé « Éphratite de Bethléem » :

> DaWiD était le fils de l'Éphratite de BeTHLeHeM de YeHouDaH (Judée) qui s'appelait YiCHaY (Jessé) et avait huit enfants.
>
> I Samuel 17, 12

Mais avant de voir le sens que la cité prit sous David, questionnons le récit biblique qui se rapporte à la mort de Rachel pendant qu'elle accouchait de Benjamin (BiNYaMiN). Elle lui donna ce nom parce que, dit-elle, « il est le fils de ma tristesse » et nous la comprenons. Mais son père l'appela « fils de ma droite », décomposant son nom en BiN (fils) et YaMiN (la droite). Renvoie-t-il à Rachel qui fut sa force et sa joie ? Fait-il allusion à la direction du sud pour signifier que son fils est le seul qui soit né en Terre promise qui est au sud lorsqu'on vient comme Jacob de l'exil syrien ? Le mot YaMiN (droite) est employé dans la Torah pour désigner le Midi et plus précisément encore le sud de la Terre promise elle-même, quand on regarde le Levant. Là se trouvent Jérusalem et le Temple qui fut bâti sur le territoire de Benjamin.

---

1. *Cf.* I Samuel 10,2 ; Ruth 4,11 ; Psaumes 132,6 ; Michée 5,1 ; Genèse 48,7.

Le Sud était donc le lieu de prédilection de celui-ci. Ainsi, parmi les douze enfants de Jacob qui formèrent plus tard les douze tribus d'Israël, c'est le douzième, le plus petit, qui semblait être le plus important car le seul à être né en Terre Sainte et celui qui a réservé une partie de son territoire à la construction du Temple. Moïse dira de lui, dans ses bénédictions aux tribus, à la veille de sa mort :

> *Bien-aimé de YHWH,* il se repose en toute confiance sur celui qui le protège tout le jour et qui demeure entre ses épaules.
>
> Deutéronome 33, 12

Il s'agit bien sûr de la majesté divine qui résidait à Jérusalem dans le Temple et donc chez Benjamin le bien-aimé. C'est en ce sens que nous pouvons comprendre le choix que le prophète Samuel fit de Saül en le nommant roi d'Israël : le premier roi des douze tribus fut un homme de la tribu de Benjamin [1]. Quand le prophète le rencontra et lui annonça qu'il serait roi d'Israël, il lui objecta :

> Ne suis-je pas un homme de la tribu de BiNYaMiN, des petites tribus de YiSRa'eL, et ma famille n'est-elle pas la dernière de toutes les familles de la tribu de BiNYaMiN ? Pourquoi donc m'as-tu parlé de telle façon ?
>
> I Samuel 9, 21

Mais

> CHeMou'eL prit la fiole d'huile, la versa sur sa tête, l'embrassa et dit : « N'est-ce pas YHWH qui t'a oint (messie) comme chef de son héritage ? En me quittant aujourd'hui, tu rencontreras deux hommes près de la tombe de RaHeL, à la frontière de BiNYaMiN, à TSeLTSaH... »
>
> I Samuel 10, 1-3

1. I Samuel 9, 1-2.

Mais l'échec de la royauté de Saül conduisit le prophète Samuel à le remplacer par un autre qu'il prit dans la tribu de Juda, en la personne de David. C'est alors que Bethléem acquit son importance spirituelle puisque la famille de ce grand roi, ancêtre du « messie », en était originaire. En effet :

> Il arriva, au temps du jugement des juges, qu'une famine advint dans le pays. Un homme, de *BeTH-LeHeM de YeHouDaH* émigra dans les champs de Mo'aB, lui, sa femme et ses deux enfants. Le nom de cet homme était ELiMeLeKH et le nom de sa femme, Na''oMi, le nom de ses deux enfants MaH-LoN et KHiLYoN. C'étaient des Éphratites de *BeTHLeHeM de YeHouDaH*.
>
> Ruth 1, 1-2

On connaît la suite avec la mort du père et des deux enfants, le mariage de Ruth, l'étrangère de Mo'aB (peuple maudit pourtant), avec Booz et leur descendance :

> Voici les générations de PeReTS [le fils de TaMaR et de YeHouDaH] : PeReTS engendra HeTSRoN ; HeTSRoN engendra RaM ; RaM engendra ''AMiNa-DaB ; ''AMiNaDaB engendra NaHCHoN ; NaH-CHoN engendra SaLMaH ; SaLMaH engendra Bo''aZ ; Bo''aZ [avec RouT] engendra ''OBeD ; ''OBeD engendra YiCHaY ; YiCHaY engendra DaWiD.
>
> Ruth 4, 18-22

Ces dix générations conduisent à David par l'histoire de Ruth et de Booz ; elles sont significatives. Il faut penser en effet aux dix générations qui conduisirent d'Adam à Noé : elles explicitent une histoire qui a trouvé son aboutissement malheureux (le déluge) et sa reprise par l'homme, Noé, l'homme juste, qui représente la morale universelle. Celle-ci justifie sa vie et sa survie. Il y a aussi les dix générations qui ont séparé Noé d'Abraham : ce fut la seconde mutation de l'humanité qui s'élève à la seconde caractéristique de la morale avec Abraham : l'absoluité ou la transcendance des valeurs avec la responsabilité qui les accompagne. De même une ère nouvelle s'ouvre, à l'intérieur de la famille patriarcale, lorsque naît Juda qui épouse Tamar : il y faut encore dix générations pour engendrer David. Les noms connus de cette séquence historique sont ceux d'êtres humains qui ont brillé non par leur force ou par leur pouvoir, mais par leur générosité et par leur amour à l'égard des hommes, que ceux-ci soient de leur peuple ou non : "AmiNaDaB l'une des personnalités importantes de la tribu de Juda ; son fils Nahshôn (NaH-CHoN), le premier qui se jeta à l'eau de la « mer des joncs » avant qu'elle ne se coupe pour laisser passer les Hébreux qui sortaient d'Égypte ; il fut le prince de la tribu de Juda ; Booz dont la conduite fut traduite par Victor Hugo dans ce vers suggestif :

Sa gerbe n'était point avare ni haineuse [1].

On découvre que le livre de Ruth fut écrit pour rappeler la généalogie et la qualité essentielle de la lignée qui a conduit à David : l'amour et l'accueil de l'étranger comme en a donné l'exemple la merveilleuse Ruth. C'est à Bethléem que David fut désigné comme futur roi d'Israël et pris du sein de sa famille.

CHeMou'eL aperçut 'ELi'aB [le frère aîné] et dit : « Certainement le messie de YHWH est devant lui ! » Mais YHWH dit à CHeMou'eL : « Ne considère pas son apparence ni sa haute taille car je le rejette. Il ne s'agit pas de ce que voit l'homme, car l'homme voit selon les yeux mais YHWH voit selon le cœur. » YiCHaY appela "AmiNaDaB et le fit passer devant CHeMou'eL, mais CHeMou'eL dit : « Celui-ci non plus, YHWH ne l'a pas choisi »... YiCHaY fit ainsi passer sept de ses fils devant CHe-

1. « Booz endormi », in *La Légende des siècles*.

Mou'eL... YiCHaY fit venir DaWiD [le huitième] : il avait le teint rouge, de beaux yeux et une mine agréable. YHWH dit : « Lève-toi, donne-lui l'onction car c'est lui. » CHeMou'eL prit la corne d'huile et il lui donna l'onction au milieu de ses frères et l'Esprit de YHWH fondit sur DaWiD à partir de ce jour...

I Samuel 16, 6-13

Le début de ce chapitre parle d'un sacrifice que le prophète devait offrir à Bethléem et qu'il devait présenter comme la raison de sa visite en cette cité.

Il arriva à BeTHLeHeM et les Anciens de la ville s'empressèrent à sa rencontre. Il lui fut dit : « Ton arrivée est en paix. »
Il répondit : « CHaLoM. Je suis venu sacrifier à YHWH. Sanctifiez-vous et vous viendrez avec moi au sacrifice. »
Il sanctifia YiCHaY (Jessé) et ses fils et les invita au sacrifice.

I Samuel 16, 4-5

Bethléem était un centre religieux avec son autel ou son sanctuaire. C'était donc là, dans une cité-sanctuaire de Benjamin, le dernier-né des enfants de Jacob, le seul qui vit le jour en Terre promise, celui qui ne participa pas à la vente de son frère Joseph par les autres frères issus de Le'aH et des servantes [1], le seul qui ne se prosterna pas devant Ésaü quand Jacob, revenant de l'exil syrien en terre de Canaan, obligea toute sa famille à plier les genoux devant lui [2], c'est donc sur le territoire de cette douzième tribu d'Israël, intégré finalement au domaine dévolu à Juda, que Jésus est né, d'après Matthieu et Luc.

Réfléchissons-y un moment et essayons de retrouver les traditions orales qui sont à l'origine de ces récits et de leurs significations. Benjamin, le fils

1. Genèse 37.
2. Genèse 33.

du Sud et de la souffrance, né en Terre sainte, de Rachel la préférée de Jacob, le plus petit de la famille, a pour unique frère Joseph, né de la même mère, puisque les dix autres ne sont que des demi-frères issus des trois autres épouses du patriarche. C'est de lui que Juda se porte garant à vie, au prix même de son propre sacrifice, devant son père. En effet, Joseph, devenu bras droit de Pharaon, réclame des dix frères de lui amener en Égypte son petit frère resté avec son père en terre de Canaan. Jacob ne veut pas s'en séparer par contre, malgré la famine et la nécessité d'aller chercher du blé en Égypte. C'est alors que Juda lui dit :

> Envoie le garçon avec moi pour que nous nous levions, que nous partions, que nous vivions et que nous ne mourions pas [de faim], nous-mêmes, ni toi-même ni nos enfants. C'est moi qui m'en porte garant, c'est à moi que tu demanderas compte si je ne te le ramène pas et si je ne le remets pas en ta présence, j'en porterai la faute devant toi, pour toujours.
>
> Genèse 43, 8-10

Ainsi les deux tribus, Juda et Benjamin, se trouvent engagées ensemble et liées l'une à l'autre de manière indéfectible, la première responsable à vie de la seconde. Cela se traduit, sur le plan territorial, par l'union des deux régions, et sur le plan religieux, par la protection du lieu où fut construit le Temple, par la tribu de Juda. C'est dire par conséquent la responsabilité spirituelle de cette dernière et sa fonction religieuse au sein de son peuple. C'est souligner son obligation de s'organiser autour du Temple, parce que sa fonction est rendue possible et réelle grâce à Benjamin, tribu porteuse de transcendance [1] également, mais prê-

---

1. « Benjamin était "l'aubergiste" de la Présence divine » (YoMa' 12a). Il est écrit dans la Torah, à propos de Benjamin : « Il se repose en toute confiance sur celui qui le protège tous les jours et qui demeure entre ses épaules. » « Celui qui le pro-

tant son territoire à Juda qui y accomplit son rôle religieux.

Et c'est exactement ce que le troisième patriarche, Jacob, lui rappelle dans son testament spirituel :

> « YeHouDaH, c'est toi que tes frères loueront. Ta main portera sur la nuque de tes ennemis ; les fils de ton père se prosterneront devant toi. YeHouDaH, tu es un lionceau ; mon fils, tu t'es élevé au-dessus du carnage... Le sceptre ne s'écartera pas de YeHouDaH ni le législateur de sa descendance, jusqu'à ce que vienne celui auquel il appartient et à lui l'assemblée des peuples. »

Genèse 49, 8-10

Et comme les deux tribus ont fusionné, la tribu de Juda se trouve porter les deux responsabilités.

Finalement parce que telle est la fonction de Juda au sein des tribus, il doit veiller à assumer le pouvoir politique (sceptre) et juridique (législateur) dans son peuple de manière à permettre à sa vocation spirituelle de s'exercer. C'est l'articulation entre le politique et le religieux qu'il doit assurer sans les confondre : Juda n'est pas Benjamin mais il est devenu son garant à vie. Or David, de la tribu de Juda, est né à Bethléem, cité de Benjamin, et c'est là qu'il est oint. Il est le roi, chef du pouvoir politique justement. C'est ce qu'écrit le prophète Michée (MiKHaH) dans un chapitre dont le fond est écrit au VIIIᵉ siècle avant l'ère courante, mais qui

tège » : c'est une allusion au premier Temple ; « tout le jour » : c'est une allusion au second Temple ; « il demeure entre ses épaules » : c'est une allusion aux temps messianiques (ZeBaHiM 118b). Ou encore : « celui qui le protège » : c'est une allusion à ce monde-ci ; « tout le jour » : ce sont les jours messianiques ; « il demeure entre ses épaules » : désigne le monde à venir (*idem*). Pourquoi Benjamin mérita-t-il la Présence divine sur son lot ? Parce que toutes les tribus sont nées en dehors de la Terre promise, mais lui est né sur la Terre promise. (Sifré sur Genèse 33,12).

a été relu et retravaillé après l'exil, au vi^e siècle avant l'ère courante. Il est judéen lui aussi et il a prédit la chute de Samarie en -722, et même celle de Jérusalem beaucoup plus tard, à cause de leurs compromissions avec les cultes païens et de l'injustice sociale. Mais, écrit-il :

> Et toi, BeTHLeHeM 'EPHRaTa, trop petite pour être avec les clans de YeHouDaH, de toi, pour moi, sortira celui qui sera gouverneur de YiSRa'eL; ses origines sont dans l'antiquité et depuis les jours du monde. C'est pourquoi il les livrera jusqu'au moment où celle qui enfante enfantera. Alors ce qui reste de ses frères rejoindra les fils de YiSRa'eL.
>
> Michée 5, 1-2

Le prophète parle de la cité elle-même qui est petite, mais également de la famille de David à laquelle il fait allusion en reprenant indirectement la réponse de celui-ci au roi Saül (CHa'ouL) qui lui avait proposé de devenir son gendre en épousant sa fille Merab (MeRaB) :

> DaWiD dit à CHa'ouL : « Qui suis-je, et qu'est mon lignage, la famille de mon père en YiSRa'eL...? »
>
> I Samuel 18, 18

C'est de David que surgira, d'après Michée, celui qui doit régner sur Israël en rassemblant toutes les tribus, c'est-à-dire les dix tribus du Nord groupées autour de Samarie et les deux tribus du Sud, Juda et Benjamin, rassemblées autour de Jérusalem.

Ce roi sauveur a une ascendance très noble puisqu'il fait partie d'une tribu qui a fait une promesse importante au troisième patriarche Jacob, devenu Israël, après sa lutte avec l'ange [1]. Pourtant son clan est celui de Jessé, le plus petit parmi les autres clans de la tribu. D'autre part, dans sa

---

1. Genèse 32, 23-31.

famille il est le dernier de huit frères, mais c'est lui qui a été choisi et oint à Bethléem.

En attendant son arrivée, Israël souffre et est livré à ses ennemis; il semble abandonné par YHWH, mais « celle qui doit enfanter enfantera » ce roi attendu. Nous retrouvons là le thème analysé en Isaïe dans le livret d'Emmanuel. Ce verset de Michée fait ici allusion également au chapitre 54 du même Isaïe qui suit justement le récit du serviteur souffrant. Dans ce chapitre le prophète interpelle Jérusalem comme épouse de YHWH :

> Pousse des exclamations, toi la stérile qui n'enfantais pas! Fais éclater l'allégresse et chante, toi qui n'as pas été en mal d'enfant! Car les enfants de la délaissée sont plus nombreux que les enfants de l'épousée, dit YHWH... À droite et à gauche tu déborderas, ta descendance héritera des nations qui s'installeront dans des villes désolées... Celui qui t'a faite, c'est ton époux, YHWH-TSeBa'oT est son nom. Ton sauveur c'est le saint de YiSRa'eL, il s'appelle Dieu de toute la terre... « La femme des jeunes années serait-elle rejetée vraiment? a dit ton Dieu. Je t'ai abandonnée un court instant, mais je te rassemblerai avec de grandes tendresses... »
>
> Isaïe 54, 1-7 [1]

Telles sont les significations associées à la cité de Bethléem, à la famille de David et à la promesse faite par la tribu de Juda au bénéfice de Benjamin. Elles sont d'ordre politique et religieux, le premier posant les conditions du développement spirituel. Quand le peuple d'Israël sera capable de donner naissance à ce nouveau David et de faire cesser ses souffrances :

> Il se dressera et il fera paître son troupeau par la puissance de YHWH, par la majesté du Nom de YHWH, son Dieu. Ils s'installeront définitivement

1. Voir aussi Isaïe 66, 7-9.

car il sera grand jusqu'aux confins de la terre. Lui-
même sera ChaLoM.

Michée 5, 3-4

Matthieu, quant à lui, sait ces traditions messianiques de son peuple. Il sait également qu'il peut les
interpréter à son tour. Il affirme enfin que Jésus est
le sauveur attendu et annoncé par les prophètes. Il
construit alors son MiDRaCH ainsi :

> Le Christ est engendré à Bethléem en Judée car il
> est écrit ainsi par le prophète : « Et toi, Bethléem,
> terre de Juda, tu n'es nullement la moindre parmi
> les gouverneurs de Juda, car de toi sortira un gou-
> verneur qui sera berger de mon peuple Israël. »

Matthieu 2, 5-6

L'évangéliste relie la prophétie de Michée au
sacre de David raconté dans le second livre de
Samuel :

> « Toutes les tribus de YiSRa'eL vinrent trouver
> DaWiD à HeBRoN et lui dirent : « Voici que nous
> sommes tes os et ta chair... Or YHWH t'a dit : C'est
> toi qui feras paître mon peuple YiSRa'eL et c'est toi
> qui seras le chef de YiSRa'eL. »

II Samuel 5, 1-2

Il transforme donc la citation de Michée pour
montrer que Jésus descend bien de David, sacré roi
à Hébron (HeBRoN) par tout Israël, et qu'il répond
bien aux prévisions du prophète : Jésus fera l'unité
du peuple en tant que berger et l'organisera politiquement en tant que gouverneur ou chef. Il
apportera à son peuple le CHaLoM comme David
son ancêtre a réconcilié les tribus entre elles, au
nom de YHWH.

C'est en ce sens que Matthieu accentue la valeur
de Bethléem, de Juda, en ne la rapportant qu'à ce
rôle spirituel et politique de la famille de David. En
effet, alors que Michée apostrophe la cité et le clan
de Jessé en leur rapportant qu'ils sont trop petits

parmi les clans de Juda, Matthieu écrit, au contraire, qu'ils ne sont nullement sans valeur par rapport à la tribu. Luc répète que Bethléem est la ville de David également. Cette cité représente donc la dialectique du politique et du religieux : elle appartient à Benjamin et elle fait partie de la tribu de Juda.

e) Les sages des nations

Matthieu insère cette séquence sur Bethléem dans un contexte qui l'éloigne de son sens historique et de l'esprit dans lequel la tradition prophétique en a parlé. Il date la naissance de Jésus en la plaçant « aux jours d'Hérode ». Il dit ensuite que « des mages du Levant » se rendent à Jérusalem pour « se prosterner devant l'enfant », et que le roi Hérode et toute la ville « en furent troublés ». Enfin, ajoute-t-il, « les grands prêtres et les scribes » apprirent au roi le lieu de naissance du messie d'après leur tradition. On ne sait si c'est là précisément que commence la mauvaise polémique que l'évangéliste lance contre ses frères et contre leurs chefs et leurs intellectuels. Que dit-il ? Ce sont les mages qui les premiers découvrent et reconnaissent la naissance de Jésus, le Christ.

Les païens l'accueillent les premiers parce qu'ils en ont reçu la lumière avant les Juifs alors qu'il est né Juif au milieu des Juifs ! Ils interrogent même ceux-ci, dans leur capitale, en leur disant : « Où est le roi des Juifs ? » Ainsi ce sont les païens qui, d'après Matthieu, poussent les Juifs à voir clair dans leur propre histoire au temps de la réalisation des promesses qu'elle contenait. En effet, les Juifs en sont tellement troublés qu'ils réexaminent leur tradition et y découvrent que les prophètes avaient annoncé que le messie, fils de David, devait naître à Bethléem de Judée. Hérode ruse alors avec les mages, « à l'insu des Juifs », pour se débarrasser de l'enfant, mais un songe les avertit de ne pas retourner lui dire l'adresse exacte des parents de Jésus à Bethléem. Il en résulte d'une part que les Juifs seraient aveugles à ce qui leur arrive, d'autre part que le roi Hérode cherche à se débarrasser de Jésus, et enfin que les païens sont prêts à recevoir et à reconnaître le messie en Jésus. Sur le plan géographique, ces oppositions se traduisent par celle de Jérusalem et de Bethléem. Matthieu introduit une déchirure grave dans la mémoire de son peuple entre Juda et Benjamin, entre l'ordre politique et l'ordre spirituel. Il ne veut retenir de la première tribu que la fonction de la seconde qu'elle a absorbée, en les confondant l'une avec l'autre, faisant du roi et du « gouvernant » un prêtre, alors qu'ils ont toujours été distincts dans leur collaboration mutuelle. Il a écrit son second chapitre en y insérant la séquence sur Bethléem, dans cet esprit précisément. En effet, il consacre les douze premiers versets aux mages qui accueillent l'enfant Jésus qu'ils ne trouvent pas à Jérusalem mais à Bethléem. Dans la capitale il y a le roi, les scribes et les grands prêtres ; par contre, dans la petite cité, il y a Jésus et Marie. Dans la capitale, les Juifs ne comprennent rien, bien qu'ils aient les informations nécessaires. Dans la petite cité, les païens sont guidés par l'astre vers Jésus devant qui ils se prosternent et ils reçoivent un message céleste.

Dans la seconde partie du chapitre, du verset 13 au verset 23, la famille de Jésus fuit en Égypte pendant que le roi Hérode fait tuer les garçons de moins de deux ans. Après sa mort, elle quitte l'Égypte et se dirige vers Nazareth pour s'y installer. Telles sont les ruptures opérées par Matthieu qui, par ces oppositions, appuyées sur les citations, plus ou moins déplacées et remaniées, de la Torah, ne veut voir en Jésus que le pur esprit incarné, laissant la réalité terrestre aux Juifs, aux scribes et aux grands prêtres de Jérusalem. D'où l'on voit qu'il se sert de la Torah pour constituer sa théologie et lit sa propre tradition écrite et orale à la lumière de Jésus comme « Le Christ ». Illustrons cela encore par l'analyse des autres événements qui accompagnent la naissance de Jésus.

Matthieu raconte que c'est le lever d'un astre qui a fait bouger les mages et c'est encore cet astre qui leur a montré le chemin de Bethléem. C'est à travers les phénomènes célestes et le spectacle de la nature que les païens sont conduits à la conscience et à l'idée d'un sauveur. Leur questionnement s'appuie sur le spectacle du monde physique, terrestre et céleste. C'est donc à partir du cosmos qu'ils s'ouvrent au divin. Au contraire, la Torah ouvre au divin à partir de l'histoire et des relations entre les hommes. Le Deutéronome exprime bien cette différence :

> Ne va pas lever les yeux vers le ciel, regarder le soleil, la lune et les étoiles, toutes les constellations des cieux, et te laisser entraîner, te prosterner devant eux et les adorer. Ils sont la part que YHWH ton Dieu a donnée à tous les peuples partout sous le ciel. Mais vous, YHWH vous a pris et vous a fait sortir d'Égypte, fournaise de fer, afin que vous deveniez son peuple, son héritage comme vous l'êtes aujourd'hui.
>
> Deutéronome 4, 19-20

Matthieu se souvient alors de la bénédiction faite par le « mage » païen Balaam, « prophète » des nations, à Israël. Le roi Balaq (BaLaQ) de Moab fait appel à lui pour maudire le peuple de YHWH, comme Hérode s'adresse aux mages pour faire mourir le « roi des Juifs ». Mais Balaam bénit Israël au lieu de le maudire :

> Je le vois, mais ce n'est pas encore l'heure ; je le distingue, mais il n'est pas proche : un astre s'élance de Ya''aQoB et de YiSRa'eL surgit un sceptre qui brise les sommités de Mo'aB et décime tous les fils de CheT.
>
> Nombres 24, 17

De même les mages se prosternent devant Jésus et ne le livrent pas à Hérode. « L'astre qui s'élance de Ya"aQoB » désigne sûrement le roi David qui écrasa Mo'aB [1] ; sa dynastie restera après lui en lutte constante contre ce peuple. Le symbolisme de l'astre traduit peut-être, dans l'esprit de Matthieu, l'astrologie ou plus précisément l'astrobiologie à travers laquelle les peuples du Moyen-Orient regardaient l'univers cosmique et l'univers humain.

Pourquoi chercher une conjonction de planètes ou le passage d'une comète au-dessus de Jérusalem pour expliquer l'astre qui dirige les mages vers le sauveur ? Plus simplement, le régime culturel sous lequel vivaient les nations et les peuples durait depuis l'âge des Grands Empires, des Tours de Babel et des pyramides. Le rassemblement, par la guerre ou par les alliances d'intérêts, des hordes et des groupes humains en peuples et des peuples en empires (Babylone, Assyrie, Égypte, etc.) montre que les conditions de l'universalité étaient mûres et elle s'est traduite, comme nous l'avons dit, en effet dans l'invention de la police, de l'administration, de la monnaie, des traités, de l'école, de l'écriture, des codes, etc.

Mais la découverte de l'universalité devait s'accompagner de l'émergence d'une loi qui la fonde. Cette loi fut d'abord lue dans le ciel et dans les figures et mouvements de ses corps. C'est dans le ciel, en effet, que les hommes prirent conscience des idées de régularité, de répétition et d'identité contenues dans la notion de loi. Cherchant celle-ci ensuite dans leur environnement immédiat, sur la terre, ils en trouvèrent l'expression dans la vie, dans les naissances, les développements, les croissances, le vieillissement et la mort. L'association entre la loi céleste et la loi terrestre, dans leur esprit, aboutit à une sorte de contamination réciproque : les figures célestes communiquèrent leur régularité et

1. II Samuel 8,2.

leur retour éternel sur elles-mêmes aux faits et événements terrestres, et les êtres terrestres communiquèrent au ciel la vie. Ce n'est point par hasard si
les figures célestes portent des noms qui désignent
un être ou un fait terrestre : chien, gémeaux, bélier,
scorpion, etc.

On donne aujourd'hui à ce modèle de culture des
Grands Empires le nom d'astrobiologie, par lequel
on signifie la confusion entre la nature de la vie et
celle des corps célestes devenus êtres vivants parce
qu'ils se meuvent et qu'ils détermineraient les événements terrestres. L'astrologie en est la pratique et
la technique qui permettent de déterminer le caractère des êtres et les processus qui commandent leur
développement en les référant à une figure du ciel
et à une conjonction de constellations ou de planètes. Ainsi une certaine disposition d'étoiles ou de
planètes pourrait déterminer sur terre, d'après ce
modèle, tel événement et telle histoire. Les mages,
c'est-à-dire les sages païens contemporains de la
naissance de Jésus, ont pu lire dans le ciel le
moment propice à un bouleversement terrestre.

Il est clair cependant que « l'astre qui se lance de
Ya"aQoB » dans les bénédictions prononcées par le
mage Balaam, à l'endroit d'Israël, n'a pas de relation avec la vision astrobiologique qui est aux anti-
podes du monothéisme juif.

Les commentaires rabbiniques de cette bénédiction et de cette reconnaissance d'Israël, par les
païens qui parlent en sages, n'y font en aucune
façon allusion, selon le principe talmudique : « 'EiN
MaZaL Le'YiSRa'eL » : « il n'y a pas de constellation
qui déterminerait l'histoire de YiSRa'eL. » Certains
commentateurs appliquent ces prophéties de
Balaam au roi David, d'autres les rapportent au
messie, fils de David. D'autres encore les combinent
ainsi [1] :

---

1. Voir 'IBN 'EZRa', Nahmanide et Maïmonide (I Rois.
chap. 11).

« Je le vois, mais ce n'est pas encore l'heure »
c'est DaWiD.
« Je le distingue mais il n'est pas proche »
c'est le messie.
« Un astre s'élance de Ya"aQoB »
c'est DaWiD.
« Un sceptre surgit de YiSRa'eL »
c'est le messie.
« Il écrasera les sommités de Mo'aB »
c'est DaWiD.
« Il décime tous les fils de CHeT »
c'est le messie.

Ce mot KoKHaB (astre) a été donné par le grand maître pharisien RaBBi "AQiBa' à un héros en lequel il avait mis tous ses espoirs de libération des Juifs du joug romain, dans la première moitié du IIᵉ siècle. Il l'avait appelé d'abord BaR KoKHBa'(fils de l'astre). Les légions d'Adrien finirent par en avoir raison. Le vrai nom de ce héros qui crut qu'il était messie était BaR KoZiBa'(originaire de KZiB) qui signifie aussi « fils du mensonge », attribut qui lui fut donné quand le maître perçut son amour du pouvoir. On aura compris que le symbolisme de l'astre, de l'étoile et du soleil renvoie au thème de la lumière, non pas physique mais culturelle et spirituelle. Les prophètes le développent abondamment. Matthieu veut donc dire encore que le messie ainsi défini par la Torah comme l'astre qui éclaire le monde et l'oriente, est Jésus, né à Bethléem, lumière messianique qui éclaire l'humanité. En ce sens, il s'accorde avec la vision cosmique des sages des nations.

Nous constatons encore que le récit de Matthieu est un MiDRaCH qu'il ne faut pas lire de manière fondamentaliste mais littérale, c'est-à-dire en l'interprétant à notre tour pour qu'il prenne un sens humain : un sens et non une vérité absolue, un sens et non le réel en soi ; un sens pour la réalité humaine répondant exclusivement aux exigences humaines limitées par un en deçà et par un au-delà, impossibles à dire.

f) Matthieu et Luc

Si des signes évidents de la nature « midra-chique » de l'Évangile de Matthieu étaient encore nécessaires, nous pouvons les fournir en le comparant à celui de Luc.

Que dit Matthieu? Que Jésus est né à Bethléem, sous Hérode, roi à Jérusalem. En fait, en l'an 0, il avait 5 ou 6 ans déjà, puisque Hérode le Grand est mort en -4.

Que dit Luc? Que Jésus est né sous César Auguste et quand Quirinius gouvernait la Syrie. Il s'agit donc d'Octave, le vainqueur d'Antoine et l'héritier de Jules César. On lui donnait le titre divin d'Auguste (le Sublime), le divinisant comme les autres empereurs romains. On l'appelait même le Sauveur parce qu'il avait installé la paix après les violences ininterrompues dont avait souffert l'empire romain dans les guerres civiles. De même que Luc avait fait remonter la généalogie de Jésus jusqu'à Adam, le premier homme, et même jusqu'à Dieu [1], à la différence de Matthieu qui l'avait commencée à Abraham, de même ici, il signifie le rôle de Jésus par opposition à l'empire des nations représenté par Rome. César Auguste, le sauveur des païens qui jouit d'un pouvoir universel, ne sait pas que le véritable sauveur naît dans une petite cité du Proche-Orient. Les deux pouvoirs sont de nature différente, et le plus authentique est celui de l'enfant né dans la pauvreté et non Octave né dans la magnificence. D'où nous voyons bien que le Jésus de Matthieu est différent de celui de Luc, bien que les deux affirment le même Christ. Ils le situent dans un contexte différent. Ils l'interprètent donc.

Que dit encore Matthieu? Que le roi Hérode s'est inquiété de savoir le lieu de naissance du messie et

1. Luc 3, 23-38.

le moment de l'apparition de l'astre ; puis il a fait assassiner tous les garçons de moins de deux ans de Bethléem et de ses régions.

Qu'écrit Luc à ce sujet ? Rien. Il ne parle pas du tout du roi Hérode dans le contexte de la naissance de Jésus, ni de sa barbarie à l'égard des enfants juifs de la région de Bethléem.

Matthieu écrit que des mages d'Orient se présentèrent à Jérusalem pour se prosterner devant le « roi des Juifs » qui venait de naître ; qu'ils le trouvèrent à Bethléem, dans une « maison », et qu'ils lui offrirent des dons. Au lieu de retourner le dire à Hérode, ils repartirent chez eux comme ils en avaient reçu le message en songe.

Quant à Luc, il ne parle pas du tout des mages d'Orient, mais de bergers de la région de Bethléem qui reçurent les premiers la « bonne nouvelle », grâce à un ange ; ils se rendirent à « la mangeoire » et trouvèrent « Marie et Joseph et le bébé gisant dans la mangeoire ». Nous constatons encore que les récits des deux évangélistes s'appuient sur des indications de temps et de lieu qui dévoilent l'intention de chacun d'eux. Pour Luc, l'enfant messie est né dans une « mangeoire » « parce qu'il n'y avait pas de place dans la salle d'hôtes », et ce sont des bergers juifs, justes et pauvres, qui l'apprennent les premiers, pas des mages étrangers.

Le mouvement d'annonce du salut, chez Luc, va de l'intérieur vers l'extérieur, grâce à une mutation véritable par laquelle l'ange prédit « la joie pour tout le peuple » au sein duquel la promesse s'accomplit. Mais dans un second temps, « une multitude de l'armée céleste descend louer Dieu sur terre » où la paix messianique s'installe « parmi les hommes de bienveillance ».

Au contraire, chez Matthieu, les scribes et les grands prêtres connaissent leur tradition mais ignorent qu'elle se réalise en leur temps ; Hérode le roi est un barbare et l'essentiel se passe chez les païens qui savent que le temps est arrivé. Le mouvement va donc de l'extérieur vers l'intérieur : les sages des nations font une demande à Israël, celle des lendemains qui chantent la louange messianique, mais l'ordre religieux juif (scribes et grands prêtres), par fidélité à la promesse, reste tout de même indifférent à cette demande bien qu'il en sache la nature ; par contre, l'ordre politique juif (Hérode) y réagit par la violence et par le projet de destruction de l'objet de cette demande. Dès le second chapitre de son Évangile, Matthieu condamne l'institution religieuse et l'institution politique du peuple juif, la première à cause de son ignorance et de son aveuglement devant l'histoire, la seconde à cause de sa violence. Au contraire, pour Luc, tout se passe au milieu du peuple juif : l'ordre religieux (Zacharie) finit par croire et reprendre sa parole pour l'annoncer au peuple. Quant à l'ordre politique, il est celui des Romains qui sont pour le moment indifférents à ce qui se passe sur le plan spirituel en Israël. Il faudrait donc que la conversion des Juifs se produise, qu'ils deviennent tous des « Jean » annonçant la « bonne nouvelle » au peuple et aux nations.

Ce sont là encore des interprétations et des visions de l'histoire impliquées dans l'image que les deux Apôtres se sont faite de Jésus perçu comme « Le Christ ».

Autre interprétation encore : le recensement ordonné par César Auguste (Octave) pour « tout l'univers » est cohérent avec la réorganisation rigoureuse qu'il a entreprise et réussie au cours de la période la plus brillante de l'Empire romain [1]. Peu importe ici la date de ce recensement, en l'an 6 de l'ère courante ou en l'an 6 avant [2]. L'important est qu'il est la manifestation d'une administration

1. *Cf.* Actes 5, 37.
2. En effet, il y a un problème au sujet de Quirinius, qui ne fut nommé gouverneur qu'en 6 de l'ère courante.

prestigieuse qui permet l'éclosion de l'esprit [1]. C'est au sein de ce bouleversement opéré par le pouvoir romain qu'éclôt un autre bouleversement plus que social, politique ou culturel.

C'est une révolution au sein d'une évolution ; au moment où un « sauveur [2] » païen organise la paix chez lui et dans tout « l'Univers », au moment où ce « sauveur » était divinisé également, le véritable « Sauveur », « Christ Seigneur », naissait dans une « ville de DaWiD ». Le recensement obligea les parents de Jésus à quitter leur ville, Nazareth, pour se rendre à Bethléem d'où Joseph était originaire. Jésus était donc conçu à Nazareth, d'après Luc, et né à Bethléem. Pourquoi Matthieu ne parle-t-il pas de ce recensement ni de ce voyage ? Parce qu'il commence son récit directement à Bethléem et parce qu'il ne dirige la Sainte Famille vers Nazareth qu'à son retour d'Égypte où elle avait fui les persécutions d'Hérode.

Nous voudrions rappeler ici que lorsque nous affirmons que ces récits ne sont que des interprétations, nous ne voulons pas les délester de leur valeur ni de leur importance. Bien au contraire, c'est alors seulement qu'ils éclairent de leur véritable lumière spirituelle. Nous voulons en montrer la profondeur spirituelle en les considérant comme des MiDRaCHiM [3]. Matthieu et Luc ont chacun leur vision de Jésus et plus précisément leur écoute. Les deux sont persuadés qu'il est LE Christ, LE Messie, L'Oint, LE Sauveur, parce qu'ils l'ont vu vivre, entendu enseigner, l'ont vu mourir et ressusciter. Mais ils le disent chacun à sa manière parce que chacun a son image et son idée de Jésus. Ils en ont le droit parce qu'ils se réclament de l'Esprit et de l'histoire humaine et parce qu'ils sont poussés par leurs exigences absolues.

1. Ce temps d'Octave Auguste est celui de Virgile, d'Horace, d'Ovide, de Tite-Live, etc.
2. Octave était appelé « sauveur », en effet.
3. Pluriel de MiDRaCH : interprétation.

Ce que nous cherchons ici c'est le moment exact et le lieu précis de la rupture de leur MiDRaCH avec le MiDRaCH rabbinique. Ce que nous voulons préciser ce sont donc les modalités de leur MiDRaCH et les raisons pour lesquelles les Pharisiens les ont refusées considérant qu'elles trahissaient d'une certaine manière les données fondamentales du monothéisme élaboré par les prophètes d'abord, et par les maîtres juifs à leur suite. Nous l'avons montré à propos de la généalogie, puis de l'annonce, puis de la naissance. Cela ne signifie nullement que Jésus n'aurait pas dû prêter le flanc à l'incompréhension, ni prendre le risque d'être même utilisé par le détournement de sa parole vers d'autres fins valables ou non. Cela signifie seulement que dans la mesure où la théologie de l'Église se présente comme une rupture avec le judaïsme, le christianisme doit être considéré vraiment et réellement comme une nouvelle religion. Plus précisément, le christianisme serait la transformation du judaïsme en religion. Mais dans la mesure où le christianisme retrouve aujourd'hui une certaine continuité avec le judaïsme, il doit cesser de se présenter comme l'épanouissement de celui-ci, comme son fruit ou sa fleur. Cela conduit les Chrétiens qui le veulent bien à imposer à leur Église l'apprentissage du judaïsme et de la lecture juive de la Torah, afin de découvrir le rôle auquel Dieu — l'Unique — les a appelés en tant que Chrétiens. Ce n'est assurément pas pour se substituer au peuple juif ni à son rôle dans l'histoire en tant qu'Israël.

Chapitre II

Le christianisme
comme nouvelle religion

Terminons par ce double point de vue des Apôtres jeté sur la naissance de Jésus, celui de la continuité et celui de la rupture. Posons la question centrale à ces récits et même à tous les Apôtres : pourquoi chercher à relier les actes, les paroles, les pensées et toute la vie de Jésus aux textes de la Torah ? Pourquoi faire des citations de la Bible hébraïque (la Loi et les Prophètes) pour montrer que Jésus les accomplit dans son existence et dans sa chair ? Qu'est-ce que le christianisme a à faire avec le judaïsme ? Pourquoi l'Église n'a-t-elle pas séparé la Torah de ses propres Écritures Saintes, comme les Musulmans l'ont fait pour le Coran ? La réponse habituelle est que Jésus était juif, né au sein d'une mémoire séculaire, qu'il a enseigné d'abord à ses frères juifs nés dans le même peuple que lui, et qu'il ne s'est presque jamais adressé aux autres. Mais cette réponse engage celui qui la fournit. Et puisque le christianisme n'aurait pas été possible sans le judaïsme, qu'on veille à ne pas céder aux tentations qui poussent aux schémas de la confiscation, de la substitution, et des métaphores florales, quand ce n'est pas à ceux du ressentiment, du mépris ou de la haine.

Les Chrétiens ont besoin du judaïsme et des Juifs car Jésus était juif, car Dieu a choisi le corps d'un Juif pour se manifester dans le monde : pourquoi ne pas chercher à déterminer les responsabilités respectives et réciproques que le même Dieu leur a demandées ?

Cependant, nous croyons que les citations bibliques dans l'Évangile de Matthieu ont un autre but.

Jetons, en effet, un dernier coup d'œil sur les récits de la naissance. Nous y apprenons que, d'après Matthieu, Jésus est né à Bethléem parce que les prophètes l'ont écrit (Michée 5, 1), de Marie la Vierge parce qu'ils l'ont prédit (Isaïe 7,14) ; que la Sainte Famille est descendue en Égypte parce que Dieu a dit par la bouche du prophète Osée :

D'Égypte, j'ai appelé mon fils.

Osée 11,1

Que le massacre des Innocents à Bethléem par Hérode accomplit encore le verset écrit par le prophète Jérémie :

Une voix en Rama fut entendue.
Pleur et lamentation nombreuse,
C'est Rachel qui pleurait ses enfants.
Elle ne voulait pas être consolée
Parce qu'ils ne sont plus.

Matthieu 2,18

La citation exacte du prophète est :

Une voix en Rama est entendue,
Plainte et pleurs amers.
RaHeL pleure ses enfants.
Elle refuse de se laisser consoler
De ses fils qui ont disparu.

Jérémie 31, 15

Il faut ajouter à ces citations explicites, les réminiscences bibliques, les expressions et même certains faits déterminants de l'histoire hébraïque. Ainsi, Hérode n'est rien d'autre qu'un nouveau Pharaon qui extermine les enfants d'Israël comme le roi égyptien l'a fait au temps de Moïse. Joseph reçoit en songe l'ange qui lui dit en Égypte :

> Va vers la Terre d'Israël
> Car ils sont morts, ceux qui cherchent la vie du petit enfant.
>
> Matthieu 2,20

C'est ce que YHWH a dit à Moïse au buisson ardent pour le convaincre de descendre en Égypte sauver ses frères de la servitude [1]. D'autre part, les attributs de Jésus sont tous pris dans la Torah : il est fils de David, Sauveur, Emmanuel, gouvernant, berger, fils de Dieu.

Nous avons l'impression que Matthieu, qui s'adresse à des Juifs en voie de conversion au christianisme et à son image de Jésus comme LE Christ, cherche à les convaincre que celui-ci a revécu non seulement les épreuves de foi des grands personnages bibliques mais également celles du peuple hébreu en totalité. En somme, pour lui, Jésus serait à lui seul Abraham, Jacob, Moïse, David et Israël. Il est « fils de David, fils d'Abraham » (1,1); il est « Emmanuel » (Dieu avec nous); il est Moïse échappé au massacre des enfants (Exode 2,1-10); de même que le prophète hébreu a échappé à Pharaon, s'est réfugié dans un pays étranger, puis est retourné affronter le roi égyptien sur l'ordre de YHWH, de même Jésus a fui Hérode et la tuerie de Bethléem, puis est retourné prêcher pour sauver son peuple; il est Jacob aussi parti en exil fuyant son frère qui avait juré de le tuer et qui est retourné en Terre promise l'affronter. Jésus est Israël enfin, en totalité, car comme lui, il a été appelé d'Égypte et nommé par YHWH « mon fils premier-né » selon le verset :

> Tu diras à Pharaon : Ainsi a parlé YHWH : mon fils premier-né YiSRa'eL.
>
> Exode 4,22

1. Exode 4,19.

212

Ce statut de fils de YHWH est repris par le prophète Osée :

> YiSRa'eL est jeune et je l'ai aimé.
> D'Égypte j'ai appelé mon fils.

Osée 11,1 [1]

Ainsi pour Matthieu, Jésus accomplirait-il toutes les vocations individuelles de son peuple et celle d'Israël en entier. Il récapitulerait toute l'histoire de son peuple et la conduirait à son terme. Et c'est là que la question se pose de savoir, si tel était le cas, ce qui resterait aux Juifs d'autre que la conversion visée par Matthieu. Pourquoi donc les Juifs ne devinrent-ils pas chrétiens en suivant les Apôtres et pourquoi jusqu'à aujourd'hui le Juif refuse-t-il de « s'accomplir » en Jésus ainsi défini ? C'est à cette aporie [2] que se heurte ce MiDRaCH de Matthieu : tant que l'on considérera que le judaïsme a précédé le christianisme non pas dans le sens historique, mais comme le bourgeon qui s'épanouit dans la fleur ou dans le fruit, on ne comprendra pas pourquoi le Juif reste fixé au stade d'ébauche qui refuse d'éclore. Comment donc trouver sens à l'émergence du christianisme à partir du judaïsme ? En d'autres termes, que voulait Jésus exactement ? Jésus le Juif, désirait-il être LE Christ ? Ou encore : LE Christ n'est-il pas la rupture radicale avec le judaïsme, contrairement à Jésus qui incarnerait la continuité ? Dans l'affirmative, nous serions conduits à conclure que LE Christ est, malgré son nom, une élaboration purement spirituelle caractéristique d'une nouvelle religion.

Mais si nous tenons compte de l'histoire et des événements contemporains de Jésus et des Apôtres, nous pouvons avancer que l'image de Jésus comme

---

1. *Cf.* Isaïe 1,2 ; Jérémie 3,19 ; Deutéronome 32,6.
2. Une aporie est une contradiction insurmontable.

LE Christ, Le Fils divin, s'est constituée à partir de l'idée apocalyptique du sauveur universel produite par certaines des nombreuses « sectes » qui se développèrent en ce temps-là. En ce cas, l'enseignement de Jésus ne serait rien d'autre, à l'origine tout au moins, que l'une des nombreuses interprétations et ramifications de la tradition juive dans les siècles qui précédèrent Jésus. Mais alors qu'est-ce au juste que le judaïsme si certains Esséniens par exemple, ou certains écrits apocalyptiques d'origine juive, ont également attendu un messie descendu du ciel, fils de Dieu, Sauveur de la lignée de David ? Le christianisme ne serait-il donc qu'une des familles spirituelles produites par le judaïsme ?

Les questions posées par la lecture de Luc sont différentes. Tout son premier chapitre déroule les récits des événements de façon parfaitement cohérente avec ceux de la Torah. Il ne cite pas les textes bibliques pour en montrer l'effectuation qui se produit sous les yeux de ses contemporains, mais il en emprunte les expressions en les intégrant à son discours. Il écrit de Jean par exemple :

Il marchera par-devant sous le regard de Dieu, avec l'esprit et la puissance d'Élie *pour ramener le cœur des pères vers leurs enfants*.

Luc 1,17

Il n'écrit pas : « Il marchera... avec l'esprit et la puissance d'Élie ainsi qu'il est écrit : il ramènera le cœur des pères vers leurs enfants. » Il reste que, dans ce premier chapitre, il faut considérer une exception : celle de la divinité de Jésus (1,35) qui ne trouve pas de correspondant dans la Torah. En dehors de cette croyance ou de cette interprétation, tout le chapitre est acceptable par le Juif pharisien et en accord avec le MiDRaCH tel qu'il l'entend. Luc écrit encore :

Élisabeth, ta parente, est, elle aussi, enceinte d'un fils dans sa vieillesse... elle qu'on appelait stérile *car rien n'est impossible à Dieu.*

Luc 1,36-37

C'est exactement la situation de Sarah qui est rappelée ici et appliquée à Élisabeth, avec la réponse que YHWH fit à Abraham à propos de la naissance d'Isaac, dans les mêmes conditions miraculeuses : « rien n'est impossible à Dieu [1]. »

C'est que Luc ne cherche pas de preuve par la Torah pour authentifier ce qu'il dit sur Jésus : il s'adresse à des païens qui n'ont pas connaissance de la mémoire juive et suit une pédagogie différente de celle de Matthieu qui s'adresse, lui, à un public averti. C'est pourquoi il refait un peu d'histoire, comme il le dit, dans son prologue, à Théophile qui n'est certainement pas juif, mais au demeurant croyant. Il lui apprend que tout a commencé avec un peuple, sur une terre, dans une capitale : Jérusalem. Mais c'est parce que, en fait, la parole divine s'adresse à tous les peuples, même si Israël fut le premier à l'entendre et à la recevoir. C'est pourquoi, dès le second chapitre, il se place du point de vue des nations d'où lui apparaît ce peuple comme l'un parmi les autres, faisant disparaître ainsi l'opposition YiSRa'eL-nations. L'« Esprit Saint », dit-il, est répandu sur tous les peuples et c'est ce que Jésus est venu illustrer par l'universalité de son message parce qu'il est conçu lui-même à partir de l'« Esprit Saint ». C'est à partir de cette conviction et de cette expérience concrète de l'« Esprit Saint » tel qu'il se manifeste en Jésus, que le païen accède à la compréhension de l'histoire comme œuvre de Dieu.

C'est Jésus qui serait désormais la référence nouvelle de la Torah elle-même et de tous les hommes, car il est désormais le médiateur unique. La Torah garde sa valeur car elle contient le passé de Jésus et du peuple où il est né ; elle raconte l'histoire de la

---

1. Genèse 18,14.

descente sur terre de l'« Esprit Saint » jusqu'au moment où, en Jésus, il s'étend à toute l'humanité. Mais cela ne signifie nullement qu'il n'était pas en tout homme quel qu'il soit. C'est ainsi que Luc invite le païen à le retrouver en lui-même, en réfléchissant à ce qui s'y passe, en vie, en réaction, en désir, en pensée et en sensibilité.

Nous remarquons ici encore que le Jésus de Luc n'est pas celui de Matthieu et ces deux images différentes l'une de l'autre posent des problèmes différents au judaïsme et à sa méthode d'interprétation des textes et de l'histoire (MiDRaCH).

Nous avons vu les impasses auxquelles conduit l'image matthéenne d'un Jésus accomplissant les promesses faites aux Hébreux et aux Juifs. En réalité, la Torah, dans sa généralité, parle plutôt de renouvellement d'alliances avec le même peuple, au sein de l'alliance générale et universelle contractée avec l'humanité depuis Noé, l'ancêtre de tous les hommes. Aucune alliance ne rend caduques, ni ne remplace, les alliances antérieures. La « nouvelle alliance » ne signifie que son renouvellement et son empreinte plus profonde dans l'existence personnelle et collective. Assurément Jésus a voulu « renouveler » l'alliance d'Israël et, au cœur d'elle, l'alliance avec David — l'ordre politique — et avec les prêtres — l'ordre religieux —, avec la légalité et avec la moralité, avec le régime collectif et avec l'univers personnel. Il fut en cela un rabbi, un maître, plus qu'un prophète d'après la thèse rabbinique selon laquelle « un sage est plus important qu'un prophète ». Celui-ci, en effet, est le porte-parole des principes généraux de la Loi, alors que le sage s'attache à montrer comment obéir à la Loi dans chaque situation concrète et dans chaque cas précis. C'est d'ailleurs le critère choisi par Jésus, qui n'a jamais voulu changer la Loi, pour nommer Pierre comme premier responsable de l'Église et, pour ainsi dire, rabbin de la première communauté chrétienne :

Or, répondant, Jésus lui dit :
Heureux tu es, Simon fils de Jonas, car ce n'est pas la chair ni le sang qui te l'ont révélé mais mon Père qui est dans les cieux.
Or moi aussi je te dis que toi tu es Pierre et sur cette pierre je construirai mon assemblée ; les portes des enfers n'auront pas de force contre elle. Je te donnerai les clefs du Royaume des cieux et ce que tu lieras sur la terre sera lié dans les cieux ; ce que tu délieras sur la terre sera délié dans les cieux.

Matthieu 16, 17-19

Pierre reçoit ainsi le pouvoir de lier et de délier qui caractérise le rabbin d'une communauté, ce qui signifie permettre et interdire. Les clefs du Royaume désignent de même le pouvoir rabbinique d'ouvrir les textes, de les interpréter pour que la parole divine qui y est déposée prenne sens pour la situation à partir de laquelle le maître les interroge. Et telle est la première fonction que Matthieu reconnaît à Jésus : « sauver son peuple de ses péchés » (1, 21) en lui indiquant les multiples règles et expressions de la Loi, pour qu'il évite le mal. La seconde fonction est celle du « fils de DaWiD », ou « roi des Juifs » (2,2), oint (christ) pour le faire reconnaître par tous, ou encore « gouvernant » (2,6) et « berger de mon peuple YiSRa'eL » (2,6). D'où l'on voit que le premier et le second chapitres de l'Évangile de Matthieu ne parlent de Jésus que par rapport à Israël et au peuple juif.

C'est donc au sein de celui-ci qu'il est né pour le sauver de ses péchés. Il n'y est nullement question du salut de l'humanité, alors que les sages des nations le cherchent.

Telle est enfin l'aporie fondamentale à laquelle conduit l'Évangile de Matthieu : le peuple hébreu puis le judaïsme ont élaboré l'idée de messianité et orienté leur histoire vers un accomplissement final : pourquoi donc l'ont-ils refusé à l'époque de Jésus ? Ce n'est sûrement pas parce qu'ils ne savaient pas lire leurs textes, ni parce qu'ils étaient moins doués que les autres, ni parce qu'ils étaient haineux à l'égard des nations, ni parce qu'ils voulaient garder Dieu pour eux seuls. Alors pourquoi ? N'est-il pas paradoxal que le peuple qui a éveillé l'humanité méditerranéenne au messianisme ne l'accepte pas quand il semble se réaliser et s'accomplir ?

L'aporie rencontrée par l'image lucanienne [1] de Jésus est autre car elle surgit à partir d'une situation qui n'est plus intérieure au peuple juif, mais extérieure, comme nous l'avons vu, c'est-à-dire à partir des nations et de l'humanité païenne en général.

Luc prend l'exemple du peuple hébreu et des Juifs pour montrer aux autres que ce qu'il appelle l'« Esprit Saint » souffle sur tout être humain. Comment le nier sans tomber dans le racisme ? Tout homme est capable de s'ouvrir à l'« Esprit Saint » qui l'habite. Il y en a qui, comme Zacharie, Élisabeth, Jean, en prennent conscience parmi les Juifs : leur vocation consiste alors à en convaincre leurs coreligionnaires, à les bénir ou, mieux, à les baptiser, à les reconduire à l'origine d'eux-mêmes, pour y retrouver, profondément enfoui, l'appel de l'« Esprit Saint ». C'est cela la différence du Juif par rapport au Romain qui, lui, ne s'occupe que de l'extériorité et ne sait pas « ruminer » ; ce dernier s'attache à la légalité, à la justesse et non à la justice authentique et à l'intimité.

Mais qu'apporte alors Jésus en plus au monde ? Qu'est-ce que le christianisme a ajouté au judaïsme ? Quel est le message et quel est le signe pour lesquels les bergers louent Dieu et que Marie « garde dans son cœur », comme dit la Torah [2] ?

Le message est quasi apocalyptique [3] et pas sim-

1. C'est l'image que Luc présente de Jésus.
2. Genèse 37,11 ; Daniel 4,28.
3. L'apocalypse est le courant né au IIᵉ siècle avant l'ère courante en Judée, caractérisé par une conception particulière de la fin des temps.

plement eschatologique. L'eschatologie est, comme son nom l'indique, la science (*logos*) de la fin (*eschaton*), celle qui se rapporte à la finalité ultime de l'histoire humaine ou cosmique, comme, par exemple, le messianisme dans son sens historique exclusivement. Les prophètes classiques, du VIIIᵉ siècle au IVᵉ siècle avant l'ère courante, n'ont écrit que sur ces lendemains de justice, de paix, de sécurité et de prospérité qui attendent ou qu'attendent les hommes.

Avec les Évangiles comme celui de Luc (2,8-20) dont nous nous occupons ici, le temps et l'histoire acquièrent une dimension nouvelle qu'on peut qualifier d'apocalyptique. Dans la forme d'abord : un messager céleste survient (2,9), la gloire du Seigneur enveloppe les bergers (2,9) « une bonne nouvelle » est annoncée (2,10) dans « une grande joie pour tout le peuple » (2,10) et un signe est donné pour reconnaître l'enfant qui vient de naître (2,12). « Une multitude de l'armée céleste arrive avec l'ange » (2,13) pour louer Dieu. Enfin la « Bonne Nouvelle » reçoit un contenu : « le Sauveur, Christ-Seigneur, est né » (2,11). L'histoire déborde l'espérance millénaire : ce qui fut promis et attendu se produit « aujourd'hui » même (*sêmeron*). Cet adverbe « aujourd'hui » (2, 11) se trouve en vingt occurrences chez Luc sur 33 emplois dans toute la Bible chrétienne [1]. On retrouve ce temps apocalyptique dans le contenu du message également qui annonce l'actualisation de l'eschatologie traditionnelle. Parler du « jour » où naît le Sauveur et appeler celui-ci « Christ-Seigneur », c'est réinterpréter « le Jour de YHWH qui vient » dont ont abondamment parlé les prophètes hébreux [2] et de la manière

---

1. Certains l'appellent encore « Nouveau Testament ».

2. *Cf.* par exemple Isaïe 2,12 ; 17,20 ; 3,7,18 ; 4,1,2 ; 5,30 ; 7, 18,20,21,23 ; 10,20,27 ; 11,10,11 ; 12,1,4 ; 13,6,9 ; 14,3 ; 17,4,7,8 ; 19,16,18,19,21,22,23 ; 20,6 ; 22,5,12,20,25 ; 23,15 ; 24,21 ; 25,9 ; 26,1 ; 27,1,2,12,13 ; 28,5 ; 29,18 ; 30,26,27 ; 31,2 ; 34,8 ; 35,5. Il y a ainsi 50 occurrences du « Jour de YHWH qui vient » dans les 39 premiers chapitres du livre d'Isaïe. Que le lecteur continue

la plus diversifiée. Comme on le voit, chez Luc comme chez Matthieu et comme dans la religion chrétienne, le « Jour de YHWH » devient « Jour du Christ », et la « venue de YHWH » se transforme en « venue du Christ-Seigneur ». C'est donc « aujourd'hui », ce jour mémorable de l'an 5 ou 6 avant l'ère courante, sous Hérode à Jérusalem, sous Octave à Rome, et sous Quirinius en Syrie, que Dieu serait venu sur terre, « enveloppé de langes et gisant dans une mangeoire » (2,12), comme les pauvres, les faibles et les persécutés.

Luc l'appelle « Sauveur » : chez les païens et chez certains Juifs, le Sauveur était divin. Dans la Torah seul YHWH sauve [1]. Jésus le porte d'ailleurs dans son propre nom lu en hébreu. Mais justement, les noms théophores [2] dans la Torah indiquent que seul YHWH est auteur de l'action désignée dans le nom : il sauve, il donne, il est la force, il élève, il se souvient, etc. Dans le texte de Luc, Jésus est sauveur lui-même parce qu'il est Seigneur, identifié au nom divin qui en désigne l'essence divine. Qui le voit, assiste à une épiphanie et doit témoigner de cette « présence divine », de cette « parousie », mot qui désignait chez les Romains la visite de l'empereur lui-même ; Jésus est aussi « Christ », oint, né « dans une ville de DaWiD » : il est messie royal. Il incarnerait donc, d'après Luc, l'espérance du monde et il en aurait le pouvoir légitime.

Il est vrai qu'ainsi compris, le christianisme franchit un pas supplémentaire par rapport à l'apocalyptique juive courante au temps de Jésus et avant lui. Il faut, pour le comprendre, rappeler que l'idée messianique est humaine et proprement et exclu-

ses recherches dans les 27 chapitres suivants et chez les 14 autres prophètes.
   1. *Cf.* Isaïe 43,1 ; Osée 13,4 ; etc.
   2. Un nom théophore est un nom qui porte le nom divin, comme le nom de Jésus, par exemple, quand on le transcrit en hébreu.

sivement humaine dans l'esprit des rabbins. Nous pourrions la qualifier d'eschatologie ascendante parce qu'elle monte de l'homme à YHWH, parce qu'elle repose sur l'effort de l'homme pour établir la justice et la paix dans le monde et parce qu'elle insiste sur la responsabilité humaine.

Certains rabbins ont enseigné dans le Talmud [1] que le peuple juif a manqué deux ou trois fois le messie dans son histoire. D'autres enseignaient que le messie est depuis longtemps assis à nous attendre aux portes de Rome, avec les lépreux, les pauvres, les exclus, les estropiés... D'autres encore répètent que c'est le messie qui nous attend et qu'il faut cesser de dire que nous attendons le messie. Cette idée messianique appelant l'homme à aider la parole de YHWH à descendre sur terre — la parole, pas YHWH lui-même — a été laïcisée en Occident comme tant d'autres valeurs bibliques et est devenue l'idée de « progrès » dans la philosophie des Lumières, au XVIIIe siècle. Mais c'est là un aspect authentique de la messianité juive. C'est à l'homme à faire, à agir, à faire régner la justice et la paix dans le monde. YHWH a fait son travail : il a créé le monde, l'homme et la femme, et fondé les valeurs éthiques et spirituelles révélées à tout être humain puis il a fait CHaBBaT [2]. Il s'est retiré, absenté, pour permettre à l'homme de jouer à son tour son rôle et de faire descendre les valeurs du ciel sur la terre. Voilà pourquoi nous appelons cette eschatologie ascendante car c'est l'homme qui s'élève par cette voie à ce qu'il y a de plus humain en lui, l'appel infini et absolu, l'exigence de l'ailleurs et de l'Autre, le désir du Bien, l'amour du prochain et du lointain.

1. C'est un ensemble de traités juridiques, économiques, sociaux, familiaux, politiques, psychologiques et éthiques, dans lesquels est déposée la pensée pharisienne.
2. S'arrêtera-t-on un jour de désigner le septième jour par « sabbat » ? Ce mot désigne aussi malheureusement l'assemblée des sorciers et des sorcières.

Parallèlement à cette messianité, s'est développée, au sein même de la société hébraïque et surtout de la société juive après la construction du second Temple à la fin du VIᵉ siècle avant l'ère courante, et plus systématiquement encore à partir de la guerre des Maccabées dans la première moitié du IIᵉ siècle avant l'ère courante, une eschatologie descendante sous la forme apocalyptique. Le texte fondamental auquel il faut toujours revenir quand on réfléchit sur l'écriture apocalyptique est celui de Daniel dont on connaît au moins le récit de la fosse aux lions ou du colosse aux pieds d'argile. Comment est né le courant apocalyptique qui a succédé à la prophétie messianique classique ? D'une déception et d'un constat psychologique et spirituel à la fois, qui touche au désespoir. Les interprétations prophétiques du mal et de la souffrance d'Israël et des Juifs, se sont révélées insuffisantes à cause de la disproportion insupportable entre la sanction et la faute. Les prophètes classiques — ceux de la messianité et de l'eschatologie ascendante — rapportaient systématiquement les échecs de leur peuple et ses souffrances à ses fautes et à ses infidélités.

Pour eux, c'était toujours Israël le coupable et sa punition était méritée sans conteste. Ce qui pouvait s'entendre d'un certain point de vue et jusqu'à un certain point. Mais quand la souffrance devenait si étendue, si longue et si inhumaine qu'elle ne correspondait plus à la faute, hors de quoi Dieu devenait diabolique, comment fallait-il l'interpréter ?

Il ne s'agit pas ici du problème de Job ('IYYoB) qui fait éclater la relation entre la vertu et le bonheur et le vice et le malheur, ou en d'autres termes de la question du juste souffrant à laquelle a réfléchi le second Isaïe dans son fameux chapitre 53. Non, il s'agit d'une question plus simple, si on peut le dire : celle de l'échec permanent du peuple hébreu et des Juifs après lui, à faire entrer la Torah dans le monde et la Loi dans le cœur et dans l'esprit de l'homme. Ah ! si les souffrances de l'obéissance et de l'organisation éthique de l'humanité s'accompagnaient au moins de réussites, on les assumerait d'une manière ou d'une autre. Mais après l'échec lamentable de la royauté de Samarie, de celle de Jérusalem et de la lignée de David, après la destruction du premier Temple en -586, après la déportation, et même dès la révélation du Sinaï, durant l'existence de Moïse, dans la faute incompréhensible du veau d'or, il fallait se rendre à l'évidence. Au-delà du chapitre 53 d'Isaïe, au-delà de la souffrance de Job l'homme juste par excellence, il fallait avouer que le monde et la réalité humaine créés par YHWH étaient hétérogènes dans leur nature même à l'ordre éthique, hermétiques dans leur essence même à la parole de YHWH et réfractaires à la Loi déposée dans la Torah. Les mouvements gnostiques du IIe siècle de l'ère courante, contre lesquels l'Église eut tant à lutter, reprendront ce thème de réflexion et concluront au dualisme entre la parole divine et la loi de la nature cosmique. La réponse du courant apocalyptique juif à partir de Daniel fut autre car ses tenants ne pouvaient pas mettre en doute le principe monothéiste selon lequel le Créateur de l'Univers est celui même qui dicte la Torah à Israël. En termes moins religieux et moins mystérieux, ce principe monothéiste conduit à penser que la loi du monde n'est pas, en elle-même, totalement étrangère à la loi morale, que la liberté n'est pas contradictoire avec la nécessité, que ce qui doit être peut trouver, d'une certaine manière, sa place au cœur de ce qui est, bref que la nature humaine est moralisable et ouverte à l'Esprit. Mais comment répondre, en ce cas, aux échecs répétés, à l'inutilité et à l'inefficacité apparentes des efforts humains ? Par l'eschatologie descendante : c'est YHWH lui-même qui va sortir de son CHaBBaT et quitter sa retraite. Il va de nouveau, comme le raconte le premier chapitre de la Genèse, réorganiser le monde, créer même de nouveaux cieux et une nouvelle terre, donner à l'homme un autre cœur, ouvrir les yeux des aveugles et les oreilles des sourds, contracter une « nouvelle alliance », avec le monde et avec les hommes, afin d'établir l'homogénéité parfaite, l'harmonie et la consonance entre l'ordre du monde, l'ordre de la chair et l'ordre de l'esprit. Comprenons par là la formidable révolution qui doit se produire dans les esprits : les apocalypticiens nous disent, depuis plus de deux millénaires, que c'est notre conception de la nature et de l'univers qui devra totalement changer si nous voulons y rendre possible la vocation éthique portée par l'homme et si nous voulons faire « cohabiter le loup et l'agneau », faire « se coucher le léopard avec le chevreau », nourrir ensemble « le veau et le lionceau », conduits par un petit garçon, donner « la même pâture à la vache et à l'ourse » et « le même gîte à leurs petits », donner « à manger du fourrage au lion et au bœuf », voir « le nourrisson s'amuser sur le nid du cobra » et « le jeune enfant étendre la main sur le trou de la vipère ».

> Il ne se fera ni mal ni destruction sur toute la montagne sainte, puisque le pays sera rempli de la connaissance de YHWH comme la mer que comblent les eaux.
>
> Isaïe 11, 6-9

Aucun auteur apocalyptique ne dit cependant comment YHWH allait procéder à cette nouvelle création. Comment donc allait-il s'y prendre ? Comment allait-il déterminer, dans l'esprit et dans le cœur humains, les mouvements de regard et d'écoute tout à fait nouveaux qui auraient permis une représentation du monde et une action consonantes avec l'éthique et l'esprit ? Les réponses à ces questions sont quasiment inexistantes dans les écrits apocalyptiques qui précèdent la naissance de Jésus. C'est d'ailleurs là une question mystérieuse et qui est destinée à le rester. Que signifie exactement que Dieu, Esprit pur, agit sur le monde, fait pleuvoir, fait gagner les batailles, fait produire le sol, coupe la mer Rouge, guérit les malades, redonne la marche aux paralytiques, ressuscite les morts ? Et plus banalement, comment introduire de la lumière dans la relation entre l'esprit et la matière, le psychisme et l'organisme, la valeur et l'être, le sens et la force ? Les auteurs des MiDRa-CHiM apocalyptiques se limitent à cette simple affirmation d'une création nouvelle et d'une alliance nouvelle entreprises par YHWH lui-même sans nous révéler, comme dans l'eschatologie ascendante, les diverses voîes et les multiples moyens possibles de leur actualisation.

Ce pas est franchi par Luc, par Matthieu et par le christianisme car ils disent et ils savent les voies du salut : ils les ont découvertes en Jésus qui « aujourd'hui » vient au monde. Suivons-les dans leurs affirmations pour comprendre exactement leurs croyances et la nature de leur MiDRaCH, à partir d'un texte d'Isaïe d'allure apocalyptique déjà.

> Que se réjouissent le désert et la terre désolée, qu'exulte la steppe et qu'elle fleurisse comme la rose.
> Qu'elle se couvre de fleurs, que sa joie déborde de chant, la gloire du Liban lui est donnée avec la splendeur du CaRMeL et du SHaRoN.
> *Ils vont voir, eux, la gloire de YHWH, la splendeur de notre Dieu.*
> Rendez fortes les *mains fatiguées*, et les *genoux vacillants*, affermissez-les. Dites à ceux dont le *cœur chancelle* : « *Soyez forts, ne craignez rien ! Voici votre Dieu.* La vengeance vient, la rétribution de Dieu ; *il vient lui-même vous sauver.* »
> Alors les yeux des aveugles s'ouvriront ; et les oreilles des sourds seront débouchées.
> Alors bondira comme un cerf le boiteux, et la langue du muet chantera de joie, car des eaux jaillissent dans le désert et des torrents dans la steppe... Là on construira une route, une chaussée qu'on appellera « voie de la sainteté » ; l'impur n'y passera pas car *il ouvrira la voie lui-même*, et les insensés ne s'y perdront pas...

Ils reviendront, ceux que YHWH a rachetés.
Ils arriveront à TSYoN avec des cris de joie, une joie éternelle sur leurs têtes ; ils atteindront allégresse et joie ; tristesse et plaintes s'enfuiront

Isaïe 35

Les cœurs qui chancellent vont donc « voir Dieu qui vient lui-même les sauver », leur rendre la vue, l'ouïe, la marche et la parole. YHWH lui-même ouvrira la voie de la sainteté et les joies éternelles brilleront sur tous les visages. C'est YHWH lui-même qui sauvera le monde et les hommes. On le constatera parce qu'on apercevra les transformations soudaines de tout ce qui est, du désert, de la steppe, des hommes faibles, handicapés ou malades. Mais le prophète ne décrit pas les processus par lesquels le Sauveur, YHWH, recrée le monde nouveau et rachète son peuple à Jérusalem. La seconde forme de l'apocalyptique qui caractérise les Apôtres et Luc en particulier, dans ses deux premiers chapitres, repose sur l'incarnation de Dieu : c'est Dieu lui-même, le Seigneur (Kyrios) qui, en Jésus « Christ-Seigneur », se mêle physiquement à l'histoire des hommes et leur apprend à se transformer et à donner enfin un visage humain au monde. Luc est le seul Apôtre à désigner Jésus par cette expression qui associe « Messie » et « Seigneur [1] ». Or les Juifs n'adressent qu'à YHWH le titre de « Seigneur » en prononçant le Tétragramme : Kyrios ('ADoNaY). Pour les Apôtres, donc, Dieu sauve lui-même le monde en se faisant homme.

Telle est l'ultime étape de l'apocalyptique — l'eschatologie descendante — que les Pharisiens n'ont jamais franchie et ne voudront jamais franchir, grâce à — ou à cause de — leur idée de la création. Celle-ci désigne pour eux la séparation radicale, l'altérité totale, l'extériorité absolue entre le Créateur et la créature. Nous le répétons : là où est

1. Voir aussi Actes 2,36.

le monde YHWH n'est pas et là où se trouve YHWH, ni l'homme ni le monde ne se trouvent.

La moindre continuité établie entre YHWH et l'homme ou le monde sacraliserait celui-ci comme le paganisme, et diviniserait celui-là comme le polythéisme gréco-romain.

L'enseignement premier et originel de la Torah se rapporte à la révélation du Sinaï et à la réception de la Loi divine. Son originalité réside dans l'attribut divin de Sauveur et de libérateur des Hébreux d'Égypte. YHWH est d'abord le Dieu d'Abraham, d'Isaac et de Jacob, c'est-à-dire le Dieu personnel qui intervient dans l'histoire humaine et s'adresse à chacun en particulier parce qu'il a besoin de lui. Mais pour qu'on ne confonde pas révélation et manifestation, transcendance et immanence, ou révélation et inspiration, les rabbins ont commencé le canon biblique par les textes qui se rapportent à la création du monde. Ils ont voulu rappeler ainsi à leurs fidèles que c'est le Créateur qui se révèle, que la révélation n'a de sens que si celui qui s'y aventure est absolument autre que le lieu où il se produit et celui devant lequel il se produit. Il leur reste à dire, certes, comment est possible cette révélation. Ils y répondent que seule la parole peut franchir l'abîme qui les sépare, parce qu'elle est la seule à relier en distinguant. Cette parole dit le projet — la volonté — de YHWH pour l'homme ; elle ne dit rien de YHWH lui-même. D'où l'aporie rencontrée à la lecture des deux premiers chapitres de l'Évangile de Luc : si Dieu est Créateur, il ne peut prendre la nature ni la forme de la créature. S'il prenait l'un ou l'autre aspect de la créature, il le sacraliserait par là même et en ferait son reflet, son émanation, ce qui infirmerait son attribut de Créateur puisqu'il aurait établi une continuité naturelle entre lui et le monde ou l'homme. L'interdit de la représentation de YHWH repose sur cette idée de la création qui signifie la transcendance absolue du Créateur par rapport à la créature. Rien de ce qui est ne peut avoir l'essence de YHWH.

À proprement parler, si le monde — ou l'homme — *est*, YHWH *n'est pas*. Et si YHWH est, le monde — ou l'homme — n'est pas. Les religieux, on ne sait pourquoi, préfèrent laisser l'Être, en l'écrivant avec une majuscule, à YHWH, et le néant, la misère, le non-être et le rien à l'homme et au monde. Au contraire, le monde est, on le voit bien, et l'homme existe, on le vérifie de manière évidente. C'est de YHWH qu'on ne peut rien dire, ni imaginer, ni sentir, ni penser, puisqu'il est imprononçable et que la seule relation que nous ayons avec lui consiste à reconnaître et à dire sa transcendance : Kyrios ('ADoNaY-Seigneur). On se demandera, à partir de là, ce que signifie qu'il parle, qu'il ordonne, qu'il sauve, qu'il aime, qu'il punit, qu'il pardonne, etc. Quel sens a donc l'idée de relation avec lui si tout ce que nous savons dire de lui se réduit seulement à affirmer sa transcendance, son altérité radicale ? C'est pour répondre à cette question que les Pharisiens ont fondé leur herméneutique qu'ils ont appelée MiDRaCH. Et l'on comprendra aisément que le MiDRaCH se rompt, si, devant une créature ou une réalité ou un être, nous avions l'assurance de nous trouver devant une personne divine qui se trouverait elle-même identifiée entièrement au projet de YHWH, c'est-à-dire à sa volonté infinie. La lecture fondamentaliste aura remplacé la lecture littérale qui est le premier niveau d'interprétation du texte et de l'événement qu'il rapporte. Parce que le judaïsme est une création d'exil, le Juif ne peut vivre en dehors de l'univers symbolique, du MiDRaCH ; il ne peut oublier un tel statut quand il lit la Torah et à plus forte raison les Évangiles. C'est sur ce terrain du MiDRaCH que Juifs et Chrétiens peuvent bâtir ensemble le monde de demain.

Seconde section

Pour une lecture juive
des Évangiles

« La philosophie devient une manufacture de mots et, dans tous les sens du terme, le philosophe travaille à "faire de l'effet". On code, on surcode, puis l'on opère en sens inverse en faisant admirer l'ingéniosité avec laquelle on décode. »

Jean Brun, *Cahiers de l'Université Saint-Jean de Jérusalem*, n° 6.

« Qu'a donc ton bien-aimé de plus qu'un autre, ô la plus belle des femmes ?
Qu'a donc ton bien-aimé de plus qu'un autre pour nous adjurer ainsi ? »

Cantique des Cantiques

« Tu es un jardin clos, ma sœur, mon épouse, tu es une source fermée, une fontaine scellée. »

Cantique des Cantiques

Chapitre I

Les voies nouvelles

a) L'impossible fondamentalisme

On ne peut manquer de s'étonner, non seulement des événements racontés par Matthieu qui semblent impossibles parce que irréels ou irrationnels, mais aussi des paradoxes qu'on rencontre dans sa manière de faire du MiDRaCH. Nous en avons vu et interprété certains dans le premier chapitre de son Évangile comme la prostituée de Jéricho Rahab, introduite dans l'ascendance de Jésus, ou la prostituée sacrée Tamar également. Le second chapitre est composé sur un autre qui se rapporte à la fuite de la Sainte Famille en Égypte :

Voici : l'ange du Seigneur apparaît en songe à Joseph en disant : « À ton réveil prends auprès de toi le petit enfant et sa mère et fuis en Égypte :
Sois là jusqu'à ce que je te le dise car Hérode va chercher le petit enfant pour le faire périr. »
Matthieu 2, 13

Ce texte nous fait penser d'abord au Pharaon de l'époque de Moïse, réincarné, si l'on peut dire, dans le roi Hérode puisque les deux cherchent à perdre l'enfant qui naît et qui sera le sauveur de son peuple. Moïse se trouve aussi réincarné, si l'on peut dire encore, dans Jésus, puisqu'ils sont confrontés les deux à la même situation :

Pharaon avait dit :

Tout enfant mâle qui naît, vous le jetterez dans le Fleuve. Mais toute fille, laissez-la vivre.

Exode 1, 22

À ce verset répond le verset de Matthieu :

Alors Hérode, voyant qu'il avait été joué par les mages, fut pris d'une extrême fureur et envoya des gens tuer tous les garçons de moins de deux ans qui étaient à Bethléem et dans toutes ses régions, selon la période qu'il s'était fait préciser par les mages.

Matthieu 2, 16

Seulement, les parents de Jésus doivent fuir la Terre sainte en Égypte pour protéger l'enfant qui fait peur à Hérode, le roi des Juifs, alors que les parents de Moïse ne peuvent fuir d'Égypte et protègent leur enfant contre le Pharaon, le roi des Égyptiens. Matthieu reproche donc à Hérode, le roi de Jérusalem, de se conduire comme Pharaon. Il montre à ses contemporains que l'Égypte qui a fait tant souffrir Israël se trouve à présent en Judée et que l'Égypte contemporaine de Jésus est au contraire un havre de paix où des persécutés peuvent trouver un asile quand ils risquent leur vie en Judée.

Mais il est possible que Matthieu pense à la fuite d'Égypte à laquelle Moïse a été poussé après avoir défendu l'Hébreu en tuant son agresseur égyptien. Ainsi on comprendrait pourquoi il rapporte le verset de l'Exode adressé par YHWH à Moïse pour le convaincre de se rendre en Égypte afin de libérer ses frères :

« Car ils sont morts ceux qui cherchaient à te faire périr. »

Exode 4, 19
cf. Matthieu 2, 20.

L'évangéliste combine donc deux épisodes de la vie de Moïse. Quand celui-ci naît, Pharaon cherche à le faire disparaître en ordonnant à son peuple de jeter à l'eau tous les nouveau-nés hébreux. Hérode, de même, ordonne de tuer tous les enfants nés dans la même période que Jésus. Nous rencontrons ici le thème universel du futur héros en danger de mort quand il vient au monde. Et quand Hérode meurt,

> l'ange du Seigneur apparaît en songe à Joseph en Égypte, disant :
> En te réveillant, prends avec toi l'enfant et sa mère et va vers la terre d'Israël, car ils sont morts ceux qui cherchent la vie de l'enfant.
>
> Matthieu 2, 19-20

Mais là, les deux situations ne sont plus les mêmes, car Matthieu déplace la citation biblique en changeant son lieu et son moment. C'est en dehors de l'Égypte en effet, après l'épisode du buisson ardent à Madian (MiDYaN), que YHWH persuade Moïse de se rendre dans le pays où souffrent ses frères, sans craindre d'être tué. Mais c'est en Égypte, et quand Jésus est encore un nourrisson, que l'ange du Seigneur répète le même argument que YHWH, pour décider Joseph à se rendre en terre d'Israël avec sa femme et l'enfant.

Manifestement Matthieu veut signifier l'exil de Jésus en le fondant sur l'Exode des Hébreux. La citation du prophète Osée qu'il rapporte le montre bien :

> Il était là jusqu'au décès d'Hérode afin que s'accomplît ce qui fut dit par le Seigneur par le prophète disant :
> « D'Égypte, j'ai appelé mon fils » Osée 11, 1.
>
> Matthieu 2, 15

Mais, encore une fois, ce verset du prophète se réfère à un événement réel puisque Israël était en Égypte, et c'est d'Égypte que YHWH a appelé « son fils » Israël, le libérant de l'oppression égyptienne.

À l'inverse Dieu appelle « son fils » Jésus d'Égypte où il ne souffrait pas de la servitude, et où il était à l'abri, au contraire.

En second lieu, c'est un peuple entier qui est appelé « fils » et non une personne singulière ; enfin c'est un peuple que YHWH libère d'Égypte. Matthieu identifie Jésus à Moïse et à Israël. Mais Moïse n'avait pas les mêmes conceptions que Jésus sur la libération et le salut, et la fonction d'Israël qui est fondamentalement collective ne peut être remplie par une personne. Même YHWH ne peut l'exercer sinon pourquoi aurait-il élu un peuple parmi les nations, et pourquoi aurait-il appelé Abraham si ce n'est pour fonder ce peuple ?

Tels sont les problèmes insolubles que la lecture fondamentaliste du récit de Matthieu pose à celui qui connaît la mémoire millénaire de l'Apôtre juif. Nous serions tentés de conclure qu'il joue avec les faits et les récits pour leur faire porter ses propres convictions. Ce serait trop simpliste, intellectuellement malhonnête, et, pour un Juif, un témoignage de mauvaise foi. Nous lirons donc encore le texte de Matthieu de façon littérale, c'est-à-dire en nous ouvrant au premier niveau d'interprétation rabbinique [1].

b) La lecture littérale

Le cas de Jésus ici est unique et se distingue des autres cas de fuite dans la Torah. Le neveu d'Abraham fuit bien Sodome qui sera anéantie, et ce sont les deux anges qu'il a reçus chez lui qui l'y poussent, mais pas dans le songe [2].

Jacob fuit aussi son frère Ésaü qui cherche à

---

1. Nous avons dit qu'il y a quatre niveaux : littéral (PCHaT), allusif (ReMeZ), enquête interprétative (DraCH), lecture initiatrice (SoD).
2. Genèse 19, 15.

le tuer, mais c'est sa mère qui le lui conseille et elle l'envoie à Haran (HaRaN), dans sa famille [1]. Moïse fuit le Pharaon qui cherche à le faire périr mais aucun ange ne le lui dit [2]. Et Jéroboam (YaRoB"aM) s'enfuit en Égypte parce que Salomon cherche à le tuer [3].

Pour Jésus, c'est un ange qui apparaît en songe à son père Joseph pour lui dire de partir en Égypte avec sa femme et son fils. C'est lui qui lui apprend que celui-ci est en danger de mort car « Hérode va chercher le petit enfant pour le faire périr ». Matthieu montre à ses lecteurs et à ses auditeurs juifs que, dès sa naissance, Jésus est protégé par le Seigneur qui lui dépêche un ange et guidera toute son histoire. C'est encore cet ange qui dira à Joseph de quitter l'Égypte et de retourner en « terre d'Israël ».

Dieu oriente l'histoire directement ou indirectement par les anges et par les hommes. Ce qui fait penser qu'il a un projet et qu'il veille à sa réalisation de manière constante. Et telle est d'abord la lecture littérale du MiDRaCH de Matthieu. Celui-ci nous a convaincu que Jésus est un homme illustre puisqu'il a décrit son ascendance et raconté sa naissance. On ne faisait de biographies en ces temps-là que des grands hommes. Or, il s'agit dans le second chapitre de confirmer que Jésus est un enfant prédestiné. Les historiens de l'Antiquité citent des exemples multiples de héros, de rois, qui étaient exposés dès leur naissance, miraculeusement sauvés et souvent élevés ailleurs que dans leur famille. Mais ils assimilent tous les cas qu'ils connaissent à des produits de l'imagination collective pour signifier qu'ils n'ont pas de valeur historique. Jésus serait l'un des derniers épisodes de ce mythe du sauveur sauvé, après Cyrus, le roi perse, Romulus à Rome, Œdipe à Corinthe et à Thèbes, Moïse en

1. Genèse 37, 42-45.
2. Exode 2, 15.
3. I Rois 11, 40.

Égypte, ou le roi Sargon d'Akkad au troisième millénaire avant l'ère courante. Les rabbins en dégagent les significations psychologiques, sociales et politiques, parce que c'est à leur niveau qu'ils découvrent la réalité humaine véritable. Ce qu'ils racontent sur Moïse à sa naissance est un MiDRaCH car ils n'ont en vue que la visée anthropologique. Lisons ce qu'ils trouvent à dire sur les versets qui racontent la naissance de Moïse.

Voici le texte d'Exode :

> Un homme partit de la maison de LeWi et prit pour femme une fille de LeWi. La femme conçut et enfanta un fils. Elle vit qu'il était bon et le cacha trois mois. Elle ne put le cacher plus longtemps, et lui fit un berceau en osier qu'elle enduisit de bitume et de poix. Elle y plaça l'enfant et le déposa dans les roseaux sur la rive du fleuve.
>
> Sa sœur se tint à distance pour observer ce qui lui arriverait. La fille de Pharaon descendit pour se baigner dans le fleuve, tandis que ses suivantes marchaient le long du fleuve. Elle aperçut le berceau parmi les roseaux ; elle envoya sa servante le prendre. Elle ouvrit et regarda l'enfant : c'était un garçon qui pleurait. Elle eut pitié de lui et dit : « C'est un enfant des Hébreux celui-là. » Sa sœur dit à la fille de Pharaon : « Irai-je t'appeler une femme nourrice parmi les Hébreux afin qu'elle allaite pour toi l'enfant ? » La fille de Pharaon lui dit : « Va. » La jeune fille alla appeler la mère de l'enfant.
>
> La fille de Pharaon lui dit : « Emporte cet enfant et allaite-le-moi. C'est moi qui te donnerai ton salaire. » La femme prit l'enfant et l'allaita. L'enfant grandit ; elle l'amena à la fille de Pharaon. Il devint pour elle un fils. Elle l'appela MoCHeH et dit : « Parce que je l'ai tiré des eaux. »
>
> Exode 3, 1-10

Nous retrouvons, certes, les éléments mythiques qui caractérisent les grands hommes et il y a beaucoup de traits identiques entre ce récit et celui de l'épopée de Sargon. Mais si on s'arrêtait là avec les historiens, on manquerait l'essentiel du message. C'est pourquoi il faut lire ce texte dans son original hébreu et s'arrêter sur les expressions qu'il emploie pour parvenir à saisir les intentions et les significations qu'il recouvre. Nous en avons déjà analysé le premier verset et souligné les contradictions apparentes.

Grâce à Marie, la sœur de Moïse, Amram, son père, a défié le décret cruel de Pharaon et a donné vie au futur libérateur des Hébreux. Voyons la suite.

c) La lecture midrachique

« La femme conçut et enfanta un fils. » Le MiDRaCH élaboré par RaBBi YeHouDaH BaR ZeBiNa' associe les deux verbes « conçut » et « enfanta » dans une même signification, parce qu'ils se suivent immédiatement dans le verset. Ce maître pharisien les comprend ainsi :

> Le verset relie la conception à l'enfantement : de même que la conception se produit sans douleur, de même l'accouchement (de YoKHeBeD) s'est fait sans douleur.
> De là (tu apprends) que les femmes justes ne sont pas soumises au décret de HaWaH.
>
> Talmud SoTaH 12a

Ainsi donc « les femmes justes » ne subiraient pas le châtiment infligé à Ève et à sa descendance à la suite de sa transgression de l'interdit divin. YHWH l'a sanctionné en lui disant :

> Je multiplierai les souffrances de ta grossesse ; tu enfanteras des fils dans la souffrance ; tu désireras ton époux mais lui te dominera.
>
> Genèse 3, 16

Ces « châtiments » ou ces « malédictions », comme on a coutume de les appeler, bien que ces termes ne soient pas dans le récit qui se rapporte à Adam et à Ève, sont en réalité les conséquences d'une faute, conséquences naturelles et non punition conventionnelle. Les douleurs d'enfantement et le pouvoir exorbitant exercé par l'homme sur la femme sont considérés dans le récit comme les conséquences d'une « faute », c'est-à-dire d'une irresponsabilité à l'égard de la Loi, celle du jardin de l'Éden, de l'acceptation de la limite et de la finitude humaines. La facture du récit suggère au lecteur le sentiment de révolte qui le traverse et qui anime ceux qui se le transmettent de génération en génération. En effet, les douleurs de la grossesse et de l'enfantement et le pouvoir exercé par les maris sur leurs épouses sont si injustes qu'on ne peut les accepter en les rapportant à la nature et en s'y résignant. Car c'est YHWH qui a créé le monde : pourquoi donc y aurait-il inscrit ces souffrances ? Il ne restait plus qu'à les mettre au compte d'une faute humaine que le récit développe. Manger du fruit de l'arbre de la connaissance absolue, c'est assimiler et devenir soi-même le critère absolu « du Bien et du Mal ». Il n'en peut résulter alors que souffrances et violences, mauvaises conséquences sur le statut de mère et d'épouse de la femme, deux de ses principales vocations qui se rapportent à la filiation. C'est pourquoi les femmes, selon le récit biblique, doivent lutter contre cette double situation négative et réaménager leur rapport à la nature et leur relation à l'homme et à l'époux.

Il n'est pas interdit à l'homme de rechercher les moyens techniques, scientifiques, sociaux et psychologiques pour ne plus gagner « son pain à la sueur de son front », et pour transformer le travail en moyen d'épanouissement et de liberté ! Il n'est pas interdit non plus à la femme de trouver les moyens de maîtriser les douleurs de l'enfantement et de réduire à néant le pouvoir qu'elle subit de la part des hommes. La preuve, dit RaBBi YeHouDaH BaR ZeBiNa', « les femmes justes » ne sont plus soumises aux « malédictions » d'Ève. Par exemple, la mère de Moïse, Yokebed, a accouché sans douleur, dit RaBBi YeHouDaH BaR ZeBiNa', comme s'il avait assisté à la naissance de Moïse. D'où l'on voit bien que c'est un MiDRaCH, à l'opposé de la lecture fondamentaliste et qui enrichit la lecture littérale.

Mais là où son interprétation est suggestive, c'est évidemment dans son rapport avec la lecture chrétienne des récits sur Marie et avec leur compréhension par les théologiens de l'Église.

La mère de Jésus est déclarée sainte et ne relevant pas de « l'arrêt d'Ève », du « péché originel », ainsi que l'on parle d'une dimension qui n'a rien d'héréditaire mais qui constitue fondamentalement l'humain universel. Yokebed (« Gloire divine »), selon le maître pharisien, a joui d'une conception « pure » et d'un accouchement « pur », sans mal ni souffrance. Bien que descendante d'Ève, elle échappait au « péché originel ». Elle était donc la Femme telle qu'elle était voulue par YHWH, créée selon son projet.

La question posée ici par le rabbin est celle de la conception qui est déclarée « pure » alors qu'habituellement, elle est humaine, trop humaine, avec ses souffrances et ses labeurs, ses efforts et ses difficultés : élaborer le projet de libération de l'homme et du libérateur, concevoir, penser, réfléchir, porter en soi, imaginer le type humain qui pourrait apporter aux hommes la paix et la liberté, n'est pas facile. Le maître pharisien le sait, mais il dit que la « femme juste » qui assume sa limite et y réveille son époux, celle qui correspond au projet divin, porte en elle le modèle du libérateur, sans aucune difficulté ni souffrance, par intuition spirituelle, par désir, par espérance, et dans sa relation à l'autre. La féminité incarnée dans un être singulier, comme Yokebed pour les Pharisiens ou comme Marie pour les Chrétiens, est immédiatement en situation d'accueil, de don et d'acquiescement à la relation avec l'autre. Cela ne signifie pas qu'elle l'assume comme il se doit, ni naturellement, car elle n'est pas spontanément « juste ». Cependant quand la femme arrive à cette vertu, par l'éducation et par l'étude, elle rétablit l'égalité entre elle et son époux, et elle acquiert la maîtrise de son corps. On ne comprendrait pas, autrement, comment les relations entre l'homme et la femme, l'époux et l'épouse, et les parents et les enfants, entreraient enfin dans la véritable histoire à laquelle ils sont promis dans le projet initial, avant qu'ils ne portent la main sur le fruit interdit. La féminité est cette dimension de l'être humain, masculin ou féminin, qui vise spontanément, antérieurement à toute délibération, et à tout choix, le Fils d'Homme, le fils modèle de tous les fils d'homme, celui qui se consacrerait exclusivement à la libération et au salut des hommes. C'est pourquoi sa vigilance est à son maximum car sa fragilité est à la mesure de son désir.

Cette exigence féminine est d'autant plus fragile qu'elle est infinie. Plus absolue est-elle, et plus se fragilise-t-elle. Si l'erreur, l'illusion, le phantasme, la faute, sont possibles et si l'on peut facilement tromper ou décevoir, c'est toujours à la mesure de l'exigence absolue. Plus on désire et on espère et plus on s'expose. Qui s'expose à invoquer Dieu, dira-t-on en langage religieux, s'expose à mal l'invoquer. Telle est la faiblesse constitutive de l'être humain à laquelle la Loi remédie.

L'acceptation de la limite humaine est conjointe à l'exigence absolue pour la préserver « pure », « juste ». C'est bien pourquoi le serpent-tentateur s'adresse à la féminité dans l'humain, à cette force qui arrache l'être de lui-même pour le projeter vers l'au-delà, vers l'ailleurs, vers l'autre et qui en est la partie la plus fragile parce qu'elle est la plus exaltée et la plus passionnée. La pureté a sa grandeur mais elle a aussi sa misère à cause de sa délicatesse et de sa faiblesse. Que cette exigence absolue se méprenne et ne se protège pas grâce aux cadres fixés par l'interdit, qu'Ève se laisse aller à transgresser celui-ci à cause précisément de son ouverture entière à l'Infini beaucoup plus exclusive que celle de l'homme, alors la conception s'abâtardit dans les compromissions et dans les calculs ténébreux. L'accouchement qui la suit, c'est-à-dire la production concrète, est la réalisation historique du projet initial. L'histoire n'est plus alors qu'enchaînements de réactions et de réponses apportées aux nécessités de la vie, aux urgences, aux pressions et aux besoins de survie. Mais le Fils d'Homme libérateur ne peut être porté et ne peut vivre au sein de cette matrice culturelle. Nous avons montré que Yokebed représentait en réalité la communauté d'Israël et Marie, l'Église. RaBBi YeHouDaH BaR ZeBiNa' a donc pensé, dans son MiDRaCH, aux conditions de la conception et de l'enfantement du libérateur, sans mal ni souffrances. Celles-ci résulteraient, selon lui, de l'incapacité de l'être humain à assumer sa finitude sans cesse rappelée par la Loi. Si tel est le cas, on comprend aisément que Moïse, libérant son peuple d'Égypte, après un accouchement difficile, le conduise au Sinaï pour recevoir la Torah. On comprend également que Jésus accomplisse la Loi, c'est-à-dire y obéisse et la réalise dans sa lettre et dans son esprit. Il n'est pas venu pour l'abolir puisqu'il incarne la parole divine, c'est-à-dire le DaBaR (parole) en tant que « rhêma », intervention dans le monde et dans l'histoire et non pas seulement comme « logos » ou MeMRa', discours-expression d'une sagesse.

d) La lecture allusive

Si on devait, au-delà de ce niveau d'interprétation, en revenir à l'interprétation allusive appelée ReMeZ (allusion) par les rabbins, on pénétrerait davantage dans les intentions de la narration matthéenne. On y trouve présentes la jonction Jésus-MoCheH et celle de Jésus-YiSRa'eL, car les naissances de Jésus et de MoCHeH sont racontées avec les mêmes expressions symboliques, explicites ou non ; d'autre part la citation du prophète Osée, « d'Égypte j'ai appelé mon fils », est appliquée à Jésus et à Israël. Le lien entre les trois, Israël, Moïse et Jésus, se trouve évidemment dans leur rôle de libérateurs : Israël a pour vocation « la bénédiction de toutes les familles de la terre [1] », Moïse devait débarrasser son peuple du joug de l'esclavage égyptien, et Jésus doit être considéré, selon Matthieu, comme celui qui est « berger du peuple YiSRa'eL [2] » qu'il doit « sauver de ses péchés [3] ».

Ainsi Jésus, selon Matthieu, rassemblerait en lui toute l'histoire de son peuple et celle de ses héros principaux, comme nous l'avons montré : il serait le modèle personnel et collectif à la fois de l'être humain. Telle est l'allusion constante dans l'Évangile de Matthieu, parce qu'il est convaincu que Jésus est le projet divin devenu réalité, dans la pureté « de la conception et de l'enfantement ».

Seulement la pureté, pour RaBBi YeHouDaH BaR ZeBiNa', n'a de sens que par rapport à l'histoire humaine, à ses projets et à ses réalisations, alors que pour l'évangéliste, elle est divine parce que totale, absolue, infinie. « La conception est sans souffrance », dit RaBBi YeHouDaH BaR ZeBiNa' : il y a dans l'être humain une exigence absolue, une tension vers l'ailleurs, une ouverture vers l'au-delà, un désir infini, constitutifs de son existence en tant que telle. Point n'est besoin de souffrance pour l'en imprégner. Il est né avec ce désir de l'Autre. C'est cela le divin en lui. Mais nous savons bien que la prise de conscience sérieuse de cette exigence et surtout de ce qui en résulte en

1. Genèse 12, 1-3.
2. Matthieu 2, 6.
3. Matthieu 1, 21.

éveil, en vigilance et en responsabilité, — en un mot de son accouchement — ne va pas sans peine. Le maître pharisien le sait aussi mais il cherche à définir la vertu de justice et il croit que « la femme juste » enfante sans douleur comme elle conçoit sans douleur.

L'acte juste serait donc l'acte intègre de l'être humain qui adhère totalement à son désir de l'Autre, qui en prend spontanément la responsabilité sans jamais le remettre en question, qui n'hésite pas un moment sur sa complicité inconditionnelle avec le bien, bref qui n'a pas d'effort à faire pour se convaincre et se persuader que c'est dans cette adhésion qu'il constitue son identité et trouve l'estime de soi.

Ainsi, en deçà de l'activité libre et du statut de l'homme comme acteur véritable de sa conduite et de sa pensée, une passivité radicale se tapit, à l'origine de tout parce que l'homme n'a pas à en choisir l'exigence qui l'arrache à lui-même, et parce que « l'être juste » n'hésite pas à y adhérer en en devenant responsable, en entrant « en alliance » avec elle.

C'est cette origine de soi-même, que les Pharisiens appellent « la féminité », dont le nom est Ève, « mère de tout vivant [1] », cette autre en soi avant soi puisqu'elle donne la vie. « Être injuste », ne pas accepter d'assumer cette passivité originelle, transgresser la Loi, c'est s'exposer aux « souffrances d'enfantement » de l'histoire et à la lutte des pouvoirs, celui de l'homme sur la femme, par exemple. C'est à partir de là que les affirmations chrétienne et pharisienne prennent leur sens. Matthieu, en effet, donne à Jésus comme mère Marie — la communauté d'Israël — et comme père Dieu lui-même. Mais il ne s'agit pas, dans son esprit, de l'Israël historique, des infidélités des Juifs contemporains de Jésus, de leur ignorance, de leur obstination, de

1. Genèse 3, 20.

245

leur incompréhension même du projet divin. Pourtant c'est cet Israël historique qui a produit Jésus !

Non, il s'agit pour lui de l'Israël de Dieu, du projet pur, du message prophétique authentique que Dieu a confié aux Hébreux et aux Juifs qui ont toujours refusé de l'assumer jusqu'au bout.

C'est pourquoi, selon l'eschatologie descendante, c'est Dieu lui-même qui a dû descendre une nouvelle fois sur terre pour inscrire dans Marie — la communauté d'Israël idéal — sa parole dans toute sa pureté originelle. En ce sens nous permettra-t-on d'écrire que la pureté chrétienne selon Matthieu est exclusivement féminine par son caractère radical car elle écarte l'apport masculin dans la paternité de Jésus. Joseph serait bien descendant réel, concret, de David, mais il n'est présenté que comme père adoptif de Jésus. La pureté pharisienne est, quant à elle, masculine parce que ni le corps physique ni le corps social ne sont exclus de sa réalisation. Le père de Moïse est Amram et sa mère est Yokebed. Nous avons vu à la suite de quels événements ils ont donné naissance au libérateur.

La parole divine portée par celui-ci devra tenir compte de ces deux organismes sans se déclarer en chute quand elle s'y incarne. Il en résulte que seul Israël historique avec ses vertus et ses imperfections peut recevoir la parole divine et seul il peut donner naissance à son libérateur. Les écarts des Juifs et des Hébreux par rapport au projet initial n'infirment en rien « leur sens de la justice », leur « féminité », leur attachement indéfectible à l'alliance, ou, en d'autres termes, leur passivité originelle. L'écart éventuel ne signifie pas nécessairement l'abandon de l'alliance, pas plus que la faute commise par une personne ne signifie sa rupture définitive avec le Bien. La conception est sans douleur parce que l'homme n'a eu aucun effort à faire pour inscrire en lui l'exigence de l'Absolu ; l'accouchement est sans douleur également, parce que « l'être juste » lui accorde immédiatement son adhésion. Il reste à l'inscrire dans le monde, dans l'histoire et dans la vie quotidienne : c'est alors que les souffrances entrent en scène, que les rabbins appellent « les douleurs d'enfantement du messie ».

On remarquera en passant que la même problématique traverse la culture grecque. Platonicienne, elle ne conçoit de pureté que dans le ciel intelligible. Aristotélicienne, elle y associe, sans les condamner, le multiple et le mouvement, et la fait donc descendre sur terre, dans la réalité quotidienne. Ainsi, Marie — Israël idéal, Ève avant la faute, la communauté identifiée au projet divin — conçoit purement le Sauveur grâce à l'Esprit Saint, selon Matthieu qui ne dit mot sur l'accouchement pas plus que Luc. Il est à deviner que, dans la logique de ce MiDRaCH, Jésus n'a pas fait souffrir sa mère en venant au monde. Par contre pour que le monde accouche de Jésus, des souffrances se sont révélées nécessaires : Hérode veut le tuer et il finira par mourir sur la croix, « à cause des péchés » d'Israël et de l'humanité.

e) La lecture initiatrice

RaBBi YeHouDaH BaR ZeBiNa' affirme que la conception par Yokebed de Moïse est sans souffrances parce qu'elle est une « femme juste ». Les souffrances dont pâtissent les Hébreux — Israël — en Égypte n'ont aucun rapport avec la faute d'Ève. Ils sont, sur ce plan, « des justes ». Ils méritent le libérateur conçu hors des souffrances produites par leurs infidélités à la parole divine, un libérateur « conçu » purement. De même la libération, l'accouchement de la liberté dans la réalité historique, doit être également considérée « sans souffrance » car elle n'implique en rien la culpabilité d'Israël. D'une part, les Hébreux souffrent en Égypte à cause des nations et non point à cause de leurs fautes : c'est une souffrance gratuite. D'autre part, à la libération, les Égyptiens souffrent parce qu'ils refusent de laisser partir leurs esclaves et cela innocente encore Israël et le libérateur Moïse.

Jésus est conçu dans la pureté et naît également sans faire souffrir sa mère. Les souffrances qu'il entraîne viennent du monde lui-même, pas de lui. Moïse est conçu dans la pureté et enfanté également dans la pureté : les souffrances qu'il entraîne viennent du monde lui-même et non de sa faute.

Entendons : Israël ne souffre de concevoir le libérateur et d'en accoucher que par suite de l'obstination des nations qui ne sont pas prêtes à le recevoir car elles sont « inscrites dans le carnet d'Ève » et ne sont pas « justes » comme Yokebed et Marie. On distinguera dès lors deux types de souffrances : celle de l'injustice commise par les hommes : elle doit être arrêtée et sanctionnée : elle relève du mal de scandale ; et celle de la vocation et de la responsabilité, celles « du juste souffrant » qui lutte contre le mal en général : elle relève du mal radical absurde, qui « scandalise » sur un autre plan que le premier, puisque son auteur est Dieu lui-même. Nous pensons que la réflexion de Jésus sur la croix se rapporte à cette seconde catégorie du mal. Dieu a construit l'histoire et créé le monde en y installant les souffrances et le mal dont personne n'est coupable et dont pourtant il demande aux hommes d'être responsables.

Elle est très belle cette dernière réflexion de Jésus agonisant parce qu'elle est au cœur de la question fondamentale que se pose l'homme :

> Père, pardonne-leur car ils ne savent pas ce qu'ils font.
>
> Luc 23, 34

indiquant par là que les souffrances du juste qui lui viennent du monde et des hommes, ne sont pas le produit de leur méchanceté mais de la difficulté des valeurs spirituelles à pénétrer dans un monde réticent par nature et créé tel.

Jésus est ainsi identifié à Israël et à Moïse, même si des difficultés subsistent pour Matthieu à les réunir pour faire de Jésus le Sauveur envoyé par Dieu, à travers Moïse et à travers Israël. Mais cela n'est pas du goût de RaBBi YeHouDaH BaR ZeBiNa' qui a vécu longtemps après Jésus et qui se limite à montrer que les souffrances des Hébreux et des Juifs sont des souffrances d'innocents quand on les persécute pour leur messianité et pour leur soif d'absolu. En ce sens, Jésus a subi les mêmes souffrances et Matthieu projette sur lui le statut d'Israël « fils aîné » de YHWH.

Chapitre II

Reconsidération juive
de l'histoire chrétienne

a) Ordre du monde et ordre de l'homme

Poursuivons ce que le MiDRaCH tisse sur la naissance de Moïse et comparons-le avec les récits de naissance de Jésus.

« La femme vit qu'il était bon et le cacha trois mois. » Le mot hébreu traduit par « bon » ou « beau » est ToB, qui signifie aussi « Bien ». Mais toutes les mères trouvent leur bébé beau ou bon et l'aiment ! Et s'il n'avait pas été beau, ne l'aurait-elle pas caché pendant les trois mois ? Et pourquoi trois mois seulement, au bout desquels « elle ne put plus le cacher » comme l'exprime le verset suivant ? Enfin, pourquoi justifier Yokebed dans ses efforts de cacher son enfant ?

N'était-ce pas normal face au décret de Pharaon ? Il est nécessaire de retrouver la cohérence interne de ce verset et les rabbins vont s'y atteler pour en dégager un nouvel enjeu de l'histoire de Moïse repris par les évangélistes pour Jésus. La première lecture reçoit son inspiration des « trois mois » pendant lesquels Yokebed cacha l'enfant. Si celui-ci était né à terme, à neuf mois, elle aurait été obligée de le livrer aux Égyptiens pour le jeter à l'eau selon le décret du Pharaon. Les commentateurs français du Moyen Âge (les Tossaphistes) enseignaient que Moïse est né à six mois, mais que sa mère vit qu'il était viable et le protégea jusqu'à neuf mois, âge auquel elle fut obligée de l'exposer sur le bord du fleuve, au milieu des joncs. La lecture allusive (ReMeZ) nous renvoie au danger physique auquel est exposé Moïse, ajouté à celui auquel l'expose l'arrêt pharaonique. C'est là encore une variation sur le thème du « héros exposé ».

Il faut ajouter que Luc a retenu cette leçon puisqu'il écrit qu'Élisabeth, la mère de Jean-Baptiste, enceinte,

> se dissimula elle-même cinq mois...

> Or *au sixième mois* fut envoyé l'ange Gabriel de la part de Dieu vers une ville de la Galilée qui avait nom Nazareth, auprès d'une vierge accordée en mariage à un homme qui avait nom Joseph...
> Luc 1, 24, 26-27

Il y insiste plus loin, par la bouche de l'ange Gabriel s'adressant à Marie :

> Et voici, Élisabeth de ta parenté, elle aussi a conçu un fils dans sa vieillesse, et ce mois est *le sixième* pour elle qui était sans cesse appelée stérile...
> Luc 1, 36

Marie resta trois mois avec Élisabeth jusqu'à ce que celle-ci fût près d'accoucher de Jean-Baptiste ; comme si le temps du sixième mois accompli représentait une étape importante. C'est le MiDRaCH sur Moïse qui en donne la clef. Les rabbins présentent deux hypothèses : la première fait de Moïse un prématuré de six mois qui a résisté à cette naissance hâtive. L'idée que le libérateur, en réalité, apparaît avant le terme fixé normalement selon les lois de la nature ou de l'histoire, signifie l'anticipation de la libération bien avant qu'elle ne se fasse d'elle-même suivant ses propres processus immanents. Les MiDRaCHiM ne cessent de rappeler cette « hâte » comme ils l'appellent, ou, cette « précipitation », en parlant de la sortie d'Égypte, en disant que les Hébreux n'ont pas eu le temps de faire lever la pâte et qu'ils se sont contentés de pains azymes, en ajoutant que l'exil d'Égypte devait durer quatre siècles et qu'il n'a duré que deux cent dix ans.

Il y a le temps de la libération qui est régi par les lois du monde et de l'histoire : à un moment ou à un autre, les esclaves se renforcent et leur situation les pousse à se révolter ou la crise éclate d'elle-même quand elle est parvenue à son extrême. Mais la véritable libération est celle que l'homme prend en main en la signifiant et en l'orientant parce qu'il en fait une visée de son histoire. En ce dernier cas, il y a urgence, il y a « hâte » et « précipitation » avant le terme naturel. RaCHi, le commentateur de Troyes, au XIe siècle, l'exprime de manière concise. Il écrit :

> Les Égyptiens tenaient le compte à partir du jour où son mari l'avait reprise. Or elle l'avait mis au monde à six mois et un jour. Pour la femme qui donne naissance à un enfant pendant le septième mois, cela est possible même avant le mois révolu. *Mais les Égyptiens ne faisaient leur recherche* (des nouveau-nés pour les jeter à l'eau) *qu'au bout de neuf mois.*
>
> RaCHi sur Genèse 2, 3

Les Égyptiens ne faisaient donc la chasse aux libérateurs éventuels d'Israël qu'au bout d'un temps calculé et programmé par les lois de la vie, alors qu'en fait Moïse naquit bien avant.

Le texte de Luc semble donc dire que Jésus est conçu dans le sein de Marie bien avant que Jean-Baptiste, qui devait l'annoncer, ne naisse puisqu'il n'était âgé que de six mois dans le sein d'Élisabeth. Celui qui annonce les temps de la libération précède le libérateur dans la conception, mais celui-ci est conçu avant la naissance du premier. Qu'est-ce à dire ?

On ne doit pas cesser de rappeler aux hommes la

finalité et le sens premier de leur histoire : la liberté. Ceux qui prennent en main sérieusement cette « bonne nouvelle » sont portés en gestation par leur société. Pour avoir des chances de réussir face aux opposants — le Pharaon ou Hérode —, il est important que lorsqu'ils entrent en besogne dans la réalité quotidienne, le libérateur soit déjà conçu. Annoncer un projet est nécessaire mais quel sens aurait-il si son réalisateur n'est pas désigné ? Quand Jean-Baptiste naîtra, Jésus sera conçu depuis trois mois. Il pourra ainsi orienter ses contemporains vers le sens de l'histoire et il pourra désigner celui qui s'en portera garant Au temps des Hébreux, les Égyptiens s'opposent à ce sens puisqu'ils les asservissent.

Le Pharaon ne veut pas entendre parler d'un libérateur, mais Marie, la prophétesse, pousse ses parents, et les Hébreux avec eux, à faire naître ce libérateur sans attendre les calculs de leurs oppresseurs. Dans toute entreprise historique, un temps de clandestinité est nécessaire où se prépare en secret, dans les coulisses de l'histoire, l'initiative portée par un personnage qui ne pourra réussir que si les conditions dans lesquelles il agira lui auront été préparées. Le libérateur vient libérer, ce qui implique que les esclaves aient été préparés à l'accueillir.

Retournons à la réalité historique contemporaine de Jésus et de Jean-Baptiste et relisons ce que Luc en dit à travers le symbolisme des six mois, de l'étape nécessaire à partir de laquelle le libérateur peut être annoncé, c'est-à-dire, en lecture fondamentaliste, l'étape à partir de laquelle l'annonciateur, l'enfant, est viable dans le sein de sa mère. Jean-Baptiste, avons-nous dit, est un fils de prêtre à Jérusalem. Il est donc non seulement inscrit au cœur du judaïsme mais il en est l'un des représentants les plus autorisés. C'est par lui et d'abord par ses parents, que la révolution qui se prépare dans le peuple juif doit être annoncée. « L'ange du Seigneur » s'adresse à son père Zacharie, dans le Temple, et lui dit :

> Il tournera vers le Seigneur leur Dieu *beaucoup des fils d'Israël...* pour former un peuple *préparé* au Seigneur.
>
> Luc 1, 16-17

Jean, c'est-à-dire l'homme juif à l'extrême pointe de la spiritualité de son peuple, a pour vocation de ramener tous les Juifs à YHWH pour qu'ils comprennent, comme lui, qu'ils n'avaient d'autre obligation jusque-là que de préparer la voie à la venue de Dieu, c'est-à-dire, pour Luc, en Jésus. Le prophète Malachie avait écrit :

> Voici, j'envoie mon messager. *Il aplanira le chemin devant moi.* Soudain, il entrera dans son Temple, le maître que vous cherchez, l'ange de l'Alliance que vous désirez : le voici qui vient dit YHWH-TSeBa'oT.
>
> Malachie 3, 1

C'est comme cela que Luc définit le peuple juif à travers Zacharie et Jean-Baptiste. Jésus l'explicite quand il parle de Jean à la foule :

> C'est celui dont il est écrit : « Voici, j'envoie *mon messager en avant de toi : il préparera le chemin devant toi.* Je vous le déclare, parmi ceux qui sont nés d'une femme, aucun n'est plus grand que Jean ; *cependant le plus petit dans le royaume de Dieu est plus grand que lui.* »
>
> Luc 7, 27-28

Dans l'esprit de Luc, Jean-Baptiste serait celui que la Torah désigne par « l'ange du Seigneur » parce qu'il est « un prophète et plus qu'un prophète [1] ». Il est le plus grand dans la lignée des pro-

---

1. Luc 7, 26.

phètes, parce que c'est avec lui que prendrait fin l'attente d'Israël ; c'est à partir de lui que commencerait le Royaume de Dieu. Le plus petit disciple de Jésus serait donc plus grand que le plus grand des prophètes : Jean. « Parmi ceux qui sont nés d'une femme » comme le Baptiste, c'est-à-dire dans toute la tradition d'Israël qu'il représente, c'est lui le plus grand. Mais au cœur de son histoire, parvenue à une victoire relative sur la nature et sur la vie, se produirait une rupture : dans un sein différent, commencerait une autre histoire, celle d'un « enfant né du Père céleste », avant même que l'enfant dans le sein d'Élisabeth n'atteigne son plein développement.

Ce que le Juif pharisien peut répondre à cette reconstruction de son histoire, c'est que Luc comme Matthieu cherchent à convaincre les Juifs d'accueillir « celui qui vient [1] » alors qu'ils ne peuvent l'accueillir autrement que la Torah ne l'a annoncé. C'est justement la question que Jean pose à Jésus en lui adressant deux de ses disciples :

Es-tu « Celui qui vient » ou devons-nous en attendre un autre ?

Luc 7, 19

b) Deux alliances. Deux enfants

C'est la question que nous posons aussi à l'Église. Pour l'apercevoir dans toute son extension, il nous faut encore reprendre le MiDRaCH sur la conception et sur l'enfantement de Moïse. Nous avons vu une première interprétation qui suggère que le libérateur des Hébreux était prématuré. Elle cadre avec le thème de la revirginisation de Yokebed, c'est-à-dire de la communauté d'Israël dont la vieillesse et les épreuves se trouvent transcendées. Une dyna-

1. Luc 7, 19.

mique nouvelle la traverse et réveille en elle, grâce à Amram, père de Moïse, et à Marie sa fille, l'effort nécessaire à sa libération. Mais une seconde interprétation soutient que le libérateur des Hébreux est né normalement à neuf mois. Si sa mère a pu le cacher trois mois après sa naissance, c'est que lorsque Amram s'était séparé d'elle à la suite du décret du Pharaon, elle était déjà enceinte de trois mois. Grâce à Marie, les deux époux se retrouvèrent et six mois après leurs nouvelles noces, Moïse naquit, mais âgé de neuf mois et donc normalement.

Ces deux MiDRaCHiM nous permettront de voir clair dans la rupture entre l'Église et la Synagogue. En réalité, nous nous trouvons devant deux perceptions différentes de la messianité, ou, si l'on veut, du devenir humain, ou, en langage laïcisé, du progrès.

Nous emploierons la dialectique de l'être et de l'apparaître pour les traduire. Les Égyptiens s'en remettaient à l'apparaître, à l'habituel, à ce qui se répétait identique à lui-même, régulier et général : un enfant quitte le ventre de sa mère au bout de neuf mois. Telle était la « loi » pour eux. Ils avaient raison et ils conduisaient leur monde en le régissant par une telle conception de la loi qui, malgré les changements et la diversité dans lesquels elle se manifestait, restait toujours la même. En face d'eux il y avait les Hébreux qui vivaient et pensaient de manière différente. Le texte biblique y insiste et le répète à chacun de ses récits. Ainsi, quand le Pharaon ordonna aux sages-femmes de tuer les garçons qui naissaient pour ne laisser vivre que les filles, elles lui répondirent :

Les femmes des Hébreux ne sont pas comme les Égyptiennes : *elles sont pleines de vie* (HaYoT) : *avant que la sage-femme n'arrive auprès d'elles, elles ont accouché.*

Exode 1, 19

Les femmes hébraïques n'ont donc pas besoin de sages-femmes ; elles savent accoucher sans aide extérieure. Le MiDRaCH ajoute qu'elles savent implorer le Ciel qui les exauce plus rapidement que les autres. Nous avons vu également que Moïse est né à six mois, selon le MiDRaCH que nous avons longuement commenté. Dans la réalité profonde, le libérateur est déjà présent au sein d'Israël bien avant le terme calculé par les Égyptiens, et plus rapidement que ne le laisse paraître l'ordre manifeste. Tout se passe donc comme si un principe de désordre était tapi dans l'ordre général apparent et comme si la loi, telle que la pensaient les Hébreux — la loi de la liberté —, bouleversait celle qui réglait la vie des Égyptiens. C'est ce que la tradition juive exprime dans certains de ses MiDRaCHiM. Moïse est né six mois après le second mariage, mais il fut conçu dès le premier mariage alors que les Égyptiens l'attendaient à neuf mois pour le jeter dans le fleuve. Mais la perspective égyptienne est également présente dans d'autres MiDRaCHiM comme pour signifier que les deux idées du devenir humain sont complémentaires l'une de l'autre bien que contradictoires.

Nous avons appris, en effet, que lorsque Amram décida de se séparer de son épouse, elle portait déjà l'enfant, et quand trois mois après il la reprit, il ne lui restait plus que six mois de grossesse. En ce cas, aucun désordre, aucun miracle, aucun hasard, aucune surprise ne peuvent prendre sens dans cette vision de l'histoire. Moïse est donc né en son temps, à terme. Et c'est là une question importante à poser aux Chrétiens : Jésus est-il venu en son temps ? Son message pouvait-il être reçu et compris de ses contemporains ? Le regard extérieur sur les Hébreux et sur les Juifs, celui des païens, est aveuglé par une sorte de destin qui conduit l'histoire et qui y met l'ordre implacable en plaçant les êtres à leur place et en leur temps. L'homme peut à peine prévoir par divination et par augure ce qui va arriver mais il sait que de toute façon, cela arrivera où et quand le destin l'a fixé de manière définitive.

Au contraire, le regard intérieur de l'Hébreu et du Juif sur leur propre histoire et sur leur propre culture y découvre des discontinuités, des ruptures, des créations, des nouveautés. Il y perçoit le principe de désordre ou, plus précisément, la mise en question permanente de tout ordre et de tout système sans lesquels pourtant toute vie sociale serait impossible. Les évangélistes appuient leurs discours et leurs récits sur ces « miracles », ces discontinuités qui se produisent au cœur d'un ordre attendu et habituel : Jésus n'est pas normalement né, disent-ils, il fait tant de miracles, il brise tous les ordres et conteste à l'intérieur de sa propre institution.

Pourtant, il est circoncis, il va au Temple, il fréquente la synagogue, il observe le CHaBBaT, il fait PeSSaH, mange le pain azyme qu'il partage avec les Apôtres, il bénit YHWH sur le vin et sur le pain avant de manger, il paie même le demi-sicle au Temple comme tout bon Juif qui désire et aide l'institution sacerdotale, bref il naît juif, il vit dans le cadre de la tradition de son peuple et meurt en tant que Juif. Il ne conteste qu'à l'intérieur de l'institution dont il n'est jamais sorti, même si par deux fois et deux fois seulement, il transgresse la Loi.

Mais quel Juif conscient ne transgresse-t-il pas la Loi aujourd'hui ? Et de manière générale, peut-on observer la Loi sans la violer ? Ordre et désordre, investissement et distance, engagement et désengagement, vont toujours ensemble. Cette interpellation interroge aussi les Juifs. Le libérateur vient-il en son temps, comme un fruit qui a pris le temps de mûrir et vient à point, ou faut-il le hâter, le faire mûrir plus rapidement, bouleverser l'ordre et l'institution ? Et quand la révolution ?

La promesse faite à Abraham, à Moïse, à Israël, à David, se réaliserait-elle de toute manière quoi que fassent les Hébreux, les Juifs, les nations, les Égyptiens, les Perses, les Mèdes, les Grecs et les Romains ? Ou dépendrait-elle de l'intervention de la liberté miraculeuse de l'homme ou de Dieu ? Le père de Moïse, Amram, a voulu se séparer de sa femme parce que la réalité semblait le lui imposer : que pouvait-il face à l'arrêt cruel du Pharaon ? Sa fille Marie lui rappela que rien n'était inexorable ni définitif et qu'il pouvait créer la surprise et préparer la rupture qui allait favoriser la libération de son peuple.

Joseph a aussi voulu renvoyer sa femme à cause de la situation où elle l'avait précipité. Mais « l'ange du Seigneur » ouvrit son esprit sur les bouleversements qui pouvaient se produire au sein de l'ordre et des répétitions, au sein de l'identité et de l'univers du même. Matthieu construit ses deux premiers chapitres sur cette double alternative. Il fait défiler les quarante-deux générations hébraïques et juives qui séparent Abraham et Jésus en répétant le verbe « engendrer » qu'il emploie pour souligner les transitions entre elles. Mais il s'arrête aux mutations produites dans ces suites : celle de David « le roi », quatorze générations après Abraham, celle de la « déportation de Babylone », quatorze générations après, si on oublie que l'évangéliste a manqué à citer certains rois comme nous l'avons fait remarquer. Les générations qui suivent, au nombre de quatorze, sont juives et non plus hébraïques ou judéennes. C'est au cœur du judaïsme pharisien que Jésus naît.

Mais alors Matthieu souligne la rupture de manière absolue puisqu'il n'écrit pas que Joseph engendra Jésus, mais « de Marie fut engendré Jésus » qu'il déclare « Christ ».

Luc quant à lui se limite à la première vision de la messianité et du devenir humain. Il compte soixante-dix-sept générations (7×11), chiffre symbolique comme on le sait, en faisant remonter Jésus à Adam et à Dieu [1], pour le relier à l'huma-

1. Luc 3, 23-38.

nité et pas seulement à son peuple, comme Matthieu [1]. Les rois d'Israël ou de Juda ne l'intéressent pas, parce que c'est le messianisme spirituel qu'il confie à Jésus et non le messianisme temporel. Surtout, il ne parle pas d'« engendrement » mais préfère relier les générations les unes aux autres par le terme de « fils » :

> Jésus à ses débuts avait environ trente ans. Il était fils, croyait-on, de Joseph, fils de Héli, fils de Matthat... fils d'Adam, fils de Dieu.
>
> Luc 3, 23-38

Pourtant, Luc décrit, juste avant l'ascendance de Jésus, l'épisode du baptême qui se conclut par la voix venue du ciel :

> « Tu es mon fils, moi, aujourd'hui, je t'ai engendré. »
>
> Psaumes 2, 7
> Luc 3, 22

Cette formule était récitée pour l'intronisation des rois d'Israël. La généalogie se termine par « Adam fils de Dieu ». L'ultime ascendant est donc Dieu, père d'Adam, père de Seth, père d'Enôs, père de Jésus, etc. On est en droit de conclure avec Luc, que tout être humain est de race divine comme il l'affirme lui-même en rapportant les paroles de Paul aux philosophes d'Athènes :

> À partir d'un seul homme, il a créé tous les peuples pour habiter toute la surface de la terre. Il a défini des temps fixes et tracé les limites de l'habitat des hommes... Car c'est en lui que nous avons la vie, le mouvement et l'être comme l'ont dit certains de vos poètes : *car nous sommes de sa race.*
> Alors, *puisque nous sommes de la race de Dieu*, nous ne devons pas penser que la divinité res-

1. *Cf.* Actes 17, 26-31.

semble à de l'or, de l'argent ou du marbre,
sculpture de l'art et de l'imagination de l'homme.

Actes 17, 26-29

Il semble donc que Luc développe la généalogie
selon le principe de la continuité, de Dieu à Jésus
sans changer le terme de fils, mais Matthieu
déplace le verbe « engendrer » du père de Jésus à
Marie. Les deux évangélistes se partagent donc
comme les deux MiDRaCHiM que nous avons développés. L'un comprend le devenir comme une suite
de ruptures au sein de continuités plus ou moins
longues. L'autre le comprend comme une longue
série de générations et de filiations commencées à
Adam et finissant en Jésus qui, lui, incarne parfaitement le germe divin déposé dans le sein de
Marie comme il a été déposé dans le premier
homme.

Il faut cependant préciser que Luc, parlant à des
païens, est tenu de leur signifier sa conception de
l'histoire de telle manière qu'elle ait un sens pour
eux, surtout s'ils sont influencés par le stoïcisme ou
par l'épicurisme ou par le scepticisme. Les épi-
curiens enseignaient qu'aucune force n'oriente le
devenir car il n'y a ni destin ni providence divine,
mais seulement des mouvements de corpuscules
éternels et incorruptibles, dans la matière et dans
l'âme elle-même. Quant aux dieux, ils sont heureux
dans leur éternité et ne s'occupent des hommes en
aucune manière. Il n'y a donc pas à les apaiser ou à
obtenir d'eux quoi que ce soit, mais à être heureux
avec eux et à s'unir à eux par la contemplation. Le
discernement de la raison y est nécessaire et la
conduite du sage doit s'y plier.

Les stoïciens, quant à eux, viennent d'Orient et
vivent à Athènes. Ils reconnaissent l'ordre, la
beauté et l'harmonie qui règnent dans le cosmos et
les désignent par le nom de Logos. La raison
humaine en est une partie. Comme il agit dans
l'univers, il est une force qui anime tout ce qui est
et tout ce qui vit, l'univers et l'être humain, micro-

cosme à l'image du macrocosme. Le Logos est pour les stoïciens une matière subtile et spirituelle qui pénètre et anime tout et c'est lui qu'ils appellent « divinité » ou « providence » ou « destin ».

Chaque être, chaque homme porte en lui cette force divine qui doit lui servir de modèle pour introduire de l'ordre et de la raison dans sa conduite en maîtrisant ses passions et ses désirs. À ces idées originelles s'ajoutent, au 1er siècle avant l'ère courante, l'idée de démons et celle des astres vivants et quelque peu divins, qui seront l'occasion d'une mystique astrale développée dans l'astrologie, la sorcellerie et autres techniques de divination. La Providence réglant les choses rationnellement, l'homme doit l'accepter avec joie et non s'y résigner avec tristesse ou regret.

C'est dans cet environnement culturel que Luc vit et transmet ses convictions. Il ne faut pas s'étonner qu'il organise ses récits autour de la notion importante d'Esprit Saint par laquelle il désigne l'Esprit de Dieu lui-même. Alors que les autres évangélistes l'emploient modérément, Matthieu 19 fois, Marc 23 fois et Jean 24 fois, Luc s'en sert 36 fois dans son Évangile et 70 fois dans les Actes des Apôtres. Il le regarde comme une Présence dynamique dès la conception comme il l'écrit pour Jean et pour Jésus. Ce n'est pas, comme le Logos, une force impersonnelle. Il se développe chez tous les croyants, chez les prophètes et chez les Apôtres. Il assure la continuité entre ceux qui, les premiers, ont reçu la parole divine dans la Torah — Jésus comme parole elle-même incarnée — et les Apôtres. Ce qui est déposé en Marie, ce n'est donc pas le Logos qui vivifie, met en mouvement et structure le cosmos, mais le germe messianique de l'Esprit Saint communiqué au premier homme par Dieu et arrivé jusqu'à Marie où il atteint son plein épanouissement. Jean l'a recueilli de ses parents, tel qu'il avait traversé l'histoire d'Israël jusqu'à lui. Jean le Juif n'a plus qu'à annoncer celui en qui l'histoire juive et universelle change totalement d'orientation. Les païens pensaient l'identité et la répétition. Les Juifs pensent surtout la nouveauté et la création. Luc penche plutôt vers l'immanence du projet messianique qui se développe dans l'histoire où il repère, d'étape en étape, l'Esprit Saint en action. Matthieu accentue la transcendance de la parole divine qui fait irruption dans l'histoire et la réoriente ou la réorganise différemment. Avec Abraham le devenir universel prend une autre direction ; avec David le devenir hébreu prend un nouveau sens ; avec la déportation de Babylone, l'histoire prophétique et politique d'Israël se transforme en spiritualité juive ; avec Jésus le projet divin serait enfin accompli et il ne resterait plus qu'à l'étendre à l'humanité.

Telle est la problématique ouverte par les deux MiDRaCHiM dont l'un soutient que le libérateur Moïse est né du second mariage d'Amram et de Yokebed à la suite du miracle de la revirginisation de cette dernière, c'est-à-dire de la communauté juive : eschatologie descendante et devenir en ruptures et en discontinuités. L'autre MiDRaCH est dans l'eschatologie ascendante et dans la continuité puisqu'il enseigne que le libérateur est né du premier mariage avant que ses parents ne se séparent. Ce qui nous conduit à un autre niveau d'interprétation encore, celui que l'Église a traduit dans les termes de « Nouveau Testament », de « Nouvel Israël » ou de « Nouvelle Alliance » qui disent que la naissance de Jésus est survenue en rupture avec les engendrements des héros bibliques, d'Abraham à lui. Le Sauveur serait né d'un second mariage de Dieu avec la communauté d'Israël qui se serait totalement transformée en Marie, la sainte, la vierge et la pure. Une « nouvelle alliance » lierait désormais Dieu à Marie-Israël qui a donné naissance à Jésus, LE FILS authentique que le Père attendait. Cependant rien n'empêche de recevoir le second MiDRaCH : le libérateur Moïse était déjà conçu au cours du premier mariage ; Jésus serait né en continuité et non en rupture avec la messianité hébraïque et juive, comme tous les grands hommes qui ont jalonné l'histoire d'Israël et qui ont ponctué, à certains moments et en certains lieux, la réalisation progressive du projet divin.

Abraham est là, que Nimrod (NiMRoD) qui l'a jeté dans la fournaise ardente le veuille ou non. Moïse est là, que le Pharaon cherche à le jeter à l'eau ou non. David est là, que les Philistins cherchent à conquérir la Terre promise avant lui ou non. Les Juifs sont là, que les Babyloniens les déportent et détruisent le Temple ou non. Et Jésus est là, Juif, issu de son peuple, vivant en Juif, révolté contre eux mais restant Juif et mourant en Juif, que les Chrétiens et les Juifs le veuillent ou non. La messianité d'Israël est passée par lui aussi et la morale biblique a conquis l'humanité païenne grâce à lui également. Il est donc bien un enfant du premier mariage, de la première alliance.

Mais l'Église a préféré l'autre MiDRaCH. Elle le pouvait. Elle a cherché à donner sens à la différence qui existe entre l'enfant conçu avant qu'Amram ne reprenne Yokebed sur les conseils de Marie et l'enfant conçu seulement après le second mariage et né six mois après. Elle a voulu ajouter une dimension nouvelle à la messianité d'Israël, à la conception juive du devenir et de l'histoire et elle a été conduite à la dévaloriser et même à la dénigrer. Elle a dit qu'Israël serait abandonné par Dieu, qu'il aurait été infidèle, que la première alliance aurait échoué, que les Juifs n'auraient pas très bien compris ce que Dieu attendait d'eux, qu'ils seraient restés attachés à la lecture fondamentaliste, qu'ils auraient trop oublié la mission universaliste des Écritures Saintes, qu'ils seraient aussi des hypocrites qui ne s'occuperaient que de l'extériorité et de l'image d'eux qu'ils veulent donner aux autres, et c'est pourquoi ils souffriraient de tous les maux. Elle a cherché ce qui était original, le résultat nouveau d'une mutation complète qui aurait ajouté à la messianité des Juifs quelque chose qu'elle ne contenait pas, quelque chose d'absolument inouï, si mystérieux qu'ils s'en sont trouvés scandalisés. Elle a voulu que le nouveau mariage de Dieu avec Israël conduise à un messie d'une facture neuve, comme Dieu avait changé d'avis au temps d'Abraham et établi un nouveau projet de salut pour l'humanité. Malheureusement les prophètes que les textes évangéliques évoquent souvent, n'ont pas écrit en ce sens. Ils ont enseigné d'autres visions de l'histoire également.

c) L'unique mariage

Ils ont d'abord rappelé que YHWH ne peut pas abandonner son peuple, son peuple hébreu devenu Israël, et son peuple juif fidèle à la Torah écrite et à la Torah orale, les deux modalités par lesquelles le projet divin entre dans le monde. Nous avons déjà montré, à propos des prostituées incluses dans la généalogie de Jésus, comment le prophète Osée, au VIIIe siècle avant l'ère courante, a traité Israël de prostituée. Il accusait sa communauté de coucher avec toutes les fausses divinités et les fausses valeurs et de trahir son véritable époux YHWH. Il fait dire à YHWH :

> Mon cœur est bouleversé en moi, en même temps ma pitié s'est émue.
> Je ne donnerai pas cours à l'ardeur de ma colère. *Je ne reviendrai pas détruire 'EPHRaYiM* [les dix tribus du Nord] *car je suis Dieu et non pas homme. Je suis saint au milieu de toi et c'est pourquoi je ne viendrai pas avec rage.*
>
> Osée 11, 8-9

> *Reviens* YiSRa'eL jusqu'à YHWH ton Dieu car tu as trébuché par ta faute.
> Prenez avec vous des paroles et revenez à YHWH. Dites-lui : « Tu enlèves toute faute ; accepte ce qui

est bon : *en guise de taureaux nous t'offrirons en sacrifice les paroles de nos lèvres.* »

Osée 14, 2-3

Venez, retournons vers YHWH. C'est lui qui a déchiré et c'est lui qui nous guérira. Il a frappé mais il pansera nos plaies. *Il nous fera vivre deux jours et le troisième il nous relèvera et nous vivrons en sa présence...*

Osée 6, 1-2

C'est l'amour que j'ai désiré et non le sacrifice et la connaissance de Dieu plutôt que les holocaustes.

Osée 6, 6

Dieu est donc Dieu, pas un homme : il est saint mais ne peut prendre les formes humaines pour vivre au milieu de son peuple. Il est saint, c'est-à-dire séparé, radicalement autre que la modalité humaine d'être et d'exister. Il demande à Israël de ne pas se limiter à l'obéissance extérieure manifestée par les sacrifices des taureaux, mais de les accompagner par des paroles qui, elles, expriment en même temps l'intériorité et l'intention. Il veut en somme qu'on en revienne à la foi et qu'on ne se contente plus de la religion, foi institutionnalisée, nécessaire mais insuffisante, parce qu'induisant en erreur et donnant à voir plus qu'à écouter. Le service divin exige l'intériorité et l'extériorité ensemble. C'est en ce sens que, deux siècles plus tard, le prophète Jérémie parlera de « Nouvelle Alliance » de la manière suivante :

Des jours viennent, oracle de YHWH, où je contracterai avec la maison de YiSRa'eL [les dix tribus du Nord] et avec la maison de YeHouDaH (les tribus du Sud en Judée) *une alliance nouvelle.* Elle ne sera pas comme l'alliance que j'ai contractée avec leurs pères quand je leur ai pris fermement la main pour les libérer de l'Égypte, quand *ce sont eux qui ont rompu mon alliance* alors que moi, *je suis resté maître* [mari ?] *chez eux,* oracle de YHWH. Car voici l'alliance que je contracterai avec la maison de YiSRa'eL, après ces jours-là, oracle de YHWH : j'ai placé ma ToRaH *dans leur intimité* et *je l'inscrirai dans leur cœur*. Je deviendrai pour eux Dieu et eux deviendront pour moi un peuple. Ils n'instruiront plus l'un l'autre, ni chacun son frère en disant : « Connaissez YHWH », car tous me connaîtront, des petits parmi eux jusqu'aux grands, oracle de YHWH. *Je pardonnerai leur dérive et je ne parlerai plus de leur faute.*

Jérémie 31, 30-33

Ainsi parle YHWH, qui établit le soleil en lumière du jour, la lune et les étoiles en lumière de la nuit, qui remue la mer dont les flots mugissent, YHWH-TSeBa'oT est son nom. *Si ces lois cessaient d'être immuables devant moi*, oracle de YHWH, alors, *la descendance de YiSRa'eL, elle aussi, pourrait cesser d'exister comme nation devant moi pour toujours.*

Jérémie 31, 34-35

Ainsi a parlé YHWH : « *Si les cieux là-haut pouvaient être mesurés*, et sondés les fondements de la terre ici-bas, alors moi aussi, *je pourrais rejeter avec mépris la descendance de YiSRa'eL* en raison de tout ce qu'ils ont fait, oracle de YHWH. »

Jérémie 31, 36

YHWH ne rompt jamais son alliance. Aucune de ses alliances avec qui que ce soit et pas seulement avec Israël ne peut être abandonnée par lui. Ce qu'il donne, il le donne définitivement.

Quoi qu'un homme et un peuple fassent, peuvent-ils perdre leur exigence d'absolu, leur sens moral, leur ouverture à l'Infini sans sortir de l'humain et se précipiter dans la barbarie ? Par contre, ils pourraient ne pas « répondre » à ces exigences, ils ont la possibilité de les trahir, de s'y tromper, de se montrer lâches par rapport à elles. Ils rompent, eux, l'alliance. C'est ce qui s'est passé avec Israël et avec Juda, le royaume du Nord qui a finalement disparu en -732 et le royaume du Sud autour de Jérusalem qui fut déporté au temps du prophète Jérémie en -586. Mais malgré ces infidélités et ces prosti-

tutions dans tous les domaines, Israël reste indéfectiblement lié à ses exigences absolues. Se trompe-
t-il sur le divin ? C'est là le signe qu'il le cherche
inlassablement car il ne céderait pas aux faux dieux
s'il ne désirait de toute son âme le Dieu authentique, YHWH ! La nouvelle alliance, les nouvelles
épousailles entre YHWH et son peuple de toujours,
au sein de l'alliance éternelle que YHWH a avec
toute l'humanité depuis l'origine, ne modifient en
rien les anciennes lois, les anciennes directives
révélées au Sinaï qui ne peuvent changer d'un iota ;
elles ne signifient pas la destruction des tables
reçues par Moïse et transmises aux Hébreux ; elles
ne visent pas à substituer aux engagements anté-
rieurs un culte purement spirituel qui serait une
fuite devant la réalité quotidienne et finalement
une démission devant les responsabilités concrètes
et infiniment complexes. La « nouvelle alliance »,
comme toujours, est un renouvellement des engagements pris antérieurement pour qu'ils soient
désormais inscrits, comme ils auraient dû l'être dès
le début, dans l'intimité, dans l'intériorité, dans le
cœur de chacun [1]. Il ne suffira pas d'obéir pour se
sentir « allié » à YHWH, il faudra encore se sentir
régénéré par cette conformité à la Loi et constituer
son identité en acquiesçant à l'exigence absolue.

La nouvelle alliance est scellée avec le même
peuple de même que la loi fixée à la nature est
« immuable », comme est immuable le lien de
l'homme avec le bien. Se tromper sur le bien
n'entraîne pas nécessairement son effacement,
mais au contraire un renforcement de la vigilance
et de l'éveil de la part de l'homme.

1. *Cf.* Isaïe 48,17 ; 51,7 ; 54,13 ; Proverbes 9, 1-6 ; Romains
8,2 ; I Corinthiens 9,21.

d) La Pâque sans expiation

Il ne peut donc y avoir de « nouvel Israël » dans le sens où l'Église lui substitue la communauté chrétienne. Et quand Jésus parle de « nouvelle alliance », que seul Luc parmi les évangélistes mentionne, c'est à propos de la « nouvelle Pâque » lorsque, prenant la coupe de vin que les Juifs boivent après le dîner de Pâque [1], il dit :

> « Cette coupe est la nouvelle alliance en mon sang lequel est "répandu pour vous". »
>
> Luc 22, 20

Comprenons le contexte rituel de ce qui se passe là, dans cette fameuse soirée de Pâque. Luc décrit le repas pascal plus précisément que Matthieu ou Marc qui ne s'y intéressent pas. Ce repas comprend en effet une première coupe de vin tendue au maître de maison qui fait la première bénédiction, en boit et la tend aux hôtes pour en boire également.

> Ayant reçu une coupe, ayant rendu grâces, il dit : « Prenez ceci et partagez entre vous-mêmes. »
>
> Luc 22, 17

Cette bénédiction concerne l'accueil de la fête de Pâque et du « calendrier » juif qui la fixe, réservé à Israël « choisi par YHWH » pour recevoir les trois fêtes joyeuses de pèlerinage à Jérusalem. Après cette première coupe, le rituel de Pâque commence. Il consiste essentiellement dans le récit (HaGGa-DaH) de la sortie d'Égypte, appuyé sur les MiDRa-CHiM de quatre versets bibliques :

> Mon père était un Araméen perdu ; il descendit en Égypte, y vécut en émigré, peu nombreux, puis y

---

1. Nous écrivons Pâque au singulier pour désigner la fête juive. La fête chrétienne est appelée « Pâques ».

devint une nation considérable, puissante et nombreuse.

Deutéronome 26, 5

Alors les Égyptiens nous traitèrent iniquement,
nous accablèrent, nous imposèrent un dur servage.

Deutéronome 26, 6

Nous criâmes vers YHWH, Dieu de nos pères;
YHWH écouta notre voix; il considéra notre
misère, notre labeur et notre oppression.

Deutéronome 26, 7

YHWH nous fit sortir de l'Égypte, avec une main
puissante, un bras étendu, dans une grande ter-
reur, par des signes et par des prodiges.

Deutéronome 26, 8

Les MiDRaCHiM sur chaque mot de ces quatre
versets se concluent par deux psaumes de louanges
qui sont la première partie du HaLLeL [1].

C'est alors que tous ceux qui participent à cette
liturgie boivent le second verre de vin après une
bénédiction par laquelle ils reconnaissent que c'est
YHWH le sauveur d'Israël. Et si tout le rituel de la
nuit pascale est organisé autour du chiffre 4, c'est
parce que la Torah emploie quatre verbes différents
pour désigner la libération des Hébreux par la voix
de Moïse :

C'est pourquoi, dis aux enfants de YiSRa'eL :
C'est moi YHWH
Je vous ferai sortir des corvées d'Égypte.
Je vous délivrerai de leur servitude.
Je vous revendiquerai avec puissance...

---

1. Ensemble de psaumes de louanges chantés lors des fêtes
(113-118) et, pour les soirées de Pâque à la maison, le psaume
136 également. Cet ensemble de psaumes choisi par les rabbins
exprime la joie et la reconnaissance de la communauté à l'égard
de YHWH.

Je vous prendrai comme mon peuple à moi.

Exode 6, 6

Après le dîner, quand tout le monde était rassasié, les Juifs contemporains du Temple mangeaient de l'agneau pascal.

Aujourd'hui on consomme un dernier morceau de pain azyme (MaTSaH) à la place du morceau d'agneau. On remplit ensuite pour la troisième fois la coupe de vin... et, après les bénédictions d'usage qui suivent le repas, on en boit une grande quantité. C'est donc de cette coupe bue après la consommation de l'agneau pascal, qu'il s'agit, chez Luc :

> Et de même, *après avoir dîné*, il dit : *Cette coupe est la nouvelle alliance.*

Luc 22, 20

Nous avons dit que la « nouvelle alliance » *(hê kainé diathêkê)* signifie chez Jérémie la conversion du cœur et de l'esprit, adhésion à l'exigence absolue et fidélité intime exprimée dans le respect de la Loi. Mais Luc substitue Jésus à l'agneau pascal en considérant la Passion comme le « sacrifice » du sauveur :

> Ceci est mon corps lequel est donné pour vous... *mon sang lequel est répandu pour vous.*

Luc 22, 19-20

Le repas pascal juif est donc transfiguré par Luc : ce n'est plus Israël qui est libéré d'Égypte, mais les Apôtres et, à travers eux, l'humanité entière. D'ailleurs Luc écrit pour Jésus :

> Car je vous le déclare, *je ne la mangerai certes plus jusqu'au moment* où elle aura été accomplie dans le *Royaume de Dieu.*

Luc 22, 16

Car je vous le déclare : *je ne boirai* certes plus à partir de ce moment, du produit de la vigne *jusqu'à ce
que soit venu le Royaume de Dieu.*

Luc, 22, 18

Matthieu et Marc ajoutent en effet que le sang de
Jésus est versé pour la multitude [1]. En effet, le repas
pascal juif est réservé au peuple d'Israël ; son rituel
ne vise pas l'universalité ; il n'est pas celui de
l'humanité en voie de libération mais seulement
des Hébreux sortis d'Égypte. Moïse est seulement
libérateur alors que Jésus serait sauveur et même
Le Sauveur. Cela n'implique nullement que les
nations ne seront pas libérées et n'ont pas droit à la
dignité, au respect, à la justice et à l'amour, bref, au
Royaume de Dieu, d'après les Pharisiens.

Non ! Les justes des nations comme les justes
d'Israël ont droit au bonheur et à la paix, en présence de YHWH. Hors la synagogue il y a assurément le salut. Disons que, d'après les rabbins,
l'humanité a sa propre voie pour se rendre à ce lieu
d'accomplissement désigné par l'expression de
Royaume de Dieu, et les Juifs ont leur propre voie
également. Il n'est pas question de demander aux
païens, aux non-Juifs, de passer obligatoirement
par le rituel pascal pour y prétendre. Ils doivent
suivre leur propre chemin pour y arriver parce
qu'ils ont leur propre modalité d'alliance avec Dieu
ou avec les lendemains qui chantent. D'autre part,
ce n'est plus d'Égypte que Jésus libère les hommes
ou les Apôtres, mais, selon Luc, Matthieu et Marc,
du péché et du mal.

En ce sens encore, Jésus est perçu par eux
comme le Sauveur et non comme le libérateur.

Précisons cela : Israël n'a commis aucune faute
qui explique ses souffrances en Égypte. Les
Hébreux n'ont contre eux aucun péché qui aurait
déterminé leur servitude. En tout cas la Torah n'en
parle pas du tout. Cette descente en Égypte y est

1. Matthieu 26, 28 ; Marc 14, 24.

présentée, au contraire, comme un passage nécessaire d'Israël avant de recevoir la Torah et de se rendre en Terre promise. C'est bien ce que répond YHWH à 'Abraham auquel il annonce qu'il la donnera à sa postérité :

> YHWH dit à 'ABRaHaM : C'est moi YHWH qui t'ai fait sortir d'Our des Chaldéens pour te donner cette terre en héritage.
> Il dit : Seigneur YHWH comment saurai-je que j'en hériterai ?...
> Il dit à 'ABRaHaM : Tu dois savoir que ta descendance séjournera en étrangère dans un pays qui ne lui appartiendra pas. On en fera des esclaves, on les opprimera pendant quatre cents ans. La nation qu'ils serviront, je la jugerai aussi. Après cela, ils sortiront avec une grande richesse. Quant à toi, tu rejoindras tes pères en paix et tu seras enseveli après une bonne vieillesse. À la quatrième génération ta descendance reviendra ici car *la faute de l'Amoréen n'a pas atteint son comble.*
>
> Genèse 15, 7-16

Au moment de cette promesse, Isaac n'est pas encore né. Du futur Israël n'existe que le couple Abraham et Sarah. Ce que prévoit ou prédit YHWH est si lointain — quatre générations et peut-être même plus si on compte les quatre siècles d'esclavage — que le patriarche interroge YHWH sur les processus par lesquels sa descendance doit passer pour être assurée de cet héritage. En d'autres termes, puisque l'Amoréen occupe la Terre promise, quel droit aura la descendance d'Abraham de la lui prendre ? La réponse de YHWH, d'après le récit biblique, est double. Tout d'abord, tant que l'Amoréen n'a pas mis le comble à ses égarements, tant qu'il n'a pas montré par ses échecs, par ses violences, par sa barbarie, qu'il ne méritait pas la terre sur laquelle il est installé, on ne peut rien faire. Il faut le laisser poursuivre ses efforts d'installation, de construction de sa culture et de sa civilisation qui ne peut se faire sans accrocs, sans maladresses et sans injustices puisque c'est le lot de toutes les nations et de tous les peuples sédentaires.

Mais il arrive un temps où la civilisation tourne à la barbarie et où il faut remettre en question son droit à posséder une terre et à la régir quand c'est pour la destruction et pour l'anarchie. Le temps donné à l'Amoréen pour exprimer ses capacités et ses convictions sur sa terre est fixé dans ce récit à la fin de la troisième génération à partir d'Abraham. En réalité il disposa apparemment de beaucoup plus de temps car il y eut Isaac (première génération), puis Jacob (deuxième génération), Joseph (et ses frères : troisième génération) et quatre cents ans ou deux cent dix ans d'esclavage selon les computs bibliques.

Cette loi est universelle d'après la Torah. Les rabbins l'appliquent donc à Israël également. Dans la mesure où il n'a pas su établir la paix et la justice dans son pays, dix tribus du Nord ont disparu, le Temple de Jérusalem fut détruit par deux fois, et le second exil, celui qui commença en 70, a duré jusqu'en 1948, et dans quelles souffrances ! C'est donc la capacité à établir la paix et la justice qui fonde le droit des peuples sur leur terre.

La seconde réponse, toujours d'après le MiDRaCH, est donnée par YHWH à Abraham qui s'inquiéterait pour le signe précis par lequel se révèle la capacité éthique d'un peuple. Il faut que les Hébreux aillent séjourner en Égypte en tant qu'étrangers, qu'ils souffrent et qu'ils fassent l'expérience de l'étranger dans un pays « qui ne leur appartient pas » avant qu'ils n'aient une terre à eux. Ainsi, si l'étranger souffrait chez eux, ils ne pourraient pas répondre à YHWH qui défend « le pauvre, l'étranger, l'orphelin et la veuve », qu'ils ignoraient cette souffrance. YHWH les envoya précisément en Égypte connaître cette souffrance avant de leur donner la Terre promise. Cette terre leur est permise si, et seulement si, ils se souviennent « qu'ils étaient étrangers en Égypte [1] » et que toute leur constitution se fonde sur cette expérience fondamentale pour les peuples qui prétendent à un territoire et qui sont prêts à tout pour le défendre, même au génocide.

C'est donc de cette souffrance que Moïse a libéré les Hébreux en leur faisant quitter l'Égypte où ils étaient « descendus » pour un apprentissage nécessaire à leur sens de la responsabilité. Ils n'ont commis aucune faute. YHWH n'annonce pas à Abraham l'exil d'Égypte pour sa descendance afin de la punir : elle n'était pas encore née quand Abraham a appris le projet divin. Le libérateur a pour fonction de lutter contre une injustice faite à son peuple par un autre peuple, et de fournir aux esclaves libérés une Torah pour qu'ils apprennent à vivre ensemble et avec les autres sous le régime et la mémoire de cette expérience originelle. Mais le Sauveur Jésus est présenté comme celui qui irait plus loin que Moïse en traçant la voie qui libérerait l'homme du péché et du mal de manière définitive. Le judaïsme ne peut aller jusque-là parce que les rabbins croient que l'imperfection et la finitude du monde et de l'homme sont radicales et ne peuvent disparaître définitivement. Ils croient qu'il faut lutter contre le mal sous toutes ses formes, contre les injustices et contre les violences et qu'un progrès est possible et même réel sur ces plans, mais que cette lutte est éternelle.

C'est bien pourquoi l'agneau pascal ne se rapporte en rien à une faute ni à un péché, ni de l'Égypte ni des Hébreux. Ce n'est rien d'autre qu'un rite de libération, c'est-à-dire d'accession à un statut humain nouveau. Ce sacrifice n'est pas demandé à Israël comme expiation ou comme demande de pardon. Le texte biblique n'y fait aucune allusion. Voici comment il le présente :

1. Exode 22, 20-23 ; Deutéronome 15, 15 ; 23, 8 ; 24, 17.

Parlez à toute l'assemblée de YiSRa'eL pour lui dire : le dix de ce mois, qu'ils prennent un agneau par famille, un agneau par maison... un agneau sans défaut, mâle, âgé d'un an... vous le garderez jusqu'au quatorzième jour de ce mois. Toute l'assemblée de YiSRa'eL l'égorgera au crépuscule. Ils prendront du sang ; ils en mettront sur les deux montants et sur le linteau des maisons où ils le mangeront. Ils mangeront la chair cette nuit-là, rôtie au feu, avec des pains sans levain et des herbes amères. N'en mangez rien cru ou cuit à l'eau, mais seulement rôti au feu, avec la tête, les pattes et les abats. Vous n'en laisserez rien jusqu'au matin ; ce qui en resterait jusqu'au matin, brû-lez-le. Vous le mangerez ainsi : la ceinture aux reins, les sandales aux pieds, le bâton à la main. Vous le mangerez à la hâte. C'est la Pâque (PeS-SaH) de YHWH.

Exode 12, 2-11

Ce rituel, comme on le constate, est celui de la libération et pas du salut. Il mime la précipitation des Hébreux vers la liberté arrachée par Moïse au Pharaon. Il fallait être prêt à partir, après avoir égorgé l'agneau le soir, avant la disparition de la lumière solaire ; le rôtir parce qu'il ne fallait pas attendre de le cuire ; le consommer avec des pains sans levain par manque de temps de voir la pâte lever, et ne pas oublier d'asperger les montants et le linteau des maisons pour se faire reconnaître par l'ange qui devait passer punir les Égyptiens et épargner les maisons hébraïques. « Tel est le rituel de la Pâque de YHWH (PeSSaH). »

Les évangélistes ont transformé le rituel de libération en l'associant à un sacrifice d'expiation. Ils ont substitué Jésus à l'agneau pascal. Ils ont considéré celui-ci comme un sacrifice qui accorde le pardon des fautes et débarrasse les hommes du péché, frôlant en cela le rite du bouc émissaire. Parler donc du sacrifice de Jésus et le déclarer « mort pour nos péchés » est contradictoire avec la fonction de « l'agneau pascal ». Or, Luc écrit que la

Pâque fêtée par Jésus et par les Apôtres, était la dernière pour lui jusqu'à l'aboutissement de l'histoire au Royaume de Dieu. Jésus répète qu'il va mourir en ce monde en tendant à ses disciples la première coupe de vin par laquelle les Juifs accueillent la fête. Il ne boira plus de vin parce qu'il ne pourra plus fêter avec les hommes les temps principaux du calendrier ni les accueillir au cours des années quand leur moment arrivera. Avant de dîner, il « rompt » le pain pour le partager : c'est par cette bénédiction sur le pain que tout Juif commence son repas et c'est ce verbe « rompre » qui est employé en araméen et en hébreu pour désigner l'acte par lequel le maître de maison partage le pain en donnant un morceau à chaque membre de sa famille. Après le dîner, Jésus bénit la troisième coupe de vin en assimilant le repas entier à la consommation de sa chair et de son sang. Le repas de PeSSaH — la consommation de l'agneau juste avant la troisième coupe de vin — est alors promu au rite de l'Eucharistie par lequel les Apôtres qui y participent communient réellement avec le divin.

Or, le rituel de PeSSaH n'est pas un repas de communion non plus, pas plus qu'il n'est un repas d'expiation. C'est le geste par lequel le nomade s'arrache à sa situation pour se lancer à l'aventure dès la résurrection de la nature au printemps. Les Hébreux nomades asservis à l'Égypte répètent ce rite quand ils obtiennent leur libération et se mettent à apprendre, pendant quarante ans de séjour dans le désert, comment garder la spiritualité nomade en entrant en Terre promise. Le rite de l'agneau pascal, dans la Torah et dans l'esprit des rabbins, est celui de la précipitation dans laquelle se jettent l'Hébreu et le Juif, pour s'arracher au système, à la totalité, à tout ce qui pourrait entraver leur liberté.

Ils rappellent, en le faisant jouer par ceux qui y croient, l'arrachement nécessaire à tout enracinement quand l'installation dans l'espace et dans le temps devient inévitable. Il fait mimer l'effort de l'être humain pour s'arracher à l'ordre nécessaire en s'ouvrant à un au-delà, à un ailleurs, à une transcendance que les Juifs désignent du nom de YHWH sans pouvoir rien en dire sous peine d'idolâtrie. Au contraire, le rituel pascal sublimé en Eucharistie par les Apôtres fait goûter, fait consommer, assimiler, identifier, quelque chose de ce divin pourtant transcendant, dans ce qu'on appelle « communion » puisque le pain est bien fondamentalement pour l'Église — l'institution de la foi — la chair de Jésus le Christ, fils de Dieu, et que le vin est bien son sang.

Chapitre III

Repenser la révélation

a) Rien que l'humain mais tout l'humain

Plusieurs thèmes de pensée et de drames de l'histoire s'entrechoquent dans cette transformation du rituel pascal juif, parce que les Apôtres posent un *a priori* qu'ils cherchent à illustrer dès la naissance de Jésus : le second mariage de Dieu avec son peuple, ou avec le meilleur de son peuple (Zacharie, Jean, les Apôtres et tous ceux qu'ils convertissent), aurait donné naissance à un enfant totalement différent de l'enfant du premier mariage (Abraham ou Moïse ou David). Cet enfant n'est plus un libérateur seulement, un être humain exceptionnel qui creuse, dans la personne humaine et dans l'histoire collective, des voies de passage où l'on peut reconnaître des traces de la transcendance, des marques de sa présence, des signes de sa fugacité, des symboles qui la visent sans jamais la donner.

Au contraire il est en lui-même présence du divin, épiphanie, révélation de l'absolu fait homme, aboutissement de l'histoire, fin de toute l'entreprise divine et accomplissement de l'Alliance. Il serait LE SAUVEUR, LE CHRIST, LE MESSIE.

De quelle manière sauve-t-il l'humanité ? De manière absolument différente des libérateurs juifs qui, eux, s'occupent du champ social, économique, politique, juridique, comme les Pharisiens l'explicitent dans leur Talmud. Les traités qui composent cette seconde bibliothèque juive après la Bible, ne sont en fait que des interprétations de la Torah par lesquelles les rabbins s'évertuent à résoudre les problèmes de société et du vivre-ensemble. Ils visent à répondre à la question de savoir comment installer l'homme dans le monde de telle manière qu'il vive avec son prochain en toute justice, comme Moïse en a témoigné et l'a enseigné aux esclaves libérés d'Égypte. Les autres prophètes, les « trois grands » et les « douze petits » que la Bible juive contient, ont-ils proposé autre chose que cette incarnation de l'humain dans un organisme biologique et dans un organisme social ?

Celui qu'ils appellent le messie, « l'oint » (MaCHi'aH), c'est-à-dire en grec « christos », a-t-il une autre vocation que celle de la paix universelle ou même parfois la paix juive quand les nations n'y parviennent pas ? C'est cet état d'équilibre social, économique, juridique et politique, pour chaque nation et entre les nations, que les prophètes qualifient de « jours messianiques » (YeMoT HaMaCHi'aH), ou de « ce jour-là » (BaYoM HaHou').

La tension qui y oriente l'homme est déposée dans l'être juif comme sa responsabilité première dont il doit rendre compte à YHWH et devant lui. Ce que la Torah présente comme projet divin est un projet collectif, une entreprise sociale, une aventure nationale confiée à un peuple, le peuple hébreu, depuis son ancêtre Abraham, afin qu'il s'engage, lui particulièrement, à montrer aux autres nations que l'impossible question de l'incarnation est la question fondamentale de l'homme.

Il s'agit de montrer que la parole divine, la valeur absolue, l'exigence spirituelle peut donner sens au corps et à la société. C'est pourquoi la Torah insiste dans ses discours et dans ses récits sur la notion de nation, sur celle de peuple et, avec les prophètes, sur celle d'État et sur celle d'institution religieuse. L'homme juif et, avant lui, l'homme hébreu entrent dans cette alliance ancienne qui demande à être renouvelée de génération en génération, avec Isaac, avec Jacob, avec Moïse, avec Aaron, le Grand Prêtre, avec David. L'époux YHWH a beau être congédié par son épouse Israël, il revient à elle, il la revirginise, il renouvelle son alliance avec elle, mais l'enfant qui naît, le type de société et le visage humain libérateur qui émergent dans l'histoire sont des modalités d'incarnation du projet initial qui, lui, ne peut changer.

« Le don de Dieu est sans repentance » répètent les Chrétiens dans leur profonde spiritualité. Mais, même dans le cas du second MiDRaCH qui prétend que le libérateur est né des retrouvailles, d'un second mariage, et de manière prématurée, ce libérateur n'entend pas d'autre parole au buisson ardent que la délivrance des Hébreux de leur servitude égyptienne, l'acceptation de la Torah comme leur future constitution quand ils prendront possession de la Terre promise.

Le « messie » juif ou plus précisément les « jours messianiques » ou encore le « peuple messianique » ou enfin la « geste messianique » consistent essentiellement dans cette société de paix et de justice, condition du bonheur personnel dont la Torah ne peut parler puisqu'il est personnel, c'est-à-dire unique, invisible, transcendant. Le Talmud dit, de ce monde intime sur lequel personne n'a aucun pouvoir, « qu'aucun œil ne le voit » et il l'appelle « ˝OlaM HaBBa' ˝ » (Monde à venir) qui fait suite aux « jours messianiques ».

Avec l'Église, la nature et la fonction de ce second enfant changent.

Il est Sauveur et pas seulement libérateur, et peut-être même pas du tout libérateur, s'il faut « rendre à César ce qui est à César et à Dieu ce qui est à Dieu [1] » et si le Royaume de Dieu « n'est pas de

1. Apophtegme (sentence, parole mémorable) très mal compris en général par ceux qui affirment que Jésus n'a pas

ce monde [1] ». Il apporterait le salut : c'est comme tel qu'il est présenté depuis deux millénaires à l'humanité. Il délivre l'homme du mal en soi, du mal radical, absolu et non pas seulement du mal de scandale, celui que l'homme ajoute au monde en abusant du mal radical et en profitant de l'imperfection du monde et de l'homme pour y ajouter au lieu de lutter contre elle. Il apporterait donc la perfection, répondant par là à une exigence personnelle de l'homme, plus profonde que l'exigence sociale, et antérieure à la relation avec l'autre qui, elle, est soumise au devoir de justice et de paix.

La revirginisation d'Israël, le second mariage n'auraient donc pas seulement épanoui et conduit à maturation le germe déposé en Israël. Mais ils y auraient ajouté un germe nouveau.

Dieu aurait attendu que son épouse Israël redevienne féconde, retrouve sa jeunesse et sa virginité, pour lui donner enfin ce qu'il avait gardé jusque-là, pour lui donner plus que la Torah ou le monde ou la Terre promise et l'histoire : pour se donner à elle réellement enfin. Au-delà du bonheur collectif, général, extérieur, qui concerne les modalités d'installation de l'homme dans le monde avec son prochain, Dieu désormais rencontrerait chacun personnellement et le « sauverait ». C'est pourquoi cette initiative porte le nom de « conception pure » ou « immaculée », parce qu'elle élimine radicalement le mal tapi dans le cœur et dans l'esprit de l'homme, et on pourrait ajouter en ce cas, dans son corps social et dans son sexe.

Cette fécondation de la créature par l'Absolu est une réelle revirginisation de celle-ci qui retrouve alors sa nature profonde — image de Dieu — et sa destination véritable : le salut ou l'annihilation du

voulu redonner la terre d'Israël aux Juifs en les débarrassant des Romains.
1. Encore une leçon de Jésus mal comprise par les lecteurs.

mal du soi, au-delà du pardon de la faute. C'est là, rappelons-le, un MiDRaCH, et, en tant que tel, respectable. Il a même précédé les textes évangéliques par certains de ses aspects qu'on retrouve dans certains courants juifs apocalyptiques comme les Esséniens et dans la Communauté de Qumran. Chacune des communautés représentant ces courants spirituels — tous valables puisque également juifs — se croyait être le « Reste » d'Israël, « la Dîme » consacrée à YHWH, les « Zacharie et Jean » prêts à l'accueillir après l'avoir annoncé, « Marie » ouverte à sa rencontre enfin. Mais pour des raisons autant spirituelles qu'historiques, le judaïsme s'est développé depuis deux mille ans sur la négation totale de la divinisation du médiateur. L'étoffe dans laquelle est taillée la modalité humaine de l'existence ne peut accueillir le divin en soi ou celui que les Juifs nomment YHWH, autrement que dans la condition humaine. De celui que les nations appellent Dieu et que les Juifs désignent par le Tétragramme imprononçable nous ne connaissons que sa transcendance, son altérité radicale, irreprésentable, inimaginable, indicible, puisque c'est l'Absolu, l'Infini, l'Autre. Mais cela ne signifie pas que nous soyons condamnés à une théologie négative qui se limiterait à dire ce qu'il n'est pas. Pourtant se hausser à cette maturité et à cette lucidité, c'est déjà ne plus confondre YHWH avec n'importe quoi, ne plus prendre pour Absolu ce qui ne l'est pas, ne pas tomber dans ce qu'on appelle l'idolâtrie et le fanatisme. Nous pouvons penser la Transcendance ; nous ne la « connaissons » pas.

En ce sens l'athéisme aussi est une grande promotion spirituelle de l'homme qui se protège ainsi contre toutes les idoles et rappelle constamment à ceux qui voudraient s'en évader la condition humaine. Les sophistes ont accompli cette œuvre quand le Logos fut quasiment divinisé chez les Grecs. Socrate lui-même leur a emprunté une partie de leur stratégie. Il faut cependant aller plus loin que la théologie négative, tout en s'éloignant des mystiques de la communion, de la confusion et de l'extase. L'unique voie de recherche reste celle du MiDRaCH, celle des rabbins et celle de Jésus lui-même dans son enseignement quotidien. Les Chrétiens répètent qu'il « parlait par paraboles » : en réalité c'est surtout le MiDRaCH qui caractérise les textes évangéliques parce qu'il leur évite de se perdre dans la lecture fondamentaliste. Sans le MiDRaCH, on risquerait de s'attacher à « la lettre » dans le sens où les Chrétiens l'ont reproché aux Pharisiens qui, eux, au contraire, s'attachent à la « lecture littérale » pour échapper à celle du fondamentalisme. Or, qu'enseignent les rabbins à travers le MiDRaCH ? La réponse est : le sens humain, exclusivement humain, de la découverte de la Transcendance, quand on s'interdit de proférer tout mot, de former toute représentation, idée, image ou perception, qui communiqueraient le Transcendant lui-même. Disons, en langage théologique ou religieux, que Dieu est Dieu parce que nous ne pouvons sortir de cette tautologie sans mentir. Par contre la découverte de la transcendance est humaine et même au cœur de l'humain, le caractérisant plus que par la raison, l'histoire, le lien social, le programme génétique ou l'inconscient.

La relation et l'ouverture à l'Autre en tant qu'Autre, radicalement différent du même et du semblable, créent des obligations pour l'homme. Par exemple, la responsabilité à son égard par la voie de la théologie négative, ou, en termes plus simples, par la vigilance constante pour éviter de le réduire et de l'assimiler à soi, au monde, au Logos, bref à quoi que ce soit qui existe ou qui se pense. De là découlent toutes les lois juives afférentes à la vie sociale, économique, juridique et politique, toutes élaborées par les rabbins en vue de rappeler constamment aux hommes, et jusqu'au détail de chacune de leurs relations, la place de la distance, de la séparation, de la différence, de la transcendance fondatrices du dialogue véritable.

Le MiDRaCH n'est pas seulement une méthode d'interprétation des textes. Il doit être considéré par les Chrétiens comme une véritable anthropologie et une science de la relation intersubjective. Il s'opposerait radicalement à l'allégorie ou à la parabole qui ne donnent pas à la relation de transcendance son sens véritable. Jésus faisait du MiDRaCH et il ne communiquait que par cette voie avec ses contemporains. Mais affirmer, comme de très nombreux Chrétiens et comme l'Église, de manière générale, qu'il est l'incarnation d'une personne divine, d'un aspect de Dieu, c'est diviniser l'être humain ou humaniser Dieu. Ce serait rétablir, ce faisant, la continuité entre la créature et le Créateur, et dissoudre la transcendance en un point de leur relation.

C'est cette « originalité », cette « nouveauté » que l'Église a lue dans la caractéristique de la « seconde alliance », du second mariage, du second enfant, conçu de façon « immaculée », fils « réel » de Dieu. La rupture avec les Pharisiens se trouve là précisément, car, en ce point précis, l'Église donne congé au MiDRaCH parce qu'elle se construit sur la lecture fondamentaliste en prétendant que l'Absolu peut, en l'une de ses dimensions, se faire homme. En ce sens, Jésus ne pouvait être juif et chrétien à la fois. C'est ou l'un ou l'autre. Jésus était juif et nous sommes liés à lui par la même foi. Mais la foi « *en Jésus* » nous sépare des Chrétiens qui, eux, croient en « *LE CHRIST* » dans Jésus le Juif.

b) *Le corps et la société*

Répétons que nous ne cherchons pas à décider de la vérité ici : qui le pourrait puisque nous-même en tant que philosophe et en tant que juif, nous disons que nous vivons dans le MiDRaCH dont nous ne pouvons sortir sans devenir des dieux comme le dit le serpent de la Genèse à la femme [1]. Nous essayons de dégager, à partir des discours religieux et institutionnels, les récits de la foi qui, parce qu'ils expriment celle-ci, l'ouvrent à plusieurs formes, à plusieurs styles, et à plusieurs significations.

Nous sommes persuadés que les grandes spiritualités se rencontrent sur la vocation de l'homme et sur le projet éthique de la société, bien que chacune d'elles les assume à sa manière, parfaitement respectable. Si le christianisme nous importe particulièrement ici, c'est parce qu'il se présente comme une rupture au sein du judaïsme dont il est issu. Nous essayons de préciser où se situe cette cassure tout en espérant que les deux spiritualités continuent à s'épanouir et à triompher des obstacles naturels et humains qu'elles rencontrent et surtout de leur ignorance réciproque.

Revenons une dernière fois sur les deux MiDRa-CHiM afin d'en dégager les structures au moyen desquelles ils communiquent les significations visées par leurs auteurs.

Au point de départ, se trouve un ordre injuste dans lequel un peuple asservit un autre peuple. Là, les Égyptiens oppriment les Hébreux ; ici, les Romains occupent la Judée et Jérusalem qui appartiennent aux Juifs. Mais chez les Hébreux, certains, comme les gens de la tribu de Levi (LeWi) dont le chef est Amram, le père du futur Moïse, ont une mémoire qui garde une promesse séculaire faite à leurs patriarches et selon laquelle il y a une libération possible, il y a une messianité qui brise les systèmes et les totalités ; elle se transmet de parents à enfants à travers des rituels sur lesquels elle s'appuie pour marquer leur âme de manière indélébile. Mais la souffrance et les échecs sont si étendus, qu'ils seraient tentés de désespérer et d'aban-

1. Genèse 3, 5.

donner, trahissant ainsi et perdant définitivement cette espérance et cette foi. Heureusement, des femmes, gardiennes de l'authenticité, réagissent : Marie relance la dynamique messianique affaiblie chez les hommes. La voie est ainsi tracée pour le libérateur promis et pour les temps de la délivrance attendue. Moïse naît de la tribu des Levi, comme sa grande sœur Marie et comme son grand frère Aaron le Grand Prêtre. Sa mère, une femme encore, le cache tant qu'elle peut.

Beaucoup plus tard, chez les Juifs, des groupes bougent et pas seulement une tribu. Mieux : les fidèles d'autrefois, les Levi dont sont issus les prêtres, baissent les bras. Ce sont les Sadducéens. Cette fois c'est autour de groupes populaires que la foi ancestrale se réveille. Ils s'animent comme les Pharisiens dressés contre l'institution religieuse sacerdotale et contre l'occupant. Le pouvoir mis en place par Hérode et par les Romains s'en inquiète. Comme le Pharaon, Hérode veille. Il cherche à étouffer la messianité là où elle se réveille. Mais « l'ange du Seigneur » avertit Marie et Joseph de se mettre à l'abri et de cacher l'enfant en fuyant la cité où il naît.

Chez les Hébreux, Amram reprend son épouse Yokebed pour résister au demi-génocide décrété par le Pharaon, assumant ainsi la responsabilité de la filiation et de la transmission de la promesse ins-crite dans l'être hébreu. Seulement, étant donné la situation nouvelle inconnue des fondateurs et des prédécesseurs, peut-on continuer à penser que la messianité antique ne change pas et qu'elle est seu-lement reprise sous des modalités différentes ? Ou faut-il affirmer que c'est une autre messianité, dif-férente de la première, qu'il faut opposer à la nou-velle situation ? Le libérateur Moïse prend-il en charge la première en développant les voies de sa concrétisation ? Ou lui ajoute-t-il ce qu'il faut de nouveauté pour la transformer complètement en spiritualité mosaïque, distincte de la spiritualité patriarcale ? Moïse était-il dans le sein maternel déjà, quand Amram reprit Yokebed ? Ou fut-il conçu après les retrouvailles et vint-il en hâte dans un monde qui se dégradait jusqu'à la barbarie ?

Deux hypothèses donc se dégagent de cette articulation structurale. L'une affirmant que la messianité reste identique à elle-même au-delà des figures de sa réalisation dans l'histoire : Moïse était là de toute façon et il faut le protéger le temps qu'il faut jusqu'à ce qu'il puisse se manifester. L'autre prétendant que par le second mariage, un enfant nouveau est conçu et vient au monde avec une dimension messianique ignorée jusque-là, pour la situation nouvelle. À bouleversement nouveau, réponse neuve. Nous avons qualifié la première d'eschatologie ascendante et la seconde d'eschatologie descendante, car l'une monte vers le ciel et l'autre en descend puisqu'elle est d'inspiration apocalyptique.

Chez les Juifs, Joseph reprend certes son épouse Marie, assumant — bien que, ou parce qu'il est juste — la responsabilité de la transmission également. Seulement, un MiDRaCH est écarté au profit de l'autre, et celui qui est retenu est conduit jusqu'à son extrême conséquence par l'Église qui propose un MiDRaCH sur un MiDRaCH puisqu'elle en a le droit. En effet, par Amram, Yokebed et Marie, le projet divin retrouve le chemin de l'histoire et dans la personne de Moïse le moment de sa réalisation. Au temps de Joseph et de Marie, c'est Dieu lui-même qui intervient dans l'histoire et se propose de fournir la réponse à l'interrogation humaine. Il se donne, il se manifeste, il ne se cache plus, il se mêle aux hommes dont il épouse la condition ; il se fait immanent. Le passage de la religion patriarcale à la religion mosaïque, puis de la foi mosaïque à l'attente prophétique, politique et sacerdotale, et enfin de l'espérance prophétique à la Loi rabbinique, se poursuit par une révolution totale : celle de la religion de la Loi à la religion de la Foi qui ne peut plus s'exprimer qu'en mystères et en dogmes parce qu'elle devient « hors-la-Loi ». Dès lors, les hommes et les femmes ne peuvent plus reprendre le projet par eux-mêmes. C'est Dieu qui s'en occupe et qui prouve qu'on peut être un être humain et accueillir l'Absolu dans une rencontre consubstantielle. Pourtant, nous ne voyons pas que Jésus se situait hors la loi !

Chez les Hébreux, Moïse, aidé de Aaron et de Marie, agit et impose l'ordre juste autour de lui, en Égypte, entre les Égyptiens et les Hébreux, et entre les Hébreux eux-mêmes, puis dans le désert autour du puits de Madian où il défend les filles bergères de Jethro (YiTRo) et en libérant enfin les esclaves sans reculer devant la violence. Certes c'est YHWH qui l'en a chargé depuis le buisson ardent et Moïse se réclame de lui et le dit et le répète à qui veut l'entendre. Mais sans le libérateur appelé et forcé, comment YHWH aurait-il pu assister à la descente de sa parole de justice en Égypte ? YHWH est bien YHWH ; mais il a besoin de Moïse, né d'Amram et de Yokebed. Il ne peut agir seul.

Chez les Juifs, toutes les communautés bouillonnent d'impatience sauf les Sadducéens. Chacune d'elles propose, devant les bouleversements qui soulèvent les civilisations et les cultures méditerranéennes depuis plusieurs siècles, son principe d'équilibre et de paix.

Les Sadducéens sont au Temple, protégeant l'institution et ses rites. Ils s'accommodent de l'occupation romaine et refusent tout MiDRaCH pharisien parce qu'ils ne veulent pas entendre parler de la Loi orale. Ce sont les fondamentalistes de l'époque. Leur messie ne peut être que prêtre.

Les Pharisiens sont les maîtres du MiDRaCH et ils veulent l'indépendance de la Judée. Ce sont des progressistes qui sont près du peuple plutôt que de la bourgeoisie. Ils sont eux-mêmes divisés en plusieurs écoles. On connaît au moins l'école de HiL-

LeL et l'école de ChaMMaY, de très peu antérieures à Jésus. Ils s'appuient sur la classe des scribes, se réunissent dans les synagogues et s'imposent à tous par leur piété, leur intégrité et leur vision de l'histoire. Leur messie ne pouvait être que royal, descendant de David.

Quant au messie essénien, il a d'autres traits. Les Esséniens sont les élus, les saints, les pauvres, les fils de lumière. Ils sont hantés par la pureté parce qu'ils sont organisés selon une hiérarchie sacerdotale, parce que les ablutions sont fréquentes chez eux et qu'ils respectent scrupuleusement la Loi. Mais ils boudent le Temple où officient des prêtres illégitimes qui suivent un autre calendrier que l'antique calendrier solaire biblique. Ils attendent un messie clérical aussi mais descendant de Aaron le frère de Moïse et pas des Asmonéens. Ils espèrent qu'il saura débarrasser la Terre promise des païens et des Juifs infidèles à la Loi.

Et puis il y avait les Boéthussiens, les mouvements baptistes et, en particulier, les HaSSiDiM. C'était un groupe ultra-orthodoxe, encore plus rigoureux que les Pharisiens, piétiste, très tourné sur lui-même et sur la vie spirituelle et le recueillement. Il était réservé à l'égard du corps et de la légalité institutionnelle, et avait même des démêlés avec les maîtres officiels, prêtres ou Pharisiens. Le Talmud cite dans ce groupe plusieurs thaumaturges qui agissaient sur la nature, sur les hommes et sur la volonté divine pour obtenir d'elle ce qu'ils voulaient. Il y avait bien sûr ceux qui suivaient Jésus qu'ils finiront par présenter comme le prophète, le prêtre et le roi, cumulant ainsi toutes les fonctions de la société et les garantissant. Mais aucun courant juif à cette époque n'est allé jusqu'à l'identité divine du médiateur.

C'est bien pourquoi la question de la double incarnation organique et sociale pose plus sérieusement des problèmes dans la spiritualité chrétienne qu'aux Esséniens par exemple qui étaient ascètes pourtant, à cause de la rencontre entre le divin et l'humain en Jésus. Jésus, en effet, doit être réellement homme. Il éprouve donc les faiblesses, les ignorances et la finitude que les hommes connaissent sans pouvoir jamais en sortir. Il doit être réellement divin : il connaît donc la perfection et l'éternité. Mais ce mystère doit être éclairci car il a un sens. S'il a un sens, qu'il faut chercher, seul le MiDRaCH, l'interprétation y conduit. Et si on convenait qu'il faut l'interpréter, il faudrait accepter que les sens que l'on y trouverait sont humains, exclusivement humains. Cela conduit à réhabiliter le corps, c'est-à-dire la jouissance, et l'ordre social, économique, juridique et politique, c'est-à-dire la justice avant l'amour. Il faut bien reconnaître que l'éthique et le spirituel n'ont d'autre voie d'incarnation que le corps et le politique.

RaBBi YeHouDaH BaR ZeBiNa' enseignait, on s'en souvient, que « de la même manière que la conception est sans souffrance chez les femmes justes » leur accouchement est sans souffrance. La sensibilité religieuse et spirituelle peut se vouer à la conception pure en soutenant que la réalisation est secondaire et qu'elle se passe toujours dans les souffrances. Ce serait le domaine de la Foi qui lui importerait. Mais elle peut se consacrer au contraire à l'enfantement et à la réalisation en prétendant que la conception est secondaire : ce serait le domaine de la Loi et des œuvres. On ne peut nier que, contrairement à l'opinion du rabbin pharisien qui essaie de lier les deux en les faisant égales, le christianisme a mis l'accent sur la conception pure et le judaïsme rabbinique sur la réalisation pure alors que l'enseignement du maître insiste sur l'expression « de la même manière ». En hébreu, il emploie la construction « MaH... MaH... » : de même que... de même que...

Dans l'une des hypothèses du MiDRaCH, en effet, le miracle ne porte pas sur la conception puisque l'enfant est conçu normalement alors que sa mère doit le cacher pendant trois mois, puis l'exposer au bord du Nil ; il est recueilli par la fille du bourreau, puis il s'éloigne de sa famille puisqu'il se perd dans la cour du Pharaon et dans l'éducation qu'il reçoit en dehors de toute mémoire hébraïque. Un jour « il sortit vers ses frères » et tua l'Égyptien qui maltraitait l'un des esclaves hébreux ; le lendemain, voulant séparer deux Hébreux qui se querellaient sur le champ du travail, il apprit que la nouvelle du meurtre de l'Égyptien s'était répandue ; il fuit l'Égypte dans le désert de Madian où il intervint encore pour défendre les filles de Jethro que les autres bergers persécutaient ; il s'entendit appeler au buisson ardent pour retourner en Égypte sauver ses frères : il fut contesté par ceux qu'il avait libérés, pendant la traversée du désert avec eux, et il affirma même qu'ils avaient failli le lapider. Enfin il n'entra pas en Terre promise alors qu'il le méritait bien avant tous les Hébreux qui y sont entrés. Accouchement difficile s'il en fut ! Il n'est pas facile de faire entendre la parole divine aux autres, même si, comme Moïse, on l'écoute soi-même avec bonheur et on décide dans la joie de s'en porter responsable.

Quant à Jésus, sa conception est affirmée comme pure également, bien que dans un autre sens que celle de Moïse. Mais son accouchement fut difficile : il est aussi exposé dès sa naissance dans une mangeoire ; Hérode cherche aussi à le faire disparaître ; il fuit avec ses parents en terre étrangère ; ses propres disciples le renient et le trahissent et il finit sur la croix. Accouchement encore plus difficile que celui de Moïse !

Mais au lieu de prendre au sérieux, jusqu'à son ultime conséquence, l'incarnation, le MiDRaCH de l'Église a surtout été hanté par la pureté de la conception dans un culte un peu excessif rendu à la Vierge « mère de Dieu » et dans une institution d'abord préoccupée par une spiritualisation continue, du moins jusqu'à ces derniers temps. Elle a oublié l'expression : « de la même manière » appliquée à l'enfantement et à l'histoire pour les justes « qui ne relèvent pas de l'arrêt prononcé sur HaWaH (Ève) ».

Combien de fois n'avons-nous pas entendu ou lu, même dans les liturgies de l'Église, que c'est l'intention qui compte, l'esprit, la foi ? Et les prêtres ouvriers ? Et le mariage des prêtres ? Et les vœux prononcés pour vivre de manière ascétique et pour transmettre la « bonne nouvelle » aux fidèles ? Et la difficulté de l'institution religieuse à parler de la sexualité, de la femme qui, pendant tout le Moyen Âge, n'a pu être que sorcière ou sainte ? Si mal préparée à ces réalités, elle verse à présent dans l'autre extrême quand elle perd ses rites, passe son temps à s'adapter, à accueillir n'importe quoi, n'importe quand, n'importe où et n'importe qui. On la voit frelater son message parfois pour rejoindre le siècle qui court malheureusement plus vite qu'elle quand elle devrait en être la locomotive. Elle fait donc l'expérience que l'esprit, la foi, la conception, la grâce ne suffisent pas. Mais il faut dire aux Juifs aussi que l'obéissance ne suffit pas non plus. Ni la conception seule ni l'enfantement seul ne suffisent mais il faut qu'ils soient liés les deux « de la même manière ».

Pourquoi considérer le temps, l'histoire, la société, la réalité, la nature, le corps sexué comme des occasions de chute pour la conception ? Pourquoi reculer devant la casuistique qui a fini par être comprise péjorativement, alors que c'est la méthode par excellence du Talmud pour résoudre le plus équitablement chaque cas et pour prendre au sérieux les détails de la vie quotidienne ? D'ailleurs y a-t-il des détails dans la vie d'un homme qui a décidé de donner sens à sa destinée pour la prendre totalement en charge ?

C'est en s'investissant dans l'économique, dans le social, dans le politique que l'on découvre les voies étroites par lesquelles l'éthique et la morale s'y engagent. RaBBi YeHouDaH Bar ZeBiNa' suggère de se mettre du côté de la justice afin que conception et enfantement soient sans souffrances, parce qu'il connaît les turpitudes de l'histoire et du difficile accouchement de la paix. En ce sens, nous n'avons pour nous que ce sens de la justice et l'effort de bonne foi que nous faisons pour nous y conformer dans un monde imparfait habité par des hommes limités par leur finitude. Le MiDRaCH, l'interprétation, peut seul nous permettre, en toute conscience, d'estimer l'acte qu'il faut faire et de juger de sa valeur humaine...

Mais nous en retirerons toujours un sentiment d'insuffisance par rapport à l'exigence absolue de justice qui nous anime et que nous ne parviendrons jamais à combler totalement. C'est ce qui nous convainc que l'Absolu n'est pas humain et ne peut l'être et que l'homme n'est plus humain quand cette exigence l'abandonne. Par contre rien n'interdit de penser la possibilité pour un être humain de prendre totalement en charge sa double incarnation corporelle et sociale pour y inscrire la parole divine, non telle qu'elle sort de la bouche de Dieu, mais telle qu'il l'entend en tant qu'homme, telle qu'il l'interprète pour qu'elle prenne un sens humain. En ce sens, et en ce sens seulement, rien n'interdit de penser que Jésus est l'incarnation de la dynamique interprétative de la parole divine. Il a dit de manière parfaite, parce qu'il la vivait, la parole divine pour ce monde : ce qu'il appelait le Royaume de Dieu. Nous aurions voulu le montrer en interprétant son enseignement et sa conduite, au jour le jour. Mais c'est la limite à laquelle un Juif peut et doit s'arrêter dans son dialogue avec le Chrétien. Le reste devient vie intime et personnelle « qu'aucun œil n'a vue ».

En poursuivant l'analyse midrachique du second verset du récit de la naissance de Moïse, on s'apercevra que c'est ce thème que développent les rabbins sur la « beauté » du libérateur :

La femme conçut et enfanta un fils.
Elle vit qu'*il était bon.*
Elle le cacha trois mois.

Exode 2, 2

c) *Le libérateur*

Le mot hébreu pour « bon » est ToB. Mais il vaut mieux chercher dans la Torah les différentes significations que ce terme prend et examiner le sens qu'elles donneraient à cet énoncé qui reste obscur. S'il n'était pas bon, ne l'aurait-elle pas gardé tout de même ?

RaBBi Me'iR propose de considérer le mot ToB comme un nom de personne et de lire ainsi cette séquence du verset : « Elle vit que son nom ne pouvait être que ToB. » La fille du Pharaon l'a appelé Moïse : c'est le nom que les nations lui donnent, mais le nom hébreu véritable de Moïse est ToB. Le libérateur impose son nom en entrant dans l'histoire ; il arrive avec sa propre identité qu'il impose aux hommes et à ses parents. Il ne peut laisser à ceux qu'il va sauver la liberté de lui donner son identité. Quand il se présente, il est qui il est, indépendamment de ce que nous voulons qu'il soit et c'est en tant que tel qu'il faut l'accueillir. C'est aussi l'ange qui impose à Joseph le nom de Jésus :

Elle enfantera un fils et tu appelleras son nom Jésus
car lui sauvera son peuple de ses péchés.

Matthieu 1, 21

Ce n'est pas ce que nous voudrions que le libérateur Moïse ou le Sauveur Jésus soient, mais ce qu'ils sont et ce qu'ils font qui s'impose aux Hébreux d'une part et aux Chrétiens d'autre part. C'est pourquoi ils dérangent et ne sont pas les copies des modèles qu'on attendait. RaBBi Me'iR donne en ce sens le contenu du nom ToB que portait Moïse, c'est-à-dire la fonction du libérateur : Bien. Moïse n'avait en vue que le Bien auquel il s'est voué toute sa vie, non son bien mais celui des autres dont il se souciait avant de s'en soucier pour lui-même. Il voulait la justice pour les autres avant de l'exiger pour lui. Il incarnait le Bien dans toutes ses exigences.

Mais RaBBI YeHouDaH pense que le véritable nom de Moïse est ToB*YaH* : il adjoint à ToB le nom divin YaH, qu'on retrouve par exemple dans HaLe-Lou*YaH*, « louez YaH », récurrent dans les psaumes. Le libérateur porte dans son nom, c'est-à-dire dans sa fonction, le nom divin. Il n'a pas une identité divine, c'est sa vocation qui l'est, son rapport à l'autre qui humanise la parole divine en témoignant ainsi qu'elle est possible et réalisable. Ce n'est jamais un être qui est divin dans la tradition juive, mais une relation, un acte. RaBBi YeHouDaH enseigne donc que Moïse était bon pour les hommes (ToB) et pour YaH. On peut être juste, bon, sans nécessairement se sentir en rapport avec YaH. La morale n'est pas réservée aux religieux ; on peut être athée et parfaitement juste et bon. Il y en a aussi qui sont saints, religieux, consacrés totalement à Dieu mais qui sont invivables. Leur relation à Dieu les confisque à ce point qu'ils perdent le sens de l'humain. Moïse, lui, est bon pour les hommes et devant Dieu, ce qui est certes difficile puisqu'il s'agit de concilier ce qui paraît être inconciliable *a priori* : l'exigence absolue de justice et les images et approximations de cette valeur qui tiennent compte de la réalité humaine et de sa finitude. Comment faire entrer la transcendance dans l'immanence ?

C'est ce qui est précisément demandé au Juif et au Chrétien : être en accord avec Dieu et avec les hommes, porter le nom de ToBYaH, ToB-YaH. N'est-ce pas la réponse de Jésus dans son accord avec les Pharisiens ? Maître, quel est le plus grand commandement dans la Torah ? lui demande-t-on.

Jésus déclara : « Tu aimeras le Seigneur ton Dieu en la totalité de ton cœur, en la totalité de ton âme, en la totalité de ton intelligence. » Celui-ci est le plus grand et le premier commandement. Or, un second lui est semblable : « Tu aimeras ton prochain comme toi-même. »

À ces deux commandements-ci, la Loi en sa totalité est suspendue et les Prophètes.

Matthieu 22, 36-40

Ces deux commandements sont dans la Torah [1] où ils sont liés également l'un à l'autre de telle manière que l'amour pour Dieu ne conduise pas le religieux à lui sacrifier l'homme, et que l'amour des hommes ne risque pas, comme dans l'humanisme du XVIIIe siècle qui nous trompe encore aujourd'hui, de s'affirmer en dehors de toute transcendance.

C'est dans la relation entre l'un et l'autre que le divin apparaît et que l'éthique trouve son champ d'application par les obligations qu'elle impose à chacun des deux partenaires à l'égard de l'autre. La transcendance n'est pas découverte d'abord à l'intérieur de soi-même mais à l'extérieur dans la rencontre avec autrui. Elle oblige chacun à la respecter et à la préserver dans l'altérité radicale qui échappe à toute prise par la pensée ou par la main. Les deux commandements forment une unité indissoluble parce que c'est à partir d'un visage humain que le monde prend sens et que l'histoire se développe comme un projet en voie de réalisation.

RaBBi NeHeMYaH poursuivant cette réflexion en arrive à l'idée que ToB signifie « apte à la prophétie ». Comment donc une mère regardant son bébé qui vient de naître peut-elle deviner immédiatement qu'il sera prophète ? Le maître pharisien le sait. Pourtant il a quelque chose à dire. Il remarque que le verset est mal compris parce qu'il est mal traduit en général. En réalité, la traduction rigoureuse en serait :

1. Deutéronome 6,5 ; Lévitique 19,18.

Elle le vit qu'il était bon, lui.

Un pronom personnel est en plus dans ce verset : on le constate en français et en hébreu. Même si le lecteur ne connaît pas la langue biblique, il peut suivre la transcription pour mieux comprendre la pensée de RaBBi NeHeMYaH.

WaTeReH	'oTo	Ki	ToB	Hou
elle vit	lui	que	bon	lui

En hébreu classique on aurait écrit :

WaTeReH	'oTo	Ki	ToB
elle vit	lui	que	bon

c'est-à-dire : « elle le vit bon ». Ou encore :

WaTeReH	Ki	ToB	Hou
elle vit	que	bon	lui

en bon français : « elle vit qu'il était bon ». Il y a donc un pronom personnel en trop. C'est ce qui conduit RaBBi NeHeMYaH à proposer à ses lecteurs de traduire 'oTo non par un pronom personnel « le », qui se substitue à « enfant », mais par le terme de « signe ». En effet 'oT signifie aussi « signe », « marque », « lettre », « trace », ce qui renvoie, par un système de référence, à autre chose qu'à lui-même. Il traduit ainsi le verset :

WaTeReH	'oTo	Ki	ToB	Hou
elle vit	son signe	que	bon	lui

et donc : « elle vit que son signe était bon ». Nous voici renvoyés aux constellations, aux astres, aux planètes et à l'astrologie. Les mages ont vu dans l'étoile que l'enfant qui venait de naître à Bethléem devait être le « roi des Juifs ». Yokebed, la mère de Moïse, voit dans le ciel que son bébé allait être prophète. Telle est la lecture du texte proposée par RaBBi NeHeMYaH dont on constatera qu'il porte aussi le nom divin YaH dans son nom. Puisque le libérateur des Hébreux est en accord avec Dieu et avec les hommes, il devient lui-même témoin de la parole divine et de sa réalisation. Il vit personnellement ce qu'il souhaite voir vivre par tous. Il est en lui-même la preuve, le signe, qu'il est possible à l'homme de se faire gardien de la transcendance au milieu des autres. Il est donc prophète car il pré-dit, « dit avant », ce que sa communauté est destinée à assumer collectivement. Rencontrant un prophète, un témoin de l'Absolu et de l'ordre humain, on ne peut plus désespérer de la capacité de l'homme à faire descendre les valeurs morales du ciel sur la terre. Yokebed a vu, dans le signe zodiacal de son fils, sa future vocation prophétique et qu'il était déterminé dès le ventre de sa mère, comme l'écrit Jérémie, à être ce témoin de l'absolu et de l'humain [1]. La course de Moïse après la justice et après le Bien était pour lui une vocation qu'il ne pouvait trahir en aucune façon. Il était identifié à elle et elle se trouvait en lui dans le berceau même. Il n'a pas eu à devenir prophète; il s'y est réveillé progressivement car il l'était depuis toujours.

Socrate a dit ce bouillonnement intérieur du témoin en termes adéquats en enseignant qu'un « daïmon » le piquait sans cesse et l'empêchait de se taire car il était à la recherche de la définition exacte des idées et des valeurs et ne pouvait dormir tant qu'il ne l'avait pas obtenue. Le maître pharisien, distinct du maître philosophe, relie, quant à lui, le libérateur au prophète parce que ne peut sauver que celui qui est sauvé d'abord. La libération collective généralise et universalise le chemin par lequel une personne singulière a trouvé sa désaliénation. Comment engager les autres dans la voie de la libération si on ne l'a empruntée soi-même? Les hommes ont besoin de témoignage pas de leçon qui ne peut venir qu'à la suite de ce qu'ils ont vu et vérifié. Ce dont ils doutent et désespèrent même, c'est de la fidélité à certaines valeurs dont ils croient l'homme incapable.

1. Jérémie 1, 5.

Il suffit qu'un seul homme en porte témoignage pour qu'ils s'interrogent et demandent à comprendre ce passage incompréhensible de la pensée à la volonté et à la décision. Le prophète est ainsi prêt à pré-dire ce que tous peuvent également vivre en tant qu'êtres humains. Moïse s'est manifesté comme libérateur : il fallait par conséquent qu'il fût prophète.

Le prophète est appelé en hébreu NaBi'. Les rabbins font dériver ce nom d'un radical qui signifie « expression des lèvres » (NiB). S'appuyant sur un verset d'Isaïe qui dit de YHWH qu'il « crée l'expression des lèvres » :

BoReH NiB SePHaTaYiM

Isaïe 57,19

ils concluent que le NaBi, le prophète, est l'homme qui « prête ses lèvres à la parole divine ». Ils ajoutent qu'on peut prêter ses lèvres à cette parole de deux manières qui caractérisent l'une les prophètes en général de la Torah, et l'autre Moïse qui n'a pas son pareil en Israël [1]. Les premiers, disent-ils, « regardaient à travers un miroir translucide », au contraire de Moïse qui « regardait à travers un miroir sans tain ». Les autres prophètes en effet ne parlent jamais à YHWH « face à face [2] » comme Moïse. Ils reçoivent bien la parole puisqu'ils sont devant une vitre translucide. Ils perçoivent la lumière mais ne distinguent pas bien ce qui se trouve de l'autre côté de la vitre. Ils reçoivent la parole divine mais réfléchie, réfractée parce qu'elle traverse leur personnalité.

C'est ce que nous avons appelé le MiDRaCH : leur interprétation est tout à fait fondée sur les principes essentiels de la Torah [3] mais ce n'en est

1. Deutéronome 34,14.
2. *Idem.*
3. Nous appelons ici « Torah » le Pentateuque seulement, dans le sens où les Évangiles l'emploient quand ils parlent de « la Loi et les Prophètes ».

qu'une interprétation. Les livres des prophètes se présentent donc comme seconds par rapport à la Torah de Moïse dont ils ne sont que des variations sociales, économiques, politiques, juridiques et religieuses, auxquelles l'installation sur une terre et la nécessité d'un ordre politique et militaire sollicitaient les rois et les prêtres.

Mais Moïse et les Hébreux, dans le désert qui sépare l'Égypte de la Terre promise, étaient loin de ces réalités concrètes et des détails pratiques qu'elles comportaient.

En d'autres termes, la Torah contient des principes généraux qu'il faut comprendre pour les adapter aux différents temps et aux différents lieux que les Hébreux d'abord, puis les Juifs traversent. Mais alors qu'en est-il de la Torah elle-même, de la Loi de Moïse ?

d) Moïse et Jésus

Ne peut-on penser qu'elle est aussi une interprétation puisque Moïse est un être humain et pas un être divin ? Que signifie la différence dégagée par les rabbins entre les deux miroirs, l'un translucide, l'autre transparent, entre les prophètes et Moïse ? La réponse à cette question nous permettra aussi de définir la différence entre Moïse et Jésus. Nous serions en effet conduits à penser que le libérateur-prophète reçoit la parole divine telle qu'elle est prononcée par YHWH, à la différence des autres prophètes qui n'en connaissent que leur propre interprétation, c'est-à-dire son humanisation. Moïse serait alors rapproché de Jésus et leur proximité serait si grande qu'ils en viendraient à se confondre. Or, on ne peut dire que le prophète-libérateur était l'incarnation de la parole divine. Nous l'avons répété plusieurs fois. Si le libérateur était Sauveur, pourquoi Jésus ? Moïse ne fut pas un Sauveur : le monde depuis son siècle continue à traîner dans ses violences, dans ses injustices, dans son abâtardissement, dans ses génocides jusque dans la Shoah. Les peuples connaissent des libérations, jamais le salut lorsqu'ils ont obtenu leur indépendance. Bien au contraire, il semble qu'ils retournent à une barbarie plus grave que celle de leur occupation au temps du colonialisme. On pourrait en dire autant de Jésus d'ailleurs qui est malheureusement venu dans la misère plutôt que dans la gloire. Le monde qui nous sépare de lui a des aspects diaboliques.

Qui était donc Moïse? Le libérateur social : il a extirpé « une nation du milieu d'une autre nation [1] ». Le libérateur politique, économique et juridique : il a donné une constitution au peuple libéré. Le libérateur de la personne humaine enfin.

En effet, il a conduit tout un peuple à une expérience collective et personnelle à la fois : celle de la Révélation du Sinaï, dans laquelle YHWH a parlé et dicté La Loi à une nation entière, rassemblée au pied de la montagne. Les dix paroles entendues au Sinaï s'adressent à tous et donc à tous les peuples en tant que tels. Ils apparaissent au fondement de toute morale. Moïse rappelle lui-même aux Hébreux, à la veille de leur entrée en Terre promise sous la direction de Josué qui porte aussi le nom divin dans son nom — *YaH* sauve —, de dire à leurs enfants qu'ils n'ont entendu au Sinaï qu'une voix.

> YHWH-'ELoHiM vous parla du milieu du feu : une voix, des paroles vous avez entendu, *vous n'avez pas vu d'image, seulement une voix.*
>
> Deutéronome 4,12

En ce cas, on se trouve devant le phénomène de la Révélation, à la différence des autres prophètes qui n'ont pas assisté à cet événement et qui furent seulement inspirés. La Révélation est réservée au

1. Deutéronome 4,34.

peuple entier, sous la direction de Moïse. Sous quelle forme ? Une voix s'est fait entendre au Sinaï. Moïse l'a captée et y a rendu attentif tout le peuple en tant que voix, avant qu'elle ne se revête des significations particulières, collectives et personnelles, que les hommes y associent quand ils le perçoivent. Écouter quelqu'un parler c'est être prêt à le recevoir à deux niveaux : celui des paroles qu'il articule, chargées de multiples significations possibles, et celui de la voix qui porte ces paroles, qui peut en porter d'autres et qui peut s'articuler non seulement dans la prosodie et la tonalité, mais dans toutes les langues possibles.

Moïse est celui qui a pu faire entendre à tout le peuple la voix, « seulement la voix », au-delà de toute articulation particulière. Les langues et les paroles n'en sont que des modalités de signification, des interprétations valables pour des cultures particulières et des individualités. La voix est au-delà d'elles, comme une possibilité de sens, certes, mais possibilité infinie de sens infini.

YHWH ne peut parler comme un homme, même si la Torah ne cesse de répéter qu'il a parlé à Moïse, aux Hébreux, à Adam ou à Noé. Par contre il a fait entendre sa voix, il s'est fait entendre par sa voix, sans aucun énoncé. Seul l'homme sait s'exprimer en énoncés composés de monèmes et de phonèmes qui, associés les uns aux autres, articulent de manière particulière la puissance de sens infini constituée par la voix. Celle-ci serait l'univers du sens qui ne se révèle que lorsqu'il se laisse articuler en langues différentes, mais qui transcende tout langage. C'est cet univers qu'on qualifie de divin ou de transcendant, parce qu'il échappe absolument à toute manifestation dans laquelle pourtant il se présente en s'en retirant. Mais Moïse reste homme parmi les hommes et il interprète également la voix infinie et continue, en la traduisant dans la langue de son peuple, déjà distincte des autres langues. L'interprétation implique donc la Révélation et vice versa. Pour qu'une réalité se manifeste à l'homme, il faut qu'elle se laisse traduire dans les limites humaines, physiques, psychologiques, intellectuelles, sociales, etc., et qu'elle lui échappe d'une certaine manière

Toute manifestation ne paraît à l'être humain que parce qu'elle a pris son visage et s'est laissé encadrer par ses limites. Le réel, pourrait-on dire, « se produit » comme l'acteur sur scène. Le caractère unique de chaque culture et de chaque personne humaine est à l'origine de la multiplicité et de la diversité des interprétations parce que chacune d'elles n'est qu'un éclairage valable sur le réel visé.

Posons l'univers du sens comme réel suprême pour l'homme, symbolisé par la voix dans la Torah : la voix n'est rien d'autre qu'une possibilité infinie de langues. Elle n'est pas déterminée à parler telle ou telle langue particulière, mais pour révéler son existence il est nécessaire qu'elle « se produise » dans des unités sémantiques distinctes, ou au moins dans la prosodie et dans les tonalités dans lesquelles elle se fait entendre. C'est cette expérience d'ouverture à l'univers du sens infini que Moïse a offerte à son peuple en tant que peuple alors que, disent les rabbins, chacun des 600 000 Hébreux réunis au pied du Sinaï croyait que Moïse s'adressait à lui en particulier. La Révélation ne se donne que dans des interprétations entre lesquelles le conflit surgit. Mais si chacune d'elles reste ouverte à la voix qui la porte, à l'univers du sens infini qu'elle vise à sa manière sans l'atteindre en lui-même, si elle reste reliée et séparée à la fois face à lui, le dialogue devient possible et la démocratie fondée sur cette vérité unique que personne ne peut prétendre recevoir sans interprétation.

Le conflit ainsi fondé et converti en dialogue est la modalité, l'unique modalité de la révélation de la vérité. C'est cela que nous appelons le face-à-face avec la transcendance d'un réel toujours visé et toujours raté comme tel. Même Moïse, ouvrant le peuple à la voix qui transcende sa langue particulière, ne peut lui aussi que l'articuler pour prendre sa distance par rapport à elle. Il n'est pas la voix comme l'Église le prétend de Jésus ; il n'est pas la langue non plus, sinon il serait un prophète comme les autres. Il est le lien, le médiateur entre la voix et la langue qui l'articule, se libérant par là même de l'une et de l'autre avec lesquelles on risque de le confondre.

Transposons ce schème à l'image que l'Église donne de Jésus. Si le médiateur est divin dans le sens où il s'identifie à l'une des personnes divines, il est nécessairement au-delà de tout langage et de tout énoncé ; il serait la voix. Comme il est humain également, il traduit lui-même sa voix en unités sémantiques différenciées pour composer la langue qu'il adresse aux hommes afin qu'ils comprennent son message.

Il serait donc l'émission vocale et l'énoncé, la voix et son interprétation.

Qu'est-ce que ses auditeurs écouteraient en l'entendant parler ? Hébreux ou Juifs, ils s'évertueraient par le MiDRaCH à interpréter ses paroles en découvrant derrière elles la voix, c'est-à-dire l'univers de sens infini qu'elles traduisent dans l'araméen ou dans l'hébreu parlé par lui. Mais il est demandé aux Chrétiens d'écouter Jésus comme voix elle-même : en ce cas ses paroles seraient absolues et ne souffriraient pas d'interprétation. Ce qui n'est pas le cas puisque nous possédons au moins quatre Évangiles canonisés qui racontent des rencontres singulières et des compréhensions particulières des faits et dits de Jésus.

Mais on pourrait affirmer que les quatre Évangiles sont les quatre niveaux de lecture rabbinique de la parole humaine quand elle s'ouvre à la voix : la lecture littérale (PCHaT), la lecture allusive (ReMeZ), la lecture interprétative (DRaCH) et la lecture initiatique ou spirituelle (SoD). En ce sens Jésus n'est plus la voix mais celui qui, comme Moïse, se fait médiateur entre elle et la parole. Mais à la différence de Moïse qui est prophète et législateur à la fois, Jésus s'est totalement identifié à l'interprétation et à sa dynamique. Et cela nous oblige à dire ce que nous avons tu jusqu'à présent : Jésus est une affaire intérieure au judaïsme. Mais l'Église l'en a extrait pour l'offrir aux nations païennes. Cela ne pouvait se faire dans un premier temps sans l'invention du christianisme : Jésus est alors devenu le Christ, la voix elle-même que les païens doivent croire [1].

Nous, Juifs, entendons les paroles de Jésus comme familières. Elles nous viennent du fond des siècles par la bouche d'un Juif fidèle et amoureux de son peuple et de sa mission dans l'histoire. Il avait aussi ce tempérament admirable de ne pouvoir supporter la démission, l'ignorance, l'infidélité et l'égoïsme de ses contemporains qui, pourtant, fréquentaient le Temple et obéissaient aux rites. Il a voulu ramener « les brebis égarées » à leur troupeau constitué depuis Abraham. Dans la mesure où son enseignement est rapporté par les Apôtres qui le connaissaient de très près, il ne peut être que livré au MiDRaCH, sujet à l'interprétation, comme le pensent les protestants. Il ne peut être confondu avec la voix, avec l'univers indifférencié et infini du sens. Jésus ne serait pas la voix mais la preuve que la vérité ne surgit réellement que de la confrontation contradictoire des interprétations : telle est sa modalité d'expression car ainsi elle leur échappe à toutes. Mais le païen, pour être libéré de son « Égypte » et de ses idoles, a besoin de donner un contenu précis à son exigence d'absolu. Il ne peut la laisser ouverte à l'infini sans en préciser les contours et sans l'humaniser quelque peu. Bref il

---

1. Disons plus clairement : Jésus s'identifie à la loi orale. Moïse a donné la Torah écrite et la Torah orale.

est important pour lui de vérifier sur un être que le divin le traverse réellement et qu'il peut y avoir accès à son tour.

Il considère alors Jésus comme une personne divine en l'assimilant à la voix, à l'univers infini du sens auquel il est venu ouvrir les hommes. Il le considère comme ouvert lui-même à l'interprétation et se présentant à chacun avec un visage différent. Nous pensons que cette voie était nécessaire, incontournable, pour que l'idolâtrie et le paganisme cessent.

Mais quand l'athéisme fit son apparition et qu'il s'est chargé lui-même de faire la guerre aux dieux, l'Église aurait dû reformuler son message monothéiste à cette nouvelle émergence de la conscience de soi en Occident. Malheureusement elle a, en tant qu'institution, raffermi son encadrement par des dogmes, des mystères et des règles hors desquels « il n'y avait pas de salut », créant ainsi l'hérésie, l'Inquisition et les croisades.

La spiritualité chrétienne est fondée sur l'identification de Jésus le médiateur et de la voix, l'univers infini du sens. L'Église doit en tirer les conséquences pour les formes nouvelles d'installation de l'homme dans l'univers. Elle doit enseigner que Jésus n'a jamais rien écrit, sauf un signe perdu sur le sable un jour. Ce que l'on sait de lui c'est ce que les Apôtres ont transcrit de son enseignement et de sa conduite. Il leur échappe donc à tous. Ou plutôt l'Église a recouvert la réalité historique de Jésus par l'image du Christ, en continuité avec les Apôtres. C'est le Christ qu'elle adore et propose à ses fidèles comme les Juifs espèrent en la venue du Messie fils de David et lui reconnaissent parfois des pouvoirs divins. C'est par Jésus que les Chrétiens vont au Christ et c'est par Moïse et David que les Juifs vont vers le Messie.

Le Christ comme le Messie sont pour demain et ils rappellent constamment aux hommes, chacun à sa manière, dans l'Église et dans la Synagogue, que leur fonction première est de les réveiller de leur sommeil et de leur béate satisfaction, de leur enseigner que la conscience est éveil et insomnie perpétuelle pour l'homme et pour la société.

Pour arracher un homme à ses habitudes et à sa résignation, un modèle est nécessaire, appuyé sur une histoire et sur une tradition. Les récits bibliques et évangéliques racontent à leur manière les enchaînements des faits qui ont bouleversé les cultures et les civilisations alentour. Une tradition de pensée et de conduite s'est constituée pour perpétuer cette histoire qualifiée de sainte, parce qu'elle s'est conformée à un modèle d'homme qui est une « personne » et non pas un individu ou un citoyen, reflet de son corps ou écho de la société; elle s'est pliée à un modèle de société où des « personnes » vivent ensemble en toute justice; elle a témoigné de l'effort de certaines sociétés — Israël ou l'Église — pour se rassembler en communautés régies par la relation d'amour, fondatrice de la véritable justice; elle a visé enfin une « société des nations » appelée humanité dans laquelle chaque peuple participe à la paix et à la prospérité. Parmi ces modèles, certains se sont révélés possibles et ont servi à former, grâce aux prophètes, aux rabbins, aux Pères de l'Église, des personnes et des communautés réelles et créatrices de nouvelles histoires et de nouveaux dynamismes nécessaires à l'espérance messianique.

Ces « nouvelles alliances » dans l'espace et dans le temps puisèrent leur énergie dans deux catégories d'espérance, largement *laïcisées* en Occident : l'espérance juive et l'espérance chrétienne.

La première ne se développe que dans le cadre de la Loi, c'est-à-dire de la limite, de la séparation, d'une faim qui ne se nourrit que de sa faim, d'une quête qui n'aboutit jamais, en un mot de la transcendance et de la sainteté dans laquelle chaque personne unique et irréductible se charge de sa responsabilité à l'égard du caractère unique et irréductible de l'autre. En ce cas, l'aimer consiste d'abord à lui rendre justice, à reconnaître sa différence et à le saluer comme tel. L'aimer consiste ensuite à ne désirer jamais être lui, sous risque de confusion et de symbiose dans lesquelles la notion de personne humaine se dissout comme celle de Dieu avec elle.

L'espérance chrétienne se développe dans le cadre de l'amour. Elle n'a jamais exclu la Loi telle que nous l'avons définie : l'amour peut-il se déployer hors d'un cadre ? Une institution peut-elle se fonder et traverser l'histoire sans lois, règles, rites, coutumes et habitudes ?

Mais ce qui caractérise l'amour et la foi dans le christianisme, c'est la croyance à un aboutissement réel, concret, historique ; la certitude que le divin et l'humain se rencontrent en un point qui leur est commun ; l'affirmation d'une présence dans l'homme de Dieu lui-même par laquelle le Transcendant devient en un point de lui-même immanent ; bref qu'une communion est possible où les deux substances, divine et humaine, se confondent, que Dieu peut se faire homme d'un certain point de vue. Alors que le judaïsme accentue l'absence de Dieu dont le nom même est imprononçable, le christianisme souligne davantage sa présence.

Telle est notre question actuelle : la présence peut-elle évacuer l'absence ? L'absence peut-elle cesser d'espérer en la présence ? La garantie de la présence n'est-elle pas l'absence ?

Dans le cours de l'histoire, l'Église a tellement bien compris la capacité de mise en question et de subversion du judaïsme ; elle a tellement identifié les Juifs et l'absence, qu'elle a multiplié les efforts pour les faire disparaître du cœur de la société chrétienne. Elle a désiré l'effacement total des Juifs, candidats à la conversion, à l'expulsion ou à l'anéantissement physique parce qu'ils incarnent le retrait et la distance.

C'est un exemple de ce que peut être une cohérence inhumaine : puisque le Dieu des Juifs est connu sous la modalité de l'absence, pourquoi ne pas les identifier à lui ? L'Église n'a pas compris qu'effaçant ainsi l'absence, elle portait sérieusement atteinte à la co-présence. Ce serait comme si le christianisme n'avait pas pour mission de protéger l'identité juive de son Sauveur. Mais nous savons, nous Juifs aujourd'hui, que l'Église trahissait le véritable message de Jésus le Juif et qu'elle assassinait son Sauveur dans chaque Juif qu'elle brûlait.

En guise d'ouverture

« Ici toutes les nuances sont possibles : entre la parole inculquée comme on enfourne la nourriture et la parole offerte, dans laquelle peut déjà se manifester une certaine liberté de choix. Quoi qu'il en soit, cette parole est au départ portée par la parole enseignante et le sujet à qui on l'enseigne va être aliéné à cette personne, avec, dans les cas qui vont lui permettre d'accéder à une structure, la possibilité de se libérer partiellement de cette parole étrangère pour la faire sienne (...) »

L. Israël, *Boiter n'est pas pécher,*
Denoël, 1989, p. 120

« Un livre est au minimum composé de 85 lettres : celles-ci peuvent former des mots ou rester séparées. Pourquoi 85 ? Car le mot « bouche » qui, en hébreu se dit « PeH », est équivalent à ce chiffre (la valeur numérique de la lettre P étant de 80 et celle de la lettre H étant de 5).
Le sens commence donc avec la lettre isolée. L'écriture doit rester soumise à la loi orale : celle de la bouche et non celle des yeux [1]. »

D'après le traité du Talmud
CHaBBaT 115b

1. La Guématria est une méthode fondée sur la valeur numérique des lettres hébraïques ; par exemple, la cinquième lettre, H, vaut 5, la troisième, G, a pour valeur 3... De l'équivalence numérique de deux mots différents, on conclut à des relations profondes entre les idées exprimées par ces mots.

Du sein de la spiritualité juive ont éclos plusieurs modalités de la relation de l'homme au monde, à l'homme et à Dieu. Ce conflit d'interprétations, qui se transforme souvent en violences et en exclusions, était fondé sur l'idée monothéiste elle-même car elle contient le risque de la pensée unique : s'il n'y a qu'un seul Dieu, il n'y a qu'une seule vérité, une seule voie, une seule forme d'existence individuelle et collective. De fait, chaque courant de pensée et de conduite active dans l'histoire a voulu se réserver la voie royale qui y menait et proposer aux autres — et même leur imposer — son messie personnel, collectif et universel. L'entente et le dialogue n'eurent aucun sens précis pour ces mouvements religieux et spirituels. Les rabbins répètent que le second Temple fut détruit à cause de « la haine gratuite » et qu'il ne sera reconstruit que par « l'amour gratuit ». Ce temps est-il là aujourd'hui ?

L'extraordinaire force qui anime la spiritualité chrétienne et qui a témoigné d'elle-même parfois comme une « force qui va » à tout prix vers des temps meilleurs, saura-t-elle aujourd'hui retourner à ses origines et cesser de se tourner vers ses origines avec seulement le regard de l'historien, du sociologue ou de l'archéologue ? Platon enseignait que dans le commencement se dessine toute l'histoire future.

Nous voudrions aujourd'hui rencontrer en toute fraternité les Chrétiens pour élucider avec eux cette question de l'origine, essentielle pour l'homme en général et pour son équilibre psychologique, fondamentale pour les rapports futurs entre ces deux alliances, juive et chrétienne, contradictoires et complémentaires. N'avons-nous pas le même Père ? N'avons-nous pas aussi la même mère, la communauté d'Israël au temps du second Temple ? Pourrait-on la retrouver ensemble, la revirginiser et recevoir d'elle ce qu'il faut recevoir d'une mère pour accomplir la Loi du Père, chacun selon ce qu'il est, ce qu'il désire, selon sa fonction exacte et sa place dans le projet divin ?

Table

Préface 9
La Bible juive et la Bible chrétienne de Jérusa-
lem 14
Traduction des noms divins 14
Introduction 17

Première section : Les Évangiles comme MiDRaCH

Première partie : L'engendrement

Chapitre I — L'enfant aligné 43
  a) Le premier signe 45
  b) Le deuxième signe 48
  c) Le troisième signe 50
  d) Le quatrième signe 65
  e) Le cinquième signe 87

Chapitre II — Filiation et narration 92
  a) Le kérygme de Matthieu 97
  b) Le kérygme de Luc 99
  c) YHWH à écouter 115

Deuxième partie : L'annonce

Chapitre I — L'enfant annoncé 121
  a) Reproduction et procréation 122
  b) Le juste 130

Chapitre II — La virginité 135
  a) La double aventure : politique et messia-
     nique 135
  b) Le rôle de la femme 139
  c) Virginité et virginisation 140
  d) Revirginisation du peuple 142
  e) Messianité et virginité 145

Chapitre III — Les deux naissances : Jean et
                Jésus 155
  a) Jean le Juif — Jésus le Christ 158
  b) Abraham plus que Moïse 164
  c) Le MiDRaCH ou l'inachèvement radi-
     cal 170

Troisième partie : La naissance

Chapitre I — L'enfant né 177
  a) L'astre des nations 177
  b) Les divers « judaïsmes » 181
  c) Littéralisme et fondamentalisme 187
  d) Bethléem 189
  e) Les sages des nations 199
  f) Matthieu et Luc 205

Chapitre II — Le christianisme comme nou-
             velle religion 210

Seconde section : Pour une lecture juive
des Évangiles

Chapitre I — Les voies nouvelles 233
  a) L'impossible fondamentalisme 233
  b) La lecture littérale 236
  c) La lecture midrachique 239
  d) La lecture allusive 243
  e) La lecture initiatrice 247

Chapitre II — Reconsidération juive de l'his-
           toire chrétienne 250
  a) Ordre du monde et ordre de l'homme .. 250

b) Deux alliances. Deux enfants 255
c) L'unique mariage 265
d) La Pâque sans expiation 268

Chapitre III — Repenser la révélation 279
  a) Rien que l'humain mais tout l'humain . 279
  b) Le corps et la société 285
  c) Le libérateur 295
  d) Moïse et Jésus 301

En guise d'ouverture 311

LIBRAIRIE GÉNÉRALE FRANÇAISE
ISBN : 253 - ...

Composition réalisée par EURONUMÉRIQUE

Imprimé en France sur Presse Offset par

BRODARD & TAUPIN

GROUPE CPI

La Flèche (Sarthe).
Nº d'imprimeur : 7861 – Dépôt légal Édit. 12761-06/2001
LIBRAIRIE GÉNÉRALE FRANÇAISE - 43, quai de Grenelle - 75015 Paris.
ISBN : 2 - 253 - 94310 - X